U0358327

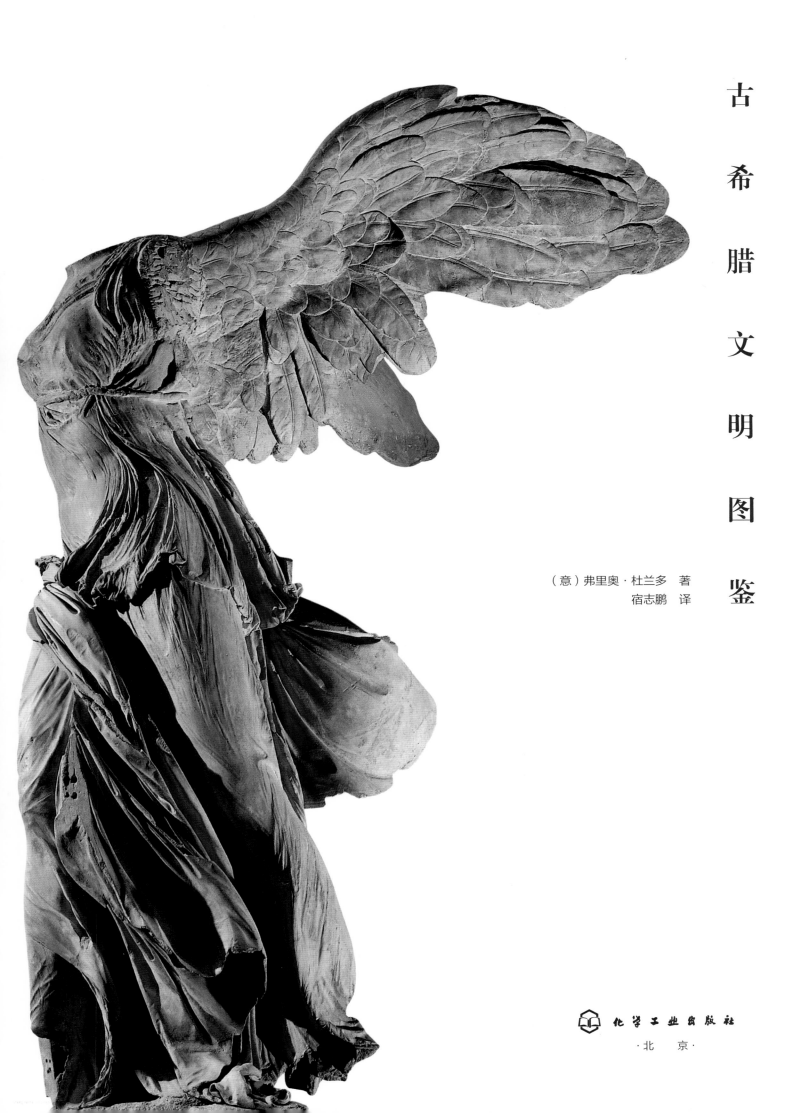

古希腊文明图鉴

（意）弗里奥·杜兰多 著

宿志鹏 译

化学工业出版社

·北京·

WS White Star Publishers*is a registered trademark property of White Star s.r.l.

© 1998 White Star s.r.l

Piazzale Luigi Cadorna, 6 20123 Milan,Italy

www.whitestar.it

Simplified Chinese translation © 2020 Chemical Industry Press through Copyright Agency of China

本书中文简体专有出版权经由中华版权代理有限公司授权化学工业出版社独家出版发行。

未经许可，不得以任何方式复制或抄袭本书的任何部分，违者必究。

北京市版权局著作权合同登记号：01-2022-3424

图书在版编目（CIP）数据

古希腊文明图鉴/（意）弗里奥·杜兰多（Furio Durando）
著；宿志鹏译. 一北京：化学工业出版社，2025.1
书名原文：Ancient Greece: The Dawn of the Western World
ISBN 978-7-122-44356-4

Ⅰ.①古… Ⅱ.①弗…②宿… Ⅲ.①文化史—古希腊
Ⅳ.①K125

中国国家版本馆CIP数据核字（2023）第201922号

审图号：GS（2023）3375号
本书插图系原文插附地图

责任编辑：李锦侠　　　　　　　　　装帧设计：尹琳琳
责任校对：宋　玮

出版发行：化学工业出版社（北京市东城区青年湖南街13号　邮政编码100011）
印　　装：北京盛通印刷股份有限公司
710mm×1000mm　1/8　印张36¼　字数580千字
2025年1月北京第1版第1次印刷

购书咨询：010-64518888　　　　　　售后服务：010-64518899
网　　址：http://www.cip.com.cn
凡购买本书，如有缺损质量问题，
本社销售中心负责调换。

定　　价：298.00元　　　　　　　　版权所有　违者必究

P I
胜利女神像
（公元前 190 年）

由来自罗德岛的一位雕塑家创作，该雕塑置于卢浮宫楼梯顶端。

P II 左

这些精美的银质古希腊角状环出土于伯罗沃（公元前4世纪的保加利亚地区）的色雷斯墓地。

P II 右—III

菲迪亚斯栩栩如生的现实主义艺术体现在这尊大理石马头雕塑中，该雕塑位于帕特农神庙的东侧山墙上。

P IV—V
雅典的帕特农神庙
（公元前447年—前432年）

象征着希腊雕塑家完美的艺术成就。

P VI—VII

提洛岛上所有关于阿波罗的神秘传说都蕴藏在希腊剧院地域开阔的视野中。

P VIII—IX
塞杰斯塔

西西里岛伊利米人居住的势力强大的城市，拥有气势恢宏的希腊式的露天剧场。

P X—XI

这幅描绘港口的画作视野开阔并体现了现实主义，它创作于公元前16世纪，被保存在阿科罗提利一座体现米诺斯文明的房屋中。

P XII—XIII

在波塞多尼亚的潜水员之墓的墙壁石板上，绘有希腊贵族之间的一场宴席（公元前480年）。

前言

　　古希腊文明是古人类文明之一，也是地中海地区众多文化的起源，源远流长，并形成了完整的体系。几个世纪以来，古希腊文明对每一代人的吸引力从未减弱。成群的游客络绎不绝，从世界各地纷至沓来，只为一睹古希腊的辉煌遗迹；博物馆里古希腊的展品前永远人头攒动。有丰富的证据表明，古希腊文化对当今世界产生过深远的影响。每年，历史学家们和考古学家们都会展开不同的专项研究，通过考古发掘和实验室研究不断刷新我们对古希腊先贤们在智力成果和审美维度方面的认知。

　　关于古希腊文明的书籍浩如烟海，那为何又要多此一本呢？因为我们相信，没有哪本专门为业余读者和学生准备的图书能像这本一样成功地捕捉到引人入胜且复杂的切入点，既有简洁的叙述和讨论，又有精确的科学信息，我们使用的是尽量清晰简洁而又带有启发性的话语，并配有高质量的插图。或许我们的这个说法有些"王婆卖瓜"，但我们的初心的确是真诚的。

　　我们的目标是带领读者踏上一段寻找古希腊文明的奇妙旅程，并通过许多从未出版过的精彩图片，为读者提供对古典世界的新见解。这些被精挑细选出来的插图，每一幅都有一个主题并一一对应其相应的历史文化背景中。每个简明扼要的标题都有详尽的文字说明。

　　虽然这本书的定位是一本科普读物，但我们希望它能促使那些有兴趣的人更深入地研究古希腊和古希腊文明。从早期爱琴海文明发端到被罗马人征服，我们以视觉艺术为线索，遵循古希腊和希腊化时期的历史文化脉络，勾勒出一张宏图。在这本书里面，精美而详尽的插图使描述变得栩栩如生，古希腊最重要的古迹获得了重建。

　　读完这本书就像是完成了一次在古希腊最美丽的城市的旅行。

P XIV

《俄狄浦斯与狮身人面兽斯芬克斯（Sphinx）》，作为一个阿提卡红绘陶器的中心浮雕作品，创作时间大约是在公元前6世纪晚期—前5世纪早期。俄狄浦斯（Oedipus）的故事起源于神话，象征着人类对知识的渴求和未知之间的无休止的战争。

P XIV—XV（背景）

这个精美的黑绘双耳细颈瓶出自陶工埃克塞基亚斯（Exekias）之手，也可以把他誉为一名画家，创作时间大约为公元前540—前530年。画面运用了生动的写实主义手法，展现了阿喀琉斯（Achilles）杀害彭忒西勒亚（Penthesilea）的场景。

P XV

荷马史诗已经在阿提卡地区的陶器彩绘中得到了广泛描述。这个精美的黑绘双耳细颈瓶（大约公元前540年出自埃克塞基亚斯之手）上画着英雄阿喀琉斯和埃阿斯（Ajax）正在玩骰子。

P XVI—XVII

在古希腊艺术中，真人尺寸的年轻男女人体雕像出现于公元前7—前6世纪。左边是三座阿提卡年轻男子雕像：慕尼黑的阿波罗雕像、沃罗曼德拉雕像（从背面观看）以及阿纳维索斯雕像（公元前540—前530年）。右边是位于雅典卫城的一座青年女子雕像，出自雕塑家安特诺尔（Antenor）之手（公元前530年）。

目录

从米诺斯到奥古斯都的希腊历史　/　001　　希腊和小亚细亚的考古之旅　/　140

古代希腊文明和文化　/　049　　大希腊的考古之旅　/　231

穿越世纪的希腊艺术　/　083　　参考文献　/　270

在德尔菲（Delphi，也常译作德尔斐）的斯菲尼亚（Siphnian）宝库中发现的古风晚期的爱奥尼亚雕带（公元前525年）展现了诸神与巨人之战的戏剧性场面。即使尚在初期，艺术家们在描绘动态感和空间深度上也已经展现出了高超的技巧。

从米诺斯到奥古斯都的希腊历史

希腊人之前的希腊：史前史 / 002

公元前第二千纪：爱琴海人、克里特人以及迈锡尼人 / 003

古往今来的希腊 / 008

希腊黑暗时期 / 022

古风时期 / 023

公元前 5 世纪希腊的阿提卡霸权 / 028

公元前 4 世纪和马其顿的崛起 / 038

公元前 3 世纪和"泛希腊主义" / 044

罗马征服 / 046

希腊人之前的希腊：史前史

P002

这座新石器时代的考罗卓夫丝（Kourotrophos）彩绘雕像（公元前3500—前3000年）来自塞斯克洛（Sesklo），表现的是一位妇女正在哺育婴儿。学者们趋向于认定其为原始的地母神，这也许是新石器时代母系氏族社会结构最直接、最持久的文化反映。

最早在希腊有据可循的人类居住史可以追溯到旧石器时代晚期（公元前45000—前13000年），以伊庇鲁斯（Epirus）、塞萨利（Thessaly）和阿戈利斯（Argolis）三个地区的考古发现最为典型。这些出土的文物与多瑙河地区发现的高度相似，在该地区散布着旧石器时代晚期的多种文化。大约在公元前6800年，早在当地居民被称作希腊人之前，希腊半岛举足轻重的作用就已经日趋明显：在克里特岛（Crete）、基克拉迪群岛（Cyclades）、伯罗奔尼撒半岛（Peloponnese）、塞萨利地区这些最早的农业社区诞生出了独特的文化，通过这个欧洲的"东方门户"，将新石器时代的文明传播到了整个欧洲大陆。

地中海上最早的航海行为主要是用商船搬运早期的人类村庄之间剩余的食物，他们航行在蔚蓝的爱琴海上，穿梭于无数岛屿之间。同样的航线有的商船也会携带燧石（被切割成工具）和黑曜石（一种出自米洛岛的黑色火山玻璃）。这些物品都是遥远村庄的名流之间用于互换的礼物，以表达外交关系的稳定。

新石器时代中晚期，在规模最大的村庄，人类文明的发展已经达到了令人叹为观止的程度。早在公元前5000年，塞萨利地区的塞斯克洛和季米尼（Dhimini）就筑有环绕四周起防御作用的城墙。在人们开始使用金属后，冶金术开始传播，虽然这一工艺技术在当时尚未完善。早在公元前4500年，金属制品就已经在塞斯克洛的原始城镇社区出现，当时塞斯克洛拥有繁荣发达的农业以及畜牧业。自从金属成为财富的重要来源以及社会进步的原生驱动力后，为了争夺这种珍贵资源的使用权和控制权而引发的战争便开始连绵不绝。

公元前第二千纪: 爱琴海人、克里特人以及迈锡尼人

P003右中

这个经典的小提琴形状的大理石雕像是人体形态的综合体，研究证明这一作品来自帕罗斯岛，创作时期可追溯到爱琴海艺术最古老的阶段（大约公元前3000—前2500年）。

P003左

这尊出土自安提帕罗斯岛（Antiparos）的小型头像，与莫迪利亚尼（Modigliani）的作品相似，展现出了公元前第三千纪后半期爱琴海艺术家们高超的艺术技巧。

A 安德罗斯岛（Andros）
B 蒂诺斯岛（Tinos）
C 米科诺斯岛（Mykonos）
D 提洛岛（Delos）
E 锡罗斯岛（Syros）
F 塞里福斯岛（Serifos）
G 帕罗斯岛（Paros）
H 纳克索斯岛（Naxos）
I 锡基诺斯岛（Siphnos）
J 米洛斯岛（Milos）
K 锡拉岛（Thira）

基克拉迪群岛位于爱琴海的中心地带，像桥梁一样横跨希腊和小亚细亚之间的海域。其地理位置令这些岛屿在古地中海早期文化发展中具有举足轻重的地位。公元前3世纪末期—前2世纪早期，东部城市越来越需要基克拉迪群岛上可用的珍贵原材料。米洛斯岛的黑曜石，盛产于蒂诺斯岛、帕罗斯岛、锡罗斯岛的大理石，以及产于锡夫诺斯岛的铜，它们异常珍贵，这吸引了来自埃及以及近东的商人到此来收购这些资源。作为交换，他们提供给当地粮食物资，以此来解决群岛物产匮乏的问题。

基克拉迪群岛的鼎盛时期，包括南方（特别是米洛斯岛和锡拉岛）和北方［蒂诺斯岛、帕罗斯岛、纳克索斯岛、锡罗斯岛以及"小基克拉迪岛"如克罗斯岛、德斯波狄科岛、阿莫尔戈斯岛（Amorgos）、锡夫诺斯岛、基斯诺斯岛以及基亚岛］出现在大约公元前2200—前1700年。此后，

P003右下

这尊来自锡罗斯岛的女性雕像，具有性特征，它创作于爱琴海艺术的成熟阶段（公元前2200—前2000年）。

A 克诺索斯（Knossos）　　D 马利亚（Mallia）
B 法伊斯托斯（Festos）　　E 古尔尼亚（Gournia）
C 圣三一（Hagia Triada）

法老一样，统治者同时被赋予了政治统治权和宗教权力。（米诺斯一词衍生于此，是克里特人的另一个称呼。）

最重要的是，每一位米诺斯统治者都致力于改变克里特人的生活方式，使之从以陆地上的农业和畜牧业为主转变为全面向海洋发展，进而拥有了海上霸权。

克里特人在爱琴海地区拥有庞大的军队、广袤的领土以及至高无上的开拓权，这一切最终令他们控制了与埃及及近东王国的贸易。其他爱琴海居民逐渐受到克里特文明潜移默化的影响，这使得克里特文明更加宏伟壮大。

缺失的防御墙证明了这里的居民无所畏惧——上百所房屋围绕着中心大殿，组成了大气磅礴的宫殿定居点。在这些复杂的建筑结构中，处于社会阶层金字塔顶端的权力象征与用于装饰房间和走廊的色彩明艳的壁画交织在一起。

这些岛屿逐渐融入了克里特岛及其海上霸权的范围。但是在基克拉迪文明的黄金时代，贸易覆盖了整个爱琴海地区并延伸至地中海东部。重要的居民定居点得以发展，居民拥有了巨大的物质财富，这从当地居民墓穴中发现的各种各样的随葬品中可见一斑。

公元前第三千纪末期，基克拉迪文明达到巅峰，爱琴海地区最大的岛屿克里特岛开启了其令人惊叹的历史进程。公元前1900年左右，克诺索斯和法伊斯托斯修建了包括整个定居点在内的大型宫殿，称为宫殿定居点。大约两个世纪后，这些宏伟的皇家住宅见证了米诺斯王权的最终崛起。与埃及

P004上

这幅克诺索斯的《巴黎女郎》壁画（公元前1600年左右）体现了克里特岛的女性的魅力以及风俗文化。

P004下

这个角状杯，或者说是饮酒器具，出土自扎克罗（Zakros）。该角状杯由蛇纹石制成，象征着克里特统治者的无上权力。

繁荣兴盛的贸易，确保了稳定的食品供应。工艺精湛的陶工、木匠、金匠、铁匠聚集在宫殿的工作坊中，制作出了精妙绝伦的手工艺品。历史手迹中的文字至今仍旧没有得到破译，即现在的古希腊A类线形文字，这类文字主要用于记录国家的会计工作程序。无论出于何种目的，文字的使用说明了克里特文明拥有庞大复杂的组织结构，而其宫殿定居点具备令人惊叹的运作效率。

公元前1700年左右，这座宫殿被毁。其毁灭原因不明（也许是一场灾难性的地震）。然而，宫殿被迅速重建，甚至相较于之前的规模更加气势恢宏。所谓的后宫殿时期（公元前1700—前1450年）见证了位于克诺索斯、扎克罗、法伊斯托斯、马利亚以及提利索斯（Tilyssos）的宫殿的建设。

早期的宫殿是一个庞杂的聚集地，囊括了居民居住区域、行政办公区域、经济生产制造区域以及商品交易地点。宫殿设有面积较大的房间，包括国王的觐见室、工匠的作坊以及储藏室。重建后的宫殿旁边建有面积巨大的广场，周围建有可以俯视广场的成排的阶梯，广场平时可作露天剧场，在这里举办庆祝仪式或者典礼。

同一时期的晚些时候，乡村居住地得以发展建设。法伊斯托斯附近规模宏大的乡村庄园和圣三一现存的村庄就是很好的例子。

铺面道路同样可追溯到这一时期，像克诺索斯恢宏的皇家大道，建筑师特别考虑到了宫殿居民区的城市布局以及其

P005上

这个神秘的女神，支配着自然的力量，也许同魔法（蛇）和生育能力（巨大的裸胸）有关。作为蛇女，她是希腊百兽母胎文化的祖先之一。这个克诺索斯的彩陶雕像（公元前17世纪）保存了她的形象。

P005下

这个精美的角状杯，由滑石制成，形状像牛头，是克里特雕塑的杰作。金制的牛角、玉制的皮肤、水晶制的眼睛以及珍珠母制成的轮廓显示出了艺术家在制作这个礼杯时非常用心。它可能被用来盛放倒在圣坛中的液体，也许是牛血。

周边的景观设计。他们对于风景视觉元素的考虑明显高于对功能方面的考量，比如道路通向的目的地（神庙或者是乡村居住地）。

米诺斯文化对克里特南部的影响在锡拉岛［即现在的圣托里尼岛（Santorini）］尤为强烈。在阿科罗提利（Akrotiri）遗址，考古学家们发现了一处气势恢宏的壮观遗迹，这处遗迹的建筑有四层楼高。房屋内精美的壁画只是当时富人们生活的一个见证，所有的财富及繁荣景象随着一场巨大的灾难而灰飞烟灭了。大约在公元前1450年，在这座形成于几万年前的岛屿上，火山爆发了，锡拉岛成了历史上第一个庞贝古城，居民居住点被深埋于50英尺（1英尺≈0.305米）的火山灰之下。幸运的是，居民有时间逃离岛屿，在挖掘出土的区域内并没有发现人类骸骨。

考古学家发现，灾难引发了克里特文明的衰落：一系列的地震和海啸影响了爱琴海南部；大量的火山灰降落到地面上，天空暮色沉沉；气候变化随之而来。衰落的克里特岛即将迎来来自伯罗奔尼撒半岛（Peloponnese）野心勃勃的扩张者——迈锡尼人。在米诺斯宗教中，强大的孕育之神占据重要位置。她与象征克里特岛及其统治者的公牛联系在一起，岛上的年轻人在孕育之神的普照下进行冠礼仪式。所谓的礼仪主要是一种残酷的斗牛活动，在斗牛中，拥有高超技巧的年轻人要跳跃着避开危险的公牛的冲锋和转弯。

克里特人的艺术创作中展现了爱好和平的人们的想象力和创造力。勤劳耕作并未影响他们渴望享受生活，他们不善于玩弄权术，不崇尚武力。宫殿居民区墙体上绘制的人物所穿着的华丽衣物，以及克里特能工巧匠制作的精美器具体现了克里特人对于奢华和精致的崇尚，这一切令参观赫拉克利翁（Herakleion）考古博物馆的游客欣喜若狂。在这里还可以看到古代人生活中不常见的设施，比如私人泳池、卫生间以及装饰奢华的浴室。

P006左

米诺斯绘画在古代艺术中被率先运用，以此来展示真正意义上的自然主义，摆脱了古埃及艺术的刻板。这块来自克诺索斯第二宫殿定居点的壁画残片，线条流畅，色彩丰富明亮，具有自然感。壁画上描绘的五彩缤纷的花园里到处都是鸟（鹧鸪和鹤），形象与希腊化时期和罗马时期类似壁画中的一样。

P006右

在克里特，奢华艺术达到了很高的水平。能工巧匠制作了大量的珠宝制品和其他物品，他们的作坊位于巨大的宫殿中。工匠们用一块水晶石制作了这个新宫殿时期的角状杯，并加了一个精致的把手。

P007

克里特人与海洋的重要关系通过不计其数的艺术品体现了出来，特别是壁画，比如这幅公元前16世纪体现自然主义的壁画，气势恢宏，栩栩如生。人们在锡拉岛的阿科罗提利的一处房屋中发现了它，锡拉岛毁于火山爆发。艺术家捕捉到一位满载而归的年轻渔夫的优雅侧影。他正在搬运刚刚捕捞的鱼。壁画将场景描绘得如此详细，以至于可以辨认出鱼的种类——有马鲛鱼，还有小金枪鱼。

埃皮达鲁斯圣地

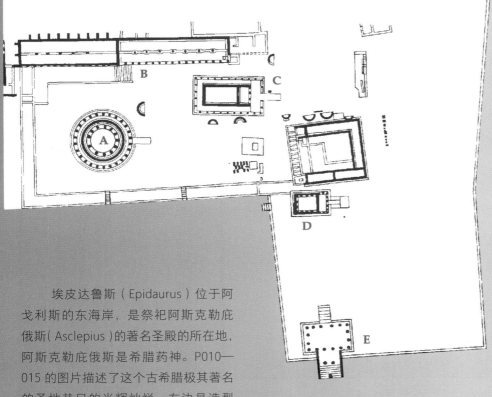

A 圆形神庙
B 柱廊
C 阿斯克勒庇俄斯神庙
D 阿尔忒弥斯神庙
E 山门

埃皮达鲁斯（Epidaurus）位于阿戈利斯的东海岸，是祭祀阿斯克勒庇俄斯（Asclepius）的著名圣殿的所在地，阿斯克勒庇俄斯是希腊药神。P010—015的图片描述了这个古希腊极其著名的圣地昔日的光辉灿烂。左边是造型雅致的圆形神庙；圆形神庙后面是一个门廊。向右边看去，是阿斯克勒庇俄斯神庙，接着是阿尔忒弥斯（Artemis）神庙，神庙的一部分被庄严的北卫城山门挡住了视线（前景）。

帕夫萨尼亚斯（Pausanias）对圆形神庙昔日的美好做了简短的记述：在阿斯克勒庇俄斯神庙旁边矗立着一座值得参观的白色大理石圆形建筑，被称作圆形神庙。在建筑内部有一幅保希亚斯（Pausias）的关于爱神的画作，爱神手中不再握着弓箭，而是怀抱竖琴。还有一幅关于用水晶高脚杯饮酒场面的画作，这幅画作依然出自保希亚斯之手，透过水晶高脚杯的玻璃，可以看见一个女人的脸。

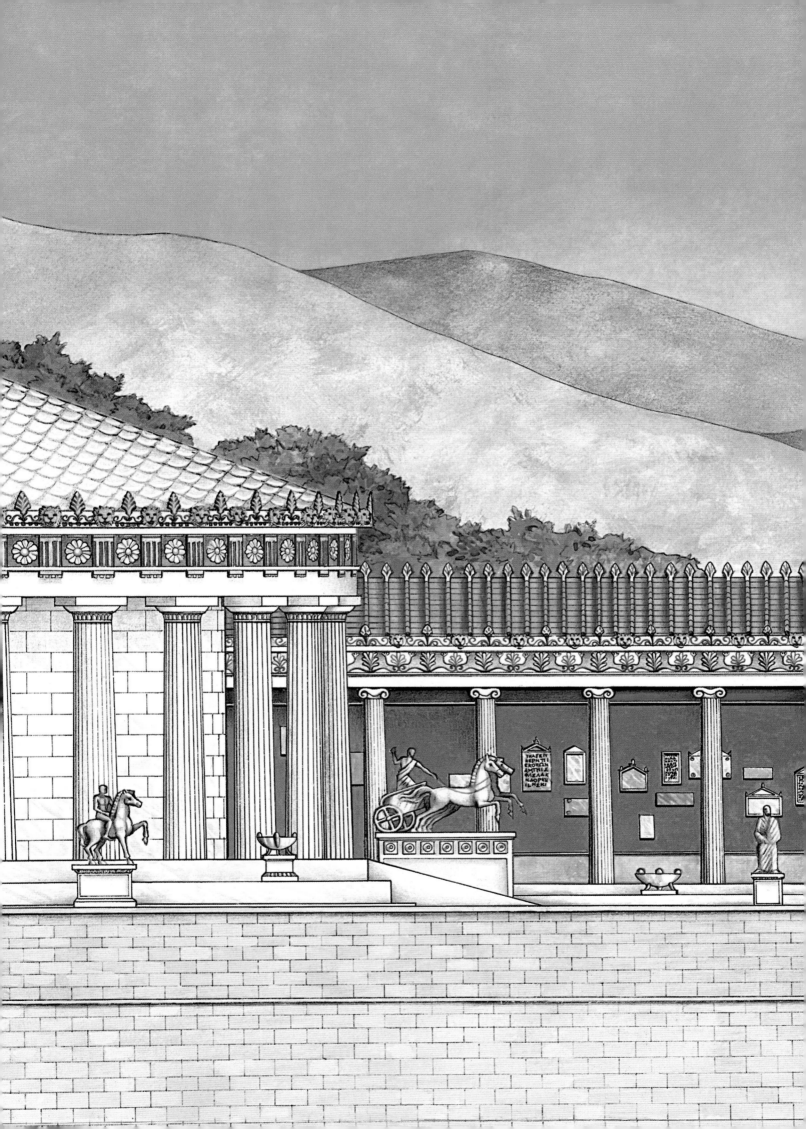

古往今来的希腊

史前时期
（大约公元前 45000
—前 2800 年）

原史时期
（大约公元前 2800
—前 1220 年）

希腊黑暗时期
（大约公元前 1220
—前 900 年）

古风早期
（大约公元前 900
—前 725 年）

古风中期
（公元前 725
—前 610 年）

有证据表明，在旧石器时代晚期和中石器时期，在这一地区有人类零星居住：游牧者、猎人、野果采摘者与巴尔干半岛各国有文化联系。

大约公元前 7000 年，欧洲首批农民和猎人出现在马其顿（今称北马其顿）、塞萨利、伯罗奔尼撒半岛、基克拉迪群岛以及克里特，他们也许是来自东方的移民。繁荣的贸易网络得以建立，陆地航线和海上航线延绵跨越整个大陆（主要是黑曜石和琥珀盐的贸易）。

公元前 6000—前 4000 年，大型居民定居点得以发展，一些定居点（塞斯克洛、季米尼）具有原始城市结构和防御工事。

大约公元前 4500 年，纯铜制造的产品出现，金属的广泛使用促进了农业的发展和人口的增长，社会结构更加合理稳定。

旧石器时代晚期和中石器时期
（大约公元前 45000
—前 6800 年）

新石器时代和铜的早期应用
（大约公元前 6800
—前 3500 年）

青铜时代
（大约公元前 3500
—前 2800 年）

伴随着青铜时代的到来（希腊青铜文明的早期、中期和晚期），产生了第一批印欧移民。希腊大陆、爱琴海各岛屿以及安纳托利亚（Anatolian）海滨出现了文化上的联系。伴随着一个强大的精英阶层的崛起，基克拉迪群岛成为了繁荣的贸易中心。大约公元前 1900 年，第一个西方国家的雏形产生于克里特。宫殿定居点是米诺斯人的住所，成为了政治权力中心以及经济生产中心。在宫殿居民区被摧毁和重建之后（公元前 1700 年），米诺斯人拥有了爱琴海的海上霸权。锡拉岛的灾难（公元前 1450 年）为阿契亚人征服克里特提供了有利的条件。直至公元前 1700 年，阿契亚人攻占了希腊的大部分领土。光辉灿烂的迈锡尼文化以其坚固的宫殿居民区统治着整个爱琴海地区。公元前 14—前 13 世纪，在地中海地区西部，以贸易为目的的扩张导致了前殖民贸易站点的产生，然而特洛伊战争为阿契亚人控制达达尼尔海峡（Dardanelles）奠定了基础。

基克拉迪文化的黄金时期，米诺斯文化的发展
（大约公元前 2800
—前 2000 年）

第一个米诺斯宫殿定居点
（大约公元前 1900
—前 1700 年）

米诺斯宫殿定居点的毁灭及重建，阿契亚人入侵希腊，迈锡尼文化的黄金时期
（大约公元前 1900
—前 1700 年）

米诺斯文明的分崩离析，迈锡尼商人在地中海地区拥有霸权
（大约公元前 1450
—前 1250 年）

特洛伊战争
（大约公元前 1250
—前 1220 年）

海上民族给爱琴海及地中海东部地区带来了灾难，贸易一度中止。在同一时期，另一个印欧民族——多立克人（Dorians）从巴尔干半岛入侵了希腊，导致公元前 12 世纪迈锡尼政治结构和社会经济结构的瓦解。这一漫长的历史时期被称为希腊黑暗时期，以人们定居条件被破坏为标志。人口数量大范围地减少，经济危机爆发，城市居住地逐渐消失。在经过了一个多世纪的移民迁徙之后，多利克人、爱奥尼亚人、伊奥利亚人决定了希腊方言的发展。在武器和财富的协助下，以家庭和氏族为基础的贵族出现了：他们创造性地使用"英雄式"的火葬葬礼方式。铁器的使用开始广泛传播。公元前 10 世纪，经济开始复苏，这为在小亚细亚沿岸建设新的城市定居点、开展贸易活动和殖民扩张奠定了基础。

海上民族的袭击
（大约公元前 1220
—前 1180 年）

印欧人的入侵和迈锡尼文化的终结
（公元前 1220—前 1120 年）

第一个城市中心的建立和殖民化运动的早期发展
（公元前 1100
—前 900 年）

人口发展和经济发展逐渐促成了新城市或城邦的建立：雅典（Athens）、阿尔戈斯（Argos）、底比斯（Thebes）、斯巴达（Sparta）、科林斯（Corinth）、查尔奇斯（Chalcis）、埃雷特里亚（Eretria）、米利都（Miletus）、士麦那（Smyrna）、福西亚（Phocaea）以及其他国家，这些国家在地中海地区贸易中崭露头角，东西海岸的殖民地和贸易站点开始建立起来，与腓尼基人和伊特鲁利亚人（Etruscans）公平竞争。宪法结构开始生根，并牢牢掌握在贵族手中。君主制被废除，取而代之的是寡头政治（唯一一个例外是斯巴达统治下的双头政治）。由腓尼基字母发展而来的文字，为后世保存了荷马史诗《伊利亚特和奥德赛》。制作精良的陶制品和铁制品，以及石油和葡萄酒的出口，令雅典、科林斯、阿尔戈斯名声大噪。

第一届古代奥林匹克运动会
（公元前 776 年）

彼德库塞（Pithekoussai）建立的第一个西方殖民地
（大约公元前 770 年）

雅典和斯巴达的第一部宪法
（大约公元前 754
—前 753 年）

第一次梅塞尼亚（Messenia）战争
（公元前 743
—前 724 年）

意大利南部殖民地的建立
（公元前 740—前 707 年）

埃及、东方国家和希腊城邦（特别是科林斯）及其殖民地之间的贸易蓬勃发展。他们与腓尼基人和伊特鲁利亚人继续竞争（腓尼基人和伊特鲁利亚人控制着西方金属矿石的产地）。由此，希腊经历了显著的经济增长。同时，文学、哲学、艺术等文化输出剧增。艺术家们和工匠们深受东方商品的影响，这些城邦进口了大量东方商品以满足贵族们追求奢华生活的嗜好。在科林斯、阿尔戈斯和西锡安（Sicyon），贵族和普通民众的社会关系日益紧张，由此，暴君掌权了。在德尔菲和奥林匹亚（Olympia）出现了泛希腊圣所，这些圣所具有重要的宗教意义和政治意义。

意大利南部的殖民地进一步发展
（公元前 688—前 648 年）

第二次梅塞尼亚战争
（公元前 684—前 668 年）

希普塞卢斯（Cypselids）统治下的科林斯暴政
（公元前 657—前 583 年）

斐冬（Pheidon）统治下的阿尔戈斯暴政
（公元前 650—前 630 年）

昔兰尼（Cyrene）的建立
（公元前 631 年）

德拉科（Draco）制定雅典法典
（公元前 624—前 620 年）

古风后期
（大约公元前610
—前510年）

当斯巴达将其霸权扩展到了整个伯罗奔尼撒半岛（仅阿尔戈斯保留其自治权）时，寡头要求在政治上有更大的发言权，这使其和生产阶级之间的社会经济冲突日趋明显，由此促使雅典的梭伦（Solon）发起了一系列的社会经济改革。这些倡议的失败导致了雅典、墨伽拉（Megara）、萨摩斯（Samos）、纳克索斯以及米利都的统治贵族更加肆无忌惮地实施暴政。早期建立的殖民地变得越来越独立，并且建立了自己的附属殖民地并谋求区域霸权。在庇西特拉图家族的暴政统治之下，雅典成为居于领导地位的经济中心，庇西特拉图家族的统治最终被推翻。在公元前6世纪中期，波斯人扩张了其东方帝国并威胁到了爱奥尼亚（Ionia）城邦。

梭伦制定雅典法典
（大约公元前594
—前591年）

庇西特拉图（Pisistratus）统治下的
雅典三个阶段的暴政
（公元前561—前527年）

德尔菲阿波罗圣殿发生火灾
（公元前584年）

萨摩斯岛的波利克拉特斯暴君
（公元前546—前522年）

波斯人在远东地区的侵略战争
（公元前559—前513年）

庇西特拉图家族被驱逐出雅典
（公元前514—前510年）

波斯战争
（公元前510
—前449年）

克里斯提尼（Cleisthenes）在雅典建立了民主制度。波斯王达里乌斯一世（Darius I）威胁到了爱奥尼亚城邦的安全，最终演变成一场暴力反叛。米利都帝国和其他殖民地最终沦陷并且受到了严厉的惩罚。公元前490年，第一次波斯战争结束，雅典指挥官米尔提亚迪斯（Miltiades）在马拉松（Marathon）之战中获胜。薛西斯一世（Xerxes I）发起了第二次波斯战争（公元前480年），在经历了几次胜利和对雅典的劫掠之后，波斯人在萨拉米斯（Salamis）海战中被打败。在爱奥尼亚人的支持下，战争在雅典人的带领下持续进行，最终建立了提洛同盟。西方的希腊人打败了迦太基人和伊特鲁利亚人。在地米斯托克利（Themistocles）和西蒙（Cimon）的领导下，开启了雅典与其他城邦持续时间较长的军事经济冲突期。卡里亚斯和波斯签署了和平协议（公元前449年）。

制定雅典的民主制度
（公元前508—前507年）

爱奥尼亚人对波斯人的反抗
（公元前499—前494年）

第一次波斯战争
（公元前490年）

第二次波斯战争
（公元前480年）

爱奥尼亚人对波斯人的第二次反抗
（公元前479年）

提洛同盟
（公元前478年）

希腊人和伊特鲁利亚人
之间的库迈（Cumae）海战
（公元前474年）

第三次梅塞尼亚战争
（公元前464—前455年）

希腊人和波斯人之间的和平协议
（公元前449年）

古典时期
（公元前449年
—前338年）

在伯里克利（Pericles）的统治下，雅典的经济繁荣达到顶峰，文化和艺术成就大放异彩。其对外扩张主义政策激起了席卷整个希腊的反叛抗议。与斯巴达、科林斯、底比斯和锡拉丘兹（Syracuse）的竞争对立导致了持续30年之久的伯罗奔尼撒战争。雅典最终投降并且在公元前5世纪的最后10年处于短命的寡头政治政府的统治之下。新的世纪开端于雅典民主制度的恢复，斯巴达袭击了波斯、迦太基人在西西里岛推行了扩张主义，以及其他一些战争。在被雅典和底比斯剥夺统治霸权之前，斯巴达统治了希腊几十年。雅典和底比斯建立了新的国家。公元前356年，马其顿的腓力二世（Philip II）开始了其对希腊有计划的攻占，并于公元前338年在喀罗尼亚（Chaeronea）完成攻占计划。由于马其顿的庇护，希腊国家推行了和平政策。

雅典的伯里克利霸权
（公元前449—前429年）

伯罗奔尼撒战争
（公元前431—前404年）

雅典的寡头政治革命
（公元前411年）

雅典投降和30个暴君倒台，
民主制度恢复
（公元前403年）

斯巴达的霸权
（公元前404—前379年）

马其顿腓力二世对希腊的统治
（公元前356—前338年）

马其顿法则
（公元前338
—前323年）

马其顿通过一系列军事行动和外交手段确立了对希腊城邦的霸权统治。这一霸权统治在腓力二世遇刺后被继承下来。他的继任者亚历山大三世（Alexander III），因其开疆拓土的功绩被世人称作"亚历山大大帝"，他开启了征服波斯帝国的行动，所有在波斯殖民统治下的希腊城邦都得以解放。他在远征波斯的过程中一路高奏凯歌，横穿帝国到达了印度河沿岸以及今天的阿富汗，沿途建立了以他的名字命名的城市。他创立了历史上第一个横跨多个大陆的帝国，促进了所占领地区文化的希腊化。亚历山大大帝33岁时死于巴比伦（Babylonia），随即引发了继位者之间残酷的争斗。

腓力二世在埃迦伊（Aegae）
被刺杀
（公元前336年）

亚历山大三世的时代，亚历山大
大帝
（公元前336—前323年）

亚历山大大帝在印度及
巴克特里亚（Bactria）的战役
（公元前328—前327年）

亚历山大大帝死于巴比伦
（公元前323年）

希腊化时期
（公元前323
—前146年）

安提帕特（Antipater）这一摄政帝国镇压了希腊人的反叛，然而40年来，亚历山大大帝麾下的马其顿将军们奋起抵抗并获得了战争的主动权。最终，他们把希腊帝国分裂成多个希腊化王国，并开启了漫长的历史统治时期。强大的国家开始形成，他们的政治决策、经济往来、文化活动集中在繁华的首都城市。希腊各城邦结成联盟，如于公元前280年击败了入侵的凯尔特人（Celt）的埃托利亚联盟，以及最终结束了斯巴达独立运动的阿哈伊亚联盟。但是统治整个希腊的安提戈尼德（Antigonid）王朝的霸权政治仍旧存在。同时存在的还有统治小亚细亚、叙利亚以及美索不达米亚（Mesopotamia）的塞琉古（Seleucus）王朝，统治埃及的托勒密（Ptolemy）王朝，占领帕加马的阿塔利兹（Attalids）王朝。公元前2—前1世纪，罗马帝国终结了一切，完成了统一大业。

希腊对马其顿的反叛
（公元前323—前322年）

帝国的分裂和希腊化王国的建立
（公元前322—前281年）

马其顿对希腊的绝对君主制
（公元前276—前239年）

希腊化的帕加马王国的建立
（公元前240年）

斯巴达的"民主"革命，
斯巴达独立的终结
（公元前227—前222年）

罗马削弱了
马其顿的势力
（公元前200—前196年）

罗马打败马其顿
（公元前171—前168年）

罗马设立马其顿省和希腊省，
围攻科林斯并将其摧毁
（公元前147—前146年）

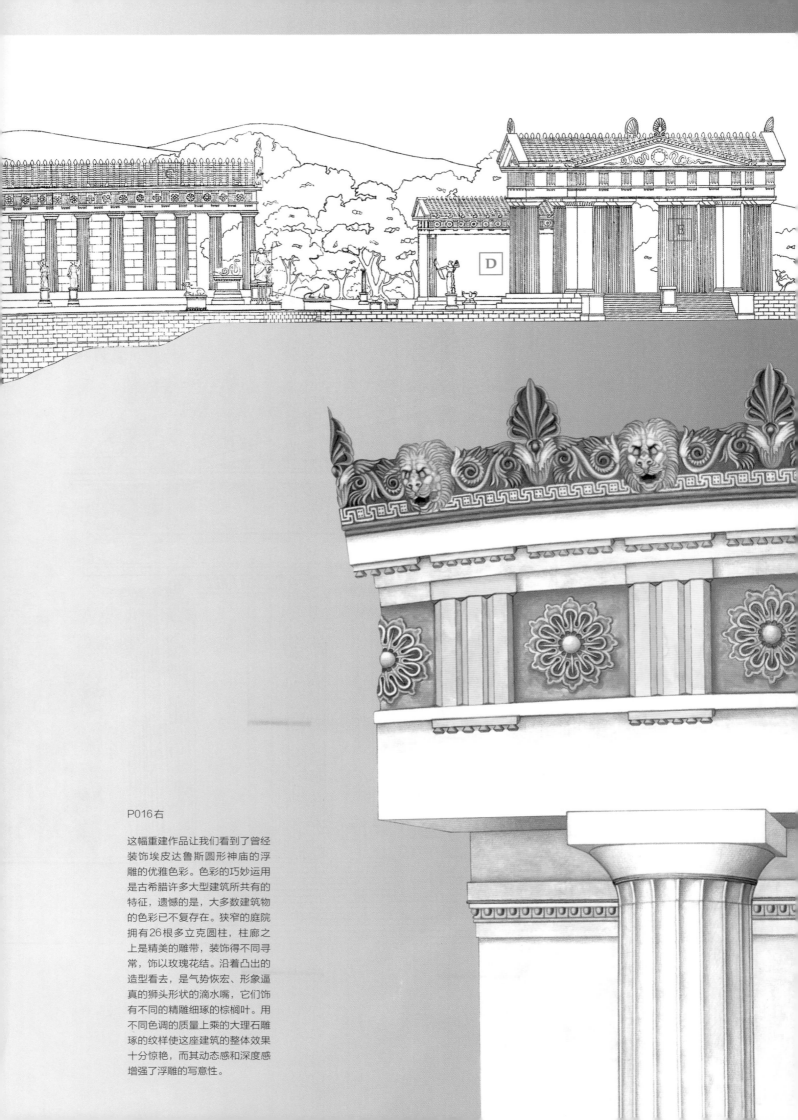

P016 右

这幅重建作品让我们看到了曾经装饰埃皮达鲁斯圆形神庙的浮雕的优雅色彩。色彩的巧妙运用是古希腊许多大型建筑所共有的特征，遗憾的是，大多数建筑物的色彩已不复存在。狭窄的庭院拥有26根多立克圆柱，柱廊之上是精美的雕带，装饰得不同寻常，饰以玫瑰花结。沿着凸出的造型看去，是气势恢宏、形象逼真的狮头形状的滴水嘴，它们饰有不同的精雕细琢的棕榈叶。用不同色调的质量上乘的大理石雕琢的纹样使这座建筑的整体效果十分惊艳，而其动态感和深度感增强了浮雕的写意性。

A 迈锡尼（Mycenae）
B 纳夫普利亚（纳夫普利翁的旧
  称，Nauplia）
C 梯林斯（Tiryns）
D 瓦斐奥（Vapheio）
E 皮洛斯（Pylos）

在克里特文明蓬勃发展的同时，公元前2000—前1600年，希腊大陆和伯罗奔尼撒半岛被一个名为阿契亚人的印欧民族入侵并长期占领，赫梯人把他们称作阿希亚瓦人。这一地区的原住民似乎很快被这些为牧群寻找新牧场的牧民所同化。他们在塞萨利、维奥蒂亚（Boeotia）、阿提卡（Attica）、阿戈利斯和梅塞尼亚定居，并且迅速放弃了其在巴尔干半岛半游牧的生活方式。他们在地中海地区的新住地，拥有可以被有效利用的大量耕地资源和动物资源。没过多久，处于阿契亚人社会顶层的伊奥尔科斯（Iolcus）、阿尔戈斯、迈锡尼、梯林斯以及皮洛斯的王公贵族们便利用起了这一地区在贸易路线上所占据的优势。

在遍及整个爱琴海地区以及地中海东部地区的贸易中，不仅仅只有食物，甚至还包括金银铜器、纺织品和陶器等珍贵物品。19世纪末，海因里希·施里曼（Heinrich Schliemann）的考古发现奠定了迈锡尼地区的重要地位（他的工作方法也许并不专业，但他的工作毫无疑问是卓有成效的）。自那时起，人们通常将当时占领这一区域的人称为迈锡尼人。

阿契亚的社会权力结构是中央集权的，但是经济结构却呈现双重性：巨大的土地财富，同时还有依赖于熟练的工匠以及经验丰富的水手和商人的网络创业活动。每一个迈锡尼城市的显著特征都是防御工事固若金汤，"城镇"被巨大的防御墙包围。处于社会金字塔顶端的是瓦纳克斯，他是最高统治者，代表着武士和拥有土地的贵族——拉沃斯和达莫斯，他们拥有巨大的财产，因此非常富有。瓦纳克斯的下级是一位被称为拉瓦赫塔斯的军事将领。有众多顾问和官员协助执行政治和行政职能。由村委会掌管着瓦纳克斯不能直接控制和利用的土地。我们对于由手工业者和农民组成的下层阶级知之甚少，当然应该还会有一个由奴隶组成的阶层。

P018左中

施里曼在位于迈锡尼的A墓群四号墓冢中发现了内斯特（Nestor）的高脚杯（公元前16世纪）。这是一尊金箔高脚杯，重量接近300克。它带有一些技艺不够精准的痕迹。

P018右下

这些陶土碑毁于一场大火，公元前12世纪，这场大火将处于梅塞尼亚的迈锡尼皮洛斯宫殿彻底焚毁。碑上雕刻有迈锡尼文字——B类线形文字。

P019

这是迈锡尼金属制品的完美例证，这尊美轮美奂的狮头角状杯被发现于四号墓中，其历史可追溯到公元前16世纪。虽然它的形状来源于克里特艺术模式，但是这尊角状杯自身的自然主义气息较少，同时它展现出了迈锡尼艺术的简单淳朴和几何化特征。在克里特和爱琴海世界中，角状杯是一种用于仪式典礼的器具。它们带有入孔和出孔，在宗教仪式和葬礼上用于祭酒。

关于迈锡尼文明的大量信息来自从梅塞尼亚被摧毁的皮洛斯宫殿挖掘出土的珍贵陶土碑；在迈锡尼人公元前15世纪之后控制的克诺索斯宫殿发现的陶土碑；以及迈锡尼、梯林斯和底比斯的少量陶土碑。这些碑是用印欧语系的语言书写的，使用的是源自表意文字的音节字母。这些文字被迈克尔·文特里斯（Michael Ventris）和约翰·查德威克（John Chadwick）破译，被称作B类线形文字。除了记载居住在宫殿中的人们的数量和职能，还包括财产清单、贡品清单、行政程序以及财产所有权。

迈锡尼经济以农业和畜牧业为基础。石油、亚麻和羊毛的生产进一步促进了化妆品（软膏）的制造和纺织品的制造。海外商业继续拓展，一年羊毛出口不少于30吨！

自公元前16世纪以来，迈锡尼工匠创作了大量精美的金制品及青铜制品。他们的创作活动直接受制于王宫，王宫给他们的作坊提供从塞浦路斯（Cyprus）矿场进口的铜，以及从中欧和西欧进口的锡、贵金属、琥珀以及玻璃材料，这证明了迈锡尼贸易路线的广泛性。直到公元前13世纪，这条路线从埃及延伸到叙利亚，从罗德岛延伸至塞浦路斯，从西里西亚延伸至爱奥尼亚。当迈锡尼帝国处于鼎盛时期（公元前14—前13世纪）时，迈锡尼商人在地中海盆地特别是在地中海西部地区，将贸易版图进一步扩大。

一些学者认为，迈锡尼人沿着与后来希腊人在公元前8—前6世纪走过的相同路线，进行了前殖民运动。在意大利和西班牙南部沿海地区出现了定居点，比如，位于阿普利亚（Apulia）南部那不勒斯湾（Naples）的维瓦拉岛、西西里岛东部以及利帕里群岛。

但是他们的商队最终到达了远在第勒尼安中部的盆地及其腹地，甚至到达了亚得里亚海直至波德尔塔地区（在意大利东北部罗维戈附近出土的文物可以证明）。迈锡尼和梯林斯等城市中心城墙的不断扩建和加固，证明了这一时期所达到的繁荣与权力的强大程度。但是，体现迈锡尼政权的标志

性事件是他们决定发动战争以摧毁与其竞争的国家，并控制地中海地区。这一政策的象征性事件就是发动了令整个希腊地区的阿契亚人反抗来自特洛伊的弗利吉亚人的战争，这些弗利吉亚人建立了强大的帝国。特别是他们控制了处于爱琴海和黑海之间的达达尼尔海峡，这里蕴藏着丰富的矿产以及拥有着广阔富饶的平原，在这一地区还有流入黑海的重要河流——多瑙河。

特洛伊战争爆发于大约公元前1250年，遭到了当时最强大的爱琴海地区城市的异常顽强的抵抗，这些地区主要包括塞萨利、维奥蒂亚、阿戈利斯、梅塞尼亚以及拉科尼亚（Laconia）。正如荷马在其伟大史诗《伊利亚特》中所描述，敌人被击退了，但是这场战争是爱琴海文明最后的辉煌，短短几十年后，爱琴海文明分崩离析并消失了。在地中海盆地被所谓的海上民族侵略之后，迈锡尼经济的支柱——贸易停摆了。所有重要的贸易中心都遭到了袭击并被摧毁。侵略战争的后果就是大范围的人口减少，文化生活和物质生活的标准降低，居住地遭到荒废遗弃——这一切标志着众所周知的希腊黑暗时期的开端。

P020右上

这枚来自迈锡尼的金戒指，展示了源自米诺斯模式的宗教仪式上的一个人头攒动的热闹场景。

P020—021

这把杰出的匕首由克里特艺术家创作，但却是在迈锡尼A墓葬群四号墓中被发现的。
上面镶嵌了金、银、青铜，还有乌银，双面装饰，以猎狮的贵族和"英雄"为主题。

P021左上

这枚出土于迈锡尼最古老的皇家陵墓之一的戒指（公元前16世纪），生动地展现了猎鹿的场景。

P021右上

战争主题出现在第三枚戒指上，与前一个戒指很相似。奇怪的是，它出土于一个女人的葬墓。

P021右下

迈锡尼金匠的艺术成就有时展现出了一种清晰的米诺斯文化，而其他作品则更倾向于带有爱琴海文明典型的自然主义艺术特征。另一些时候，趋于完美的形状简洁、外观优雅的饮酒器具，却没有任何装饰。这尊双耳酒杯就是很好的证明。

希腊黑暗时期

P022左上

这尊公元前8世纪的铜像，被发现于克里特地区，展现了一个迷人的吟游诗人的形象。他是爱琴海文化和古希腊文化中的典型形象——以最著名的吟游诗人荷马为象征。铜像采用流行的几何学艺术表现形式，展示出这位吟游诗人双手拨弄竖琴，似乎要寻找合适的音符来弹奏美妙的旋律。

P022右下

在几何艺术时期，希腊人口增长和经济恢复最有力的证据就是在墓冢中发现的物品。富裕家庭的丧葬服具有非凡的艺术价值。这件被发现于雅典迪普利翁门（Dipylon）公墓的双耳瓶（大约公元前750—前740年）可以很好地说明这一点。

在公元前12—前11世纪，海上民族的起源还没有得到确定，尽管海上民族出现了一些杰出的代表，但其掠夺却给爱琴海地区和地中海东部地区带来了混乱甚至毁灭。然而他们并不是动荡的唯一原因。希腊文明真正的奠基人印欧语系民族又发动了一系列入侵。其中最突出的是多立克人，他们来自巴尔干半岛的峡谷，主要分布在伊庇鲁斯、阿卡纳尼亚-埃托利亚（Acarnania-Aetolia）、伯罗奔尼撒半岛以及爱琴海群岛南部，甚至到达了小亚细亚的西南海岸。

他们与爱奥尼亚人和伊奥利亚人一起，致力于把这一地区分为不同的文化区域，这些文化区域以使用希腊语的三种方言为主要区分标志。城市中心的消失以及国家的缺失促进了以基因族群为基础的社会模式的发展，贵族们通过武力获得了统治权，他们占有了大部分土地和钱财、物质产品和武器。在他们的葬礼上，具有"英雄主义色彩"的火葬取代了土葬。

在政治上，迈锡尼的瓦纳克斯被巴塞勒斯取代，巴塞勒斯是由其他家族首领推举的氏族领袖，他也是贵族精英成员之一。城市的雏形——国家城邦于公元前11—前10世纪由爱奥尼亚移民和伊奥利亚移民建立起来，他们曾经定居在小亚细亚海岸。但是在希腊大陆上，社会和经济的混乱已经达到了最严重的地步。公元前10世纪，克里特岛上，人们开始在卡尔菲（Karphi）和德雷罗斯（Dreros）定居成为社会经济逐步恢复的标志。同一历史时期，在古老的迈锡尼城市中心，未被占领的区域附近，重建的城市预示了后来城邦的出现，雅典、阿尔戈斯、科林斯以及斯巴达就是最具代表性的例子。迈锡尼文明史诗般的历史成为了贵族的文化遗产（不管荷马是不是真实存在的历史人物）。腓尼基字母演变成的希腊方言，被写进诗歌从而转变为文学。古老的迈锡尼居住地变成了文化中心，也是圣地的前身——比如在奥林匹亚、德尔菲、多多纳（Dodona）、伊斯米亚（Isthmia）和尼米亚（Nemea）等地。

古风时期

橙色区域代表公元前11—前10世纪时希腊的领土。

希腊城邦形成于公元前1000—前900年，来自不同社会阶层的人决定把他们的一切活动集中于适合居住的地方，以保障城市防御，方便利用资源以及确保有繁荣的贸易。早期盛行的那种自给自足和限制贸易发展的农村居住区经济体，逐渐失去了其重要性并很快沦为新中心的附庸。

在城邦群中，工匠、商人和企业主开始大量出现，并变得日益富有，他们手中的财富对享有绝对权力的贵族造成了挑战与威胁。耕地、马匹和其他牲畜的重要性逐渐削弱，人们把更多的注意力集中在了所生产商品的价值、成功的商业贸易，以及不再专属于独立君主而是逐渐服务大众的服务业。

随着人口的增长和财富的增加，政治机构适应新的社会结构是大势所趋。尽管如此，旧的贵族仍然不愿大权旁落。他们没有放弃现有的社会秩序，而是在地中海西部地区建立了殖民地。建立殖民地开启于公元前8世纪，并于公元前7世纪形成殖民地体系，这一举措减少了城邦内部的争斗，同时又没有引发与邻近城邦之间凶残且无意义的争夺战。希腊在地中海西部地区的殖民地主要是用来加强旧有贸易站的经济作用，并逐渐取代它们。那些现存的最古老的贸易集中地，比如伊斯基亚岛（Ischia）上的彼德库塞，最早（公元前770年）成为了开

P023右

没有什么比典型的科林斯花瓶，比如这个公元前7世纪的双耳细颈瓶，更能代表公元前7—前6世纪科林斯显著的商业增长。这些具有高超艺术价值的手工制品传播到了整个地中海地区。

P023左

欧塞尔妇人——希腊第一座重要的雕像，展现了女神形象，也可能是一位虔诚的崇拜者。这座雕像大概创作于公元前7世纪中期的克里特，是古希腊雕塑的典范。

P024左

来自西西里岛的美丽的生育女神得墨忒尔（Demeter）雕像。其形式的正式感以及古风晚期的风格，证明了古希腊雕塑艺术的传播力。

P024右

色彩明艳的彩绘陶板，来自锡拉丘兹一座不知名的神庙的山墙或顶梁（公元前575年），描述了可怕的蛇发女怪美杜莎（Medusa）生下飞马帕加索斯（Pegasus）。

放港口，吸引着不同种族的商人聚集在此进行商业贸易活动。

许多新殖民地因为农业生产而建立。在意大利南部和西西里岛，希腊地区又被称为梅加莱希腊、大希腊或泛希腊。作为希腊本土的一个巨大分支，这一地区因为共同的文化、相同的生活方式以及相似的人文需求，与希腊大陆紧密相连。

在彼德库塞岛建立殖民地短短几十年后，希腊人在库迈（公元前740年）、纳克索斯（公元前733年）、锡拉丘兹（公元前732年）和分散在西西里岛、卡拉布里亚（Calabria）、阿普利亚和卢卡尼亚（Lucania）海岸的其他9个地区建立了殖民地。直至公元前7世纪，希腊在地中海地区巩固了其政治、经济、文化地位。同时，希腊加强了对黎凡特殖民地的监管，这里成了亚述人霸权统治的牺牲品。与此同时，希腊还加紧了同东方国度的贸易往来。

在连接遥远城市的航线上运输的不仅仅是商品，从最广泛的意义上来说，文化也被传播到了国外，统治贵族沉迷于对奢侈生活的偏好，并且对东方商业文化的兴趣与日俱增。至此，殖民地已经从博斯普鲁斯海峡（Bosphorus）建立到了黑海，从小亚细亚沿海地区延伸到了马其顿和色雷斯（Thrace），这一带拥有富饶的矿产资源。这些中心变成了贸易和思想体系形成的前哨站，哲学家、艺术家、科学家和文学家的各种思想在此碰撞，形成了政治和科学实验的竞技场，并深受贸易带来的文化和物质的影响。

公元前8—前6世纪中期，东西方之间的贸易文化交流得以扩展。考古学家通过研究推测，包容、和平的合作为民族之间建立外交关系铺平了道路。比如，伊特鲁利亚城出土了大量的陶罐——这是最具迦太基特征的考古发现。与此同时，在意大利的希腊殖民海岸和坎帕尼亚（Campania）、伊特鲁利亚（Etruria）、拉齐奥腹地发现了大量的西方腓尼基物品。显而易见，在彼德库塞岛和撒丁岛的腓尼基殖民地之间存在贸易联系，也许这只是从直布罗陀海峡延伸至地中海东部地区的庞大贸易网络的一部分。

考古证据可以证明希腊城市居民区中黎凡特人的"贸易办公室"的存在，以及在今天的突尼斯沿海也有一些类似的希腊贸易的前哨地。一套会计表系统证明了"共同市场"的存在，该系统旨在方便地转换这些地区的不同民族使用的重量单位和测量方法，比毕达哥拉斯早了两个世纪！

在政治方面，贵族寡头政治内部之间的纷争导致暴君上台。暴君们用手中的政权扭转了社会和政治的紧张局势。一些暴君铁腕治理国家，另一些则通过宣传"运作良好的政府"以赢得民众的共识。政府通过经济刺激和大规模地建造公共工程来达到此目的，比如波利克拉特斯在萨摩斯岛兴建宗教建筑（大约公元前540—前520年）。

科林斯是希腊公元前7世纪时的贸易之都，同时也是广泛流行的东方陶器式样的发源地，雅典、基克拉迪群岛以及爱奥尼亚群岛曾经与其竞争，但均以失败告终。在科林斯，赛普塞利君主推翻了巴基亚德王朝，统治者通过建设肯克里亚港和莱切恩港发展贸易，并且建立了农业殖民地和贸易殖民地，甚至建造了第奥柯斯石轨——一条跨越地峡的石制交通要道，船只通过这里从爱琴海被运输到科林斯湾和爱奥尼亚海域。

法律制定者解决了广泛的社会矛盾。例如：在雅典，早期的德拉古和后来的梭伦发起了宪法改革和财政改革。然而，在广泛意义上，改革都失败了，最终的结果是暴政。斯巴达是为数不多的保持统一的城市之一。在这一历史时期，许多城邦正在进行残酷的王权争夺战，斯巴达政权成功攻占了梅塞尼亚以及伯罗奔尼撒半岛的剩余地区，却唯独在阿尔戈斯遇到了顽强抵抗。

公元前7世纪和公元前6世纪，德尔菲和奥林匹亚建立的泛希腊圣所奠定了其宗教中心的坚实地位，同时还有体育比赛场馆和文学/戏剧竞赛场馆。这些场馆吸引了来自希腊世界各个角落的参赛者。圣所也成为了城邦之间扭转紧张的外交局势以及解决外交冲突的场所。

城邦也试图对贵族祭司产生政治影响。他们大肆祭祀神明并捐赠大量钱财。与此同时，统治者兴建了大批辉煌的建筑，将艺术品奉献给神，并捐献了大约十分之一的战争掠夺物，这一切对整个希腊产生了深远影响。

公元前561年，庇西特拉图掌握了政权，雅典迎来了第一位暴君。他促成了小地主的产生并鼓励小商业的发展，打造海军，推进扩张主义外交政策——效仿其他暴君，在存在矛盾纠纷的社会团体间重建和谐共存的关系——除了庇西特拉图的死敌，强大的阿克门尼德（Alcmeonidae）家族。在与庇西特拉图的儿子希庇亚斯（Hippias）和希帕库斯（Hipparchus）进行了10年的激烈战斗后，暴政期于公元前510年结束。公元前514年，贵族哈尔莫迪欧（Harmodius）和阿里斯托盖顿（Aristogeiton）在一次阴谋中刺杀了希帕库斯，4年后，希庇亚斯流亡海外。在克里斯提尼的统治下，阿克门尼德家族重新振兴，雅典开启了民主政治时期。

但是，来自爱奥尼亚海的新的威胁正在逼近。随着波斯帝国的建立，早期的居鲁士（Cyrus）和后来的冈比西斯（Cambyses）迅速向西扩展其

P025

城邦战争以及君主和贵族之间的战争，伤亡者不计其数，特别是在阿提卡，许多墓地纪念碑就是很好的证明。这件出自亚里斯多克勒斯（Aristocles）之手的作品《复活碑》，大约可追溯到公元前510年，展现了死者身上的霍普利特盔甲（胸甲、头盔、护腿、长矛）。这座雕像带有典型的古风色彩。

这个小型青铜雕像展现的是一名甲兵或者是步兵，在发起攻击时从头到脚全副武装。让人联想到荷马史诗中描述的具有阿契亚血统的希腊"英雄"，同时也说明了希腊小城邦对遥远而强大的波斯帝国进行的生生不息的抵抗。它象征着西方世界与东方世界、希腊人与野蛮人、善良与邪恶的永恒斗争。就像迈锡尼人最终打败了特洛伊人、希腊人为保护其政治独立对波斯帝国进行的反抗一样。

这副金制的随葬面具来自位于辛多斯的马其顿墓地，可追溯到公元前520年，具有色雷斯传统特色。它是一张金箔，雕琢工艺十分符合墓主人的面部特征，镶嵌在伊利里亚式头盔中。

疆域版图，逐步占领了近东地区各古国，并通过武力控制了小亚细亚的西部地区。爱奥尼亚海滨繁荣的城邦国家米利都、以弗所（Ephesus）、福西亚、士麦那、萨摩斯面临着步步紧逼的侵略，主要原因是一些支持波斯的暴君变成了达里乌斯王的密友。最终的结果就是引发了一系列残酷的战争。

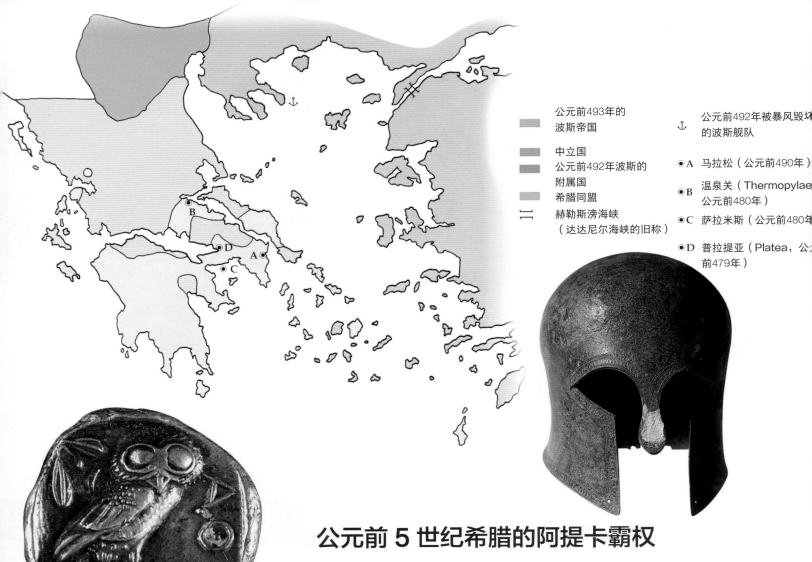

公元前493年的
波斯帝国

中立国

公元前492年波斯的
附属国

希腊同盟

赫勒斯滂海峡
（达达尼尔海峡的旧称）

公元前492年被暴风毁坏
的波斯舰队

⊙A 马拉松（公元前490年）

⊙B 温泉关（Thermopylae，
公元前480年）

⊙C 萨拉米斯（公元前480年

⊙D 普拉提亚（Platea，公
前479年）

公元前 5 世纪希腊的阿提卡霸权

公元前 5 世纪之前，希腊城邦之间的脆弱平衡是由多种因素造成的。其中一个因素是雅典在阿提卡城外的影响力有限，对斯巴达、科林斯以及阿尔戈斯在伯罗奔尼撒半岛的霸权统治的影响较小。在爱琴海群岛，政治分裂广泛存在，这令许多繁荣的岛屿把注意力集中在发展贸易上。而无数内陆地区，经济仍然依赖于农业和畜牧业，因此它们在经济发展中充当了次要角色。

公元前 5 世纪初期，希腊大陆经历了一场规模浩大的社会变动。一种创新的政治模式彻底改变了希腊的社会和政治生活以及人类历史。雅典建立了民主制度，"国家＝公民团体" 这一模式首次得以实现，城邦政府被委托给人民大会及其民选代表来掌管。随着各种各样的社会阶级和生产阶级参与到政治决策中，雅典和阿提卡很快成为了地中海地区重要的经济、贸易、文化中心。

新的政治模式从城市的繁忙港口——比雷埃弗斯港（Piraeus）传播至各地，与之相伴的还有雅典商品及其文化艺术产品。统治希腊其他地区的贵族寡头和暴君们把雅典的民主制度视为了真正意义上的威胁。分裂冲突激增，支持波斯帝国的党

马拉松战役

波斯军队

希腊军队

沼泽

莱昂尼达斯最后
的抵抗

温泉

马多尼奥军团

帕夫萨尼亚斯军团

路径

*图注为马拉松战役、温泉关战役、萨拉米斯战役、普拉提亚战役四幅图共用。

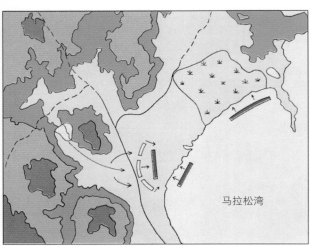

温泉关战役

派和"开明"贵族开始了争夺权力的暴力斗争。尽管这些"开明"贵族究竟在多大程度上接受了平等权信念以及隐含其中的自由贸易理念已无从得知。一个直接的影响就是，公元前499—前494年，爆发了爱奥尼亚人反抗波斯人的暴力冲突。达里乌斯王镇压了反抗起义，不计其数的繁荣的亚洲爱奥尼亚城邦被攻占。数以千计的后人被征服米利都（译者按，爱奥尼亚城邦之一）的历史故事感动，这段历史被悲剧作家弗里尼库斯（Frinicus）写成戏剧，并在雅典的狄俄尼索斯（Dionysos）剧院上演。

达里乌斯接下来凭一己之力袭击了希腊，其自身的城邦国家由于多种政治形式并存，没有实现独立。毕竟，雅典作为移民、贸易和财富的中转站，比地中海东部地区具有更加重要的地位。公元前490年，其军队在将军阿尔塔弗恩（Artaferne）和达蒂（Dati）的指挥下袭击了埃雷特里亚和雅典。在马拉松，雅典战略家米利亚迪斯带领一万名战士袭击了波斯人，这是一场具有非凡意义的胜利，结束了波斯的扩张主义行为。

但是10年之后，达里乌斯的儿子薛西斯率领庞大的军队和战舰再次袭击了雅典。波斯人再次遇到了激烈的反抗，并遭到了雅典及其联盟的猛烈回击。起初，盟国城邦遭受了巨大的挫折：莱昂尼达斯领导的斯巴达军队在温泉关惨败，这里是连接维奥蒂亚平原和阿提卡平原的山脉要道；希腊舰队在阿尔特米辛海角（Cape Artemision）惨败并丢失了领地；雅典自身遭到了重创，雅典卫城上的雅典娜（Athena）圣所也遭到了亵渎。然而在萨拉米斯战役中，雅典人取得了胜利。在地米斯托克利的率领下，希腊船队大胆追逐袭击在混乱中撤退的波斯人。公元前479年，希腊船队挑战波斯人在爱奥尼亚的霸权统治，几个城市恢复了独立。

在这段时期，另一个崛起的强国将目光投向了繁荣兴盛的大希腊殖民地。从公元前550年开始，迦太基人的贸易野心发生了转化。他们对希腊的敌意表现在对意大利第勒尼安进行了割裂划分，迦太基和伊特鲁利亚之间的关系越来越紧张。然而，他们试图将西西里岛变成迦太基岛的计划，由于公元前480年希米拉（Himera）战役的失败而未能实现，这一岛屿仍然处在锡拉丘兹君主革隆（Gelon）的联盟统治下。公元前474年，锡拉丘兹统治下希腊西部新的联盟结束了伊特鲁利亚在意大利第勒尼安的霸权统治，他们在海战中打败了库迈——一个古老的哈尔基斯（Chalcidian）殖民地，随后这里成为了跨越半个多世纪、希腊西部最活跃的贸易中心。

同时期，公元前478年，在雅典的煽动下，提洛同盟成立了。其目标是解放处于波斯统治下正在水深火热中的希腊城市，并且形成抵抗未来侵略的统一战线。提洛同盟在各地举行了政治会议，并且将财政部门设在了提洛岛上的阿波罗神庙内。公元前454年迁至雅典。

公元前5世纪下半叶的雅典，民主制度获得了大众的认可及参与。雅典的历史沿着两条脉络发展，这对希腊历史有决定性的重要作用。

P029右上

这尊精美的雅典战略家地米斯托克利半身像是罗马版本的复制品，它描绘了地米斯托克利在萨拉米斯战役中大胜波斯人的辉煌。这尊雕像被认为是根据希腊艺术标准创作的完美理想化版本。

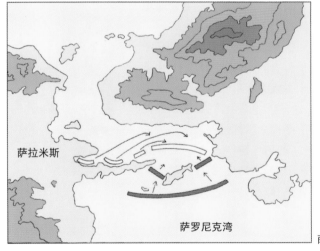

萨拉米斯战役

P028左中

这枚重4德拉克马的银币，铸造于波斯战争期间，银币上铸有献给雅典娜的神圣的猫头鹰，以及这座曾经两次战胜波斯人的城市的首字母。

P028右上

这个科林斯式的头盔，采用了典型的保护鼻子和下巴的设计，被用于波斯战争。从希腊北部到南部，数不清的例子证明了它的广泛传播。

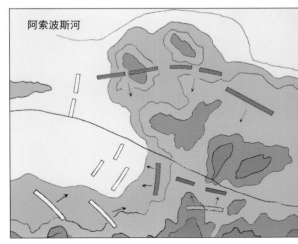

普拉提亚战役

一方面，强势人物在政府中扮演着越来越重要的角色，而在处理贸易和军事问题上，雅典的外交政策倾向于带有侵略性。另一方面，雅典成为了希腊文化的中心，从哲学到文学，以及艺术和科学。这些趋势慢慢地突显出来，当时"保守派"西蒙的继任者伯里克利接掌了民主派并开启了广泛的政治运动，最终使雅典在古代世界达到了生活水平、贸易霸权以及文化领域的巅峰。

提洛同盟的会议地点和财政部门于公元前454年迁至雅典，这样做加强了雅典对同盟的控制，却遭到了联盟其他成员的抵抗。公元前449年之后，雅典与波斯签订了和平协议，其霸权统治进一步增强。

雅典利用其在联盟中的权力，打击其传统的经济竞争者和政治劲敌，并于公元前456年打败了埃伊纳岛。但是雅典依旧想给科林斯、墨伽拉以及斯巴达一个教训。斯巴达在伯罗奔尼撒半岛依然拥有巨大的权力和影响力，并且丝毫不隐藏其反对雅典的心思（同样，雅典人对斯巴达人也充满敌意）。

对雅典及其盟友而言，提洛同盟给他们带来了一些经济上的有利条件。联盟成员形成了一种"共同市场"，从而加速了地中海地区贸易的发展。在短短几十年中，雅典收获了巨大的财富。由于在苏尼翁发现了白银，并利用奴隶进行广泛开采，以及在爱琴海北部获得了开采矿藏的特权，雅典的经济实力显著增强。与此同时，通过适当的立法措施激发了劳动人民和商人的创业活力。不久之后，这座城市就主导了地中海地区的格局，其不断增长的扩张主义和侵略野心成为广泛共识并得到了大众的支持。事实上，雅典已经在希腊化的地中海地区建立了自己的"帝国"。

最初，雅典的实力主要体现在经济方面，它出口的石油品质较高，同时，各国对原产于雅典的红绘和黑绘陶器也需求量巨大（这种陶器普遍存在于古代贵族家庭以及中产家庭中），阿提卡的能工巧匠制造出的其他物品也受到了人们的青睐。后来，雅典并没有致力于继续发展其已经繁荣兴盛的商业贸易，相反，雅典严重走向衰落。持续30年的伯罗奔尼撒战争反映出了雅典创建帝国的野心带来的悲剧后果，这种野心以消灭其他国家的思想体系和政治体系为基础，简言

P030

这尊伯里克利头部雕像的罗马复制品，出自克雷西拉斯（Cresilas）之手。一些市民在伯里克利死后，在卫城建造了一尊雕像以纪念他。（雅典法律禁止为活着的人画像或者为政治家举行哀悼仪式，即使他们完全配得上）。这座头像遵循了希腊传统艺术特点，缺乏伯里克利特有的面貌特征。只有通过从伯里克利的头盔中微微露出的额头，我们才能隐约感受到那个时代剧作家的某些讽刺意味。

P031

《金发的年轻人》——这是一位不知名的阿提卡艺术家以严苛的风格创作的杰作，至今仍能看出年轻人的头发有镀金的痕迹。该作品也许刻画的是一名运动员或是一名在战斗中倒下的战士。古风艺术的传统显然已经过时了。

之，只是因为他们被认为比较弱。

然而，在古代世界，如果一个国家的疆域、自然资源以及贸易区域不能满足其人口增长及本国人民对财富的需要，也就是说，当它不可能找到新的资源并且不可能实现其持续增长，以维持人们的消费水准和满足扩大市场带来的需求时，这个国家将不可避免地选择强有力的扩张主义路线，而与其政治模式无关。发动战争是为了占领殖民地并消灭对手，帝国建立在政治、经济、军事霸权的基础之上。在雅典之前奉行这一进程的国家是斯巴达（在公元前7—前6世纪的伯罗奔尼撒半岛上）和迦太基（从公元前550年开始）；更晚一些的时候，在公元前3—2世纪，罗马共和国奉行了相同的扩张主义进程。

在雅典，一种普遍存在的兴奋情绪令大约四万公民（除了妇女、城市中居住的非雅典公民、没有投票权的奴隶）支持伯里克利的建国野心——伯里克利计划改造公共建筑，建造了无数宏伟的纪念碑，最终使雅典成为古代西方世界第一个真正的"首都"。

然而在公元前431年，伯里克利把雅典带入了持续30年的灾难性的伯罗奔尼撒战争中。公元前5世纪的最后几十年，斯巴达和雅典在战场上进行了首次殊死较量，双方的战争断断续续一直蔓延至公元前4世纪。

P032

公元前5世纪希腊哲学的杰出表现启发了艺术史学家将这个美丽的青铜头像命名为"蓬蒂切洛（Porticello）的哲学家"。它被发现于雷焦卡拉布里亚（Reggio Calabria）附近的一艘沉船中。它实际上是最古老（公元前460—前440年）的希腊肖像。技艺高超的青铜工匠捕捉到了人脸真实具体的特征，几乎以照片的方式再现了人物的外观。

在这一点上，人们可以确信，斯巴达是伯罗奔尼撒战争中雅典的大敌。人们可以生动地联想到在古希腊历史中，雅典和斯巴达之间的竞争。这两座城市在政治、文化的观点，以及社会结构上有很大不同。

斯巴达国家建立的基石是其开明的宪法制度，传统上要归功于立法者来库古（Lycurgus，他的名字，并非巧合，意思是"启蒙者"）。斯巴达的国家体制在古代世界中当然是独一无二的。它的阶级结构沿袭了其种族和贵族血统：只有开国勇士的后代拥有完全的公民身份。斯巴达的政治制度特别简单，两位国王共同治理国家，他们的职能受监察官监督，他们接受长老理事会和由30岁以上斯巴达公民组成的公众大会团体的建议。其经济结构和国家组成基于一种特殊的制度（完全平等，但是只适用于斯巴达种族不可逾越的上层阶级），并建立在维护庞大的军事功能的基础之上。在国内执行法律，维持秩序，对外支持其实施侵略政策。

斯巴达人从小就接受兵役和公民教育，遵循严格的纪律制度，这是一种削弱或排除了家庭作用的教育体系。

半自由公民进行生产劳作和贸易活动，尽管他们的辛苦劳作为社区贡献了相当数量的财富，但是他们几乎没有公民权利。农奴（黑奴）被永久地束缚在土地上，世世代代种地，饲养牲畜，他们是曾经居住在该地区的被征服的民族的后代，也是在周边地区（最著名的是梅塞尼亚）的战争中被俘虏的后代。伯罗奔尼撒战争由雅典人煽动挑起，他们发布了一项法令，宣称将切断与其邻国兼对手墨伽拉的贸易往来并拒不退让。斯巴达人奋起保护墨伽拉。由于惧怕敌人的军事力量，伯里克利命令全体阿提卡居民放弃他们的土地和粮食，退守在城墙之内。他采取"打了就跑"的战术，以此向斯巴达人不断施加压力。

尽管雅典拥有强势的经济地位、庞大的舰队，以及对爱琴海的霸权统治权（这由总体上保持忠诚的同盟保障），但是雅典面对瘟疫却束手无策，

P033

公元前5世纪末，伯罗奔尼撒战争的悲剧使得希腊艺术中出现了一种新的忧郁色彩。这座富有的雅典妇女黑格索的葬礼石碑是极其令人印象深刻的例子之一。安静的房间内，坐着一位优雅的女士，接过了女仆从精致的首饰盒中拿出的项链。她身上的衣物展现了其依旧年轻富有活力的身体。新娘正在准备与冥界之主哈迪斯（Hades）举行她最后的、永恒的黑色婚礼。

雅典及其盟友

雅典"帝国"

斯巴达及其盟友

中立国家

最终在公元前430—前428年，有五分之一的雅典人死于瘟疫，包括伯里克利自己（死于公元前429年）。在战争早期，交战双方经历了此消彼长的阶段：伯罗奔尼撒军队对阿提卡发起了多次战争，作为回应与反抗，自公元前425年起，雅典的新生军事力量不断涌现。但是直至公元前421年，双方力量均遭到了极大损耗，最终准备签订和平协议。

公元前420年，随着阿尔西比亚德斯和尼西亚等危险的"好战"政客上台，敌对行动进入了一个新阶段。由于在曼提尼亚（Mantinea）战役中获得了胜利，斯巴达重新掌握了伯罗奔尼撒半岛的领导权，而此时由于米洛大屠杀和对西西里岛的灾难性远征（公元前415—前413年），雅典有大量公民丧命。在斯巴达的帮助下，锡拉丘兹对雅典的军舰和军队进行了毁灭性的攻击，杀死了数以千计的士兵，并令无数囚犯饿死。

战争的第三阶段，恰逢雅典的民主制度被政治寡头短暂推翻的时期，这些政治寡头期待与斯巴达达成和平协议。但是，在雅典全面恢复民主制度后，战争重新开始了。此时的雅典虽然依旧处于孤立无援的境地，但仍取得了几场战役的胜利。然而，不久之后，斯巴达军队在莱桑德将军的率领下取得了战争主动权（公元前406—前404年），莱桑德率领军队侵入了比雷埃弗斯并迫使雅典无条件投降。投降条款要求摧毁雅典的防御工事和舰队，并要求雅典成为伯罗奔尼撒联盟的成员，这意味着雅典要放弃民主政府。

一段时期以来，雅典处在暴君的统治下。由于色拉西布罗斯（Thrasybulus）政变，其民主制度真正得以恢复，斯巴达并没有加以阻挠，也许是认为雅典不会再次强大，曾经兴盛的雅典时代落幕已成定局。

这幅有着白色背景的莱基托斯陶瓶（古希腊的一种细颈有柄油瓶）作品来自埃雷特里亚，由阿提卡陶器制造者绘制，这些陶器制造者受到了伟大的古典画家帕尔哈修斯（Parrhasius）的启发。这可以追溯到大约公元前430年，展示了那个时期希腊绘画的成就：透视、构图自由、笔触流畅以及对自然主义细节的追求。

这幅莱基托斯陶瓶，是以阿喀琉斯为主题的画家的杰作之一（大约公元前440—前430年）。这幅画的主题暗指死亡——一名士兵即将出发，告别他的配偶，比喻英雄式的离开——告别生命，奔赴死亡。

该作品是伯罗奔尼撒战争造成的丧亲之痛的见证。出现在这座美丽的葬礼石碑上的人物是凯瑞德莫斯和吕基亚斯（公元前420—前410年），作品描绘了这两名年轻的雅典战士在战争中的形象，用严肃、古典的自然主义，赞颂了这两名士兵，所采用的艺术手法让画面仿佛动作被放慢了一般，呈现出一幅缓缓展开的动态图画。他们是理想中的"被上帝称颂的人"，也就是英雄，他们的英雄行为及美德本身就是值得赞颂的，这些值得称颂的美德和行为结合协调的艺术形态，融入他们的躯体。在头部的处理上，体现了菲迪亚斯（Phidias）的风格，而在身体其他部位的刻画上，则展现出了波里克里托斯（Polyclitus）的特点。

帕埃斯图姆

麦塔庞顿

塔林顿

锡巴里斯

爱奥尼亚海

塞杰斯塔

希米拉

洛克里

塞利努斯

阿格里根图姆

锡拉丘兹

古典希腊和大希腊

爱琴海

阿索斯

帕加马

锡尼　　德尔菲

雅典

以弗所

奥林匹亚

科林斯

普里埃内

斯巴达

埃皮达鲁斯

提洛岛

哈利卡纳苏斯

克诺索斯

地中海

亚历山大

公元前 4 世纪和
马其顿的崛起

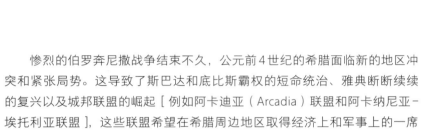

马其顿王国
公元前336年
马其顿的扩张

P038

矗立在比雷埃弗斯博物馆里的美丽的雅典娜铜像（公元前430年）也许是智慧女神最精妙的形象。雕像饰以长长的女士外衣，环绕着一个刻有美杜莎脸的神盾。

惨烈的伯罗奔尼撒战争结束不久，公元前4世纪的希腊面临新的地区冲突和紧张局势。这导致了斯巴达和底比斯霸权的短命统治、雅典断断续续的复兴以及城邦联盟的崛起［例如阿卡迪亚（Arcadia）联盟和阿卡纳尼亚－埃托利亚联盟］，这些联盟希望在希腊周边地区取得经济上和军事上的一席之地。

在此时的西方希腊世界，历史悠久的殖民地已经断绝了与祖先的所有联系。锡拉丘兹就是典型的例子，在战胜雅典之后（公元前415年），锡拉丘兹开启了从第勒尼安海域到亚得里亚海的侵略政策。希腊人意识到他们必须依靠自身资源以抵抗迦太基人的侵略，迦太基人已经摧毁了许多繁荣的西西里岛定居点。

根据史实解读，公元前4世纪上半叶的伯罗奔尼撒战争以及具有侵略野心并处于领导地位的城邦引发的连绵不休的战争，要么是几个世纪以来作为希腊精神支柱的价值观倒退的原因，要么是结果。社区（城邦）骄傲的归属感消失了；随着精神价值观和伦理价值观的不断强大，对本体论维度越来越接近完美的认定已不复存在；认为自我是整体的一部分以及"万物一体"的观念也消失不见了；将无限的理解视为终极目标的哲学求知过程再也找不到了。

其地位逐渐被目光短浅的人类中心主义代替，在这种人类中心主义的驱使下，人类把自己视为衡量一切的尺度标准，也就是所谓的个人主义和个人崇拜。人类更加意识到自身处境的不稳定性；理性被情感的动荡所蒙蔽，而任何哲学或者宗教都无法安抚平息这种情感。

从历史的角度来看，斯巴达的霸权统治只能发生在一个相当普遍的层面上。当斯巴达意识到其亲波斯的政策令爱奥尼亚落入了势力弱小且得不到民众支持的国王亚达薛斯手中时，斯巴达选择支持他的兄弟兼对手居鲁士二世，但是与此同时，雅典人感觉到了巨大的威胁，因为他们认为在雅典政权影响下的古代斯巴达人有可能取得成功。因此，雅典向波斯国王示好，帮助其破坏了斯巴达人的计划，最终雅典获得了经济支持并控制了达达尼尔海峡，达达尼尔海峡是通往黑海富饶殖民地的战略要地。波斯人维持的和平局面是短暂的（公元前386年）：斯巴达试图在底比斯建立一个亲斯巴达的寡头政府，结果引发了反抗，在短短几年的时间里，导致底比斯在整个希腊称霸，直到公元前362年。

P039

萨蒂罗斯（Satyros）于公元前 330 年左右在古代奥运会上取得了拳击比赛的胜利，他那精美的青铜头像由伟大的雕刻家利西普斯（Lysippus）的学生西拉尼翁（Silanion）制作。运动员的脸令人生畏且富有冲击力，饱满的肌肉、皱纹和浓密且粗硬的胡须被刻画得异常逼真。

在日益复杂的政治形势下，各城市在意识形态上争执不下，马其顿这个在希腊北部边缘崛起的君主制国家，其扩张主义行动不可避免地取得了最终的胜利。马其顿拥有地域广阔的山区，山脉从巴尔干半岛南部的峡谷延伸至爱琴海西北部的海岸，并一直延绵到奥林匹斯山（Olympus）。马其顿居住着在公元前2000年与迈锡尼人有往来的多立克人。他们在希腊历史中长期处于边缘位置。

自从公元前7世纪开始，阿吉德（Argeads）王朝统治了马其顿地区，首都位于古城埃迦伊；公元前6—前5世纪，他多次试图统一这一地区并控制色雷斯。在波斯人霸权统治时期（公元前513—前480年），马其顿与希腊南部地区建立了友好外交关系。最终亚历山大一世采取了扩张行动，并得到了斯特里莫河以东的银矿。

公元前5世纪下半叶，马其顿人谨慎地迁入希腊地区，与雅典人和斯巴达人建立了多种多样的联盟，并控制了阿克西奥斯河东部地区，佩尔狄卡斯二世将马其顿的势力范围扩大到了卡尔西迪西半岛，这里是爱琴海北部贸易的交通要道，之前被雅典控制。

公元前4世纪，阿吉德等待良机，准备介入雅典、斯巴达和底比斯之间正在进行的领导权的斗争。马其顿征服世界的杰出战术——基于特种作战部队的马其顿方阵——这时已经经受过考验而变得完善。

腓力二世（公元前359—前336年在位）制定了精明睿智的对外政策以适应地区政治局势。他统治了整个马其顿以及爱琴海南部地区，形成了对其邻国塞萨利的保护。与此同时，希腊南部的城邦仍被划分为临时联盟，这些城邦的政策多种多样，有目光短浅的地方主义，也有依靠政治经济游说来治理国家的例子。外交途径是腓力二世建立马其顿霸权的关键手段。例如，他利用马其顿与希腊地区历史上的种种联系，比如与德尔菲的千丝万缕的联系，开展一系列政治运作。后来，腓力二世为马其顿的政治势力和政权提供帮助，以谋求在马其顿自身地区范围内进一步加强其领导地位。

经过连年的战争，城邦开始分崩离析，马其顿在喀罗尼亚的胜利（公元前338年）更是起了决定性的作用。在科林斯，腓力二世促进了希腊联盟的形成，并允许联盟成员保持自治且拥有自己的宪法制度。他在整个希腊地区推行和平政策，并重新发动反对波斯人的战争，以使亚洲所有的希腊城市摆脱帝国总督的统治。

在远征波斯的前夕，腓力二世在埃迦伊剧院被刺身亡。他的儿子——亚历山大三世继承了王位，他的丰功伟绩为其赢得了"大帝"的称号。作为历史上的伟大人物之一，亚历山大三世继续把他父亲的政策发扬光大——他把解放亚洲希腊人的计划变成了一场声势浩大的战争，公元前334—前329年，庞大且历史悠久的波斯帝

P040左上

这个象牙制的腓力二世头像，高3厘米，被发现于维尔吉纳（Vergina）的马其顿国王坟墓中。

P040左中

这个精美的金制箭筒属于腓力二世。一些学者推测，这个箭筒出自塞西亚人之手。箭筒上装饰着血腥的掠夺场景。

P040右下

这座厚重的金箔棺里有腓力二世火化后的遗骸。该杰作中，技艺精湛的马其顿金匠充分发挥了他们的想象力，把优雅精美的艺术风格同昂贵的材料与高超的功能融为一体。棺盖上刻有马其顿王国的象征——十六角星，棺身精巧地饰以玫瑰花饰和浮雕，同时融入了玻璃釉彩的元素。

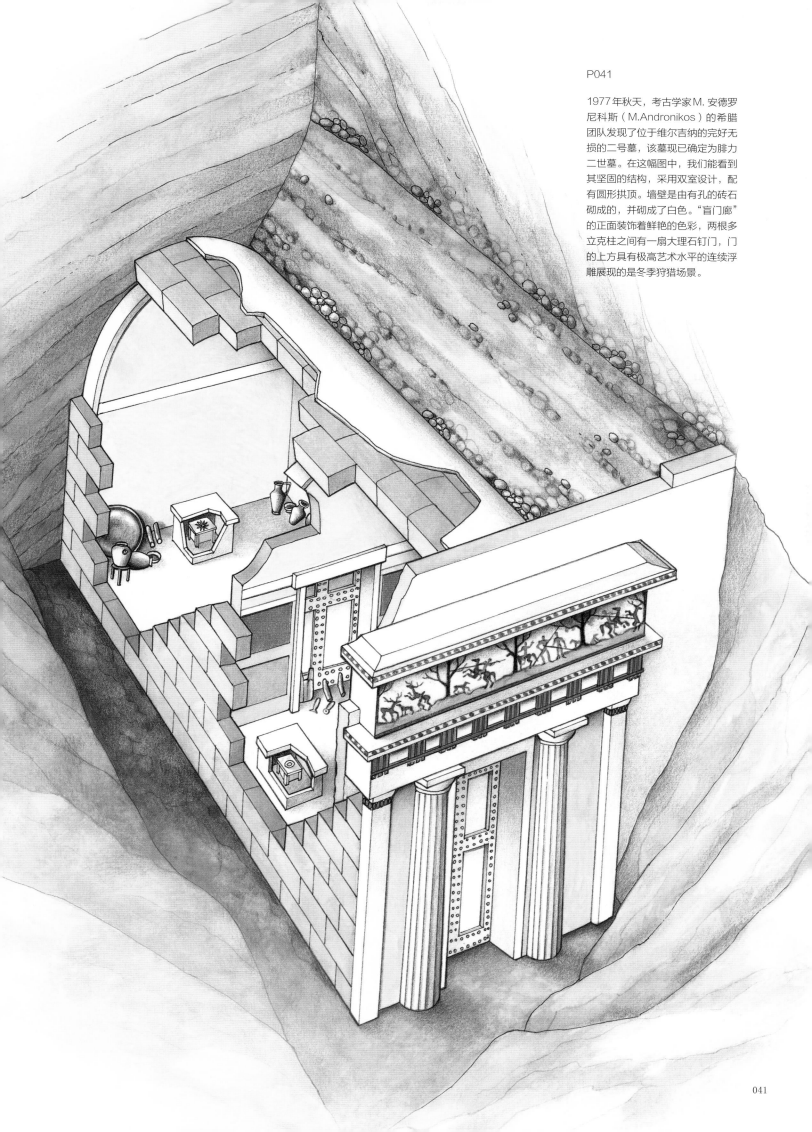

1977年秋天，考古学家 M. 安德罗尼科斯（M.Andronikos）的希腊团队发现了位于维尔吉纳的完好无损的二号墓，该墓现已确定为腓力二世墓。在这幅图中，我们能看到其坚固的结构，采用双室设计，配有圆形拱顶。墙壁是由有孔的砖石砌成的，并砌成了白色。"盲门廊"的正面装饰着鲜艳的色彩，两根多立克柱之间有一扇大理石钉门，门的上方具有极高艺术水平的连续浮雕展现的是冬季狩猎场景。

P042

亚历山大大帝是西方历史上第一个引发个人崇拜的人物，而这种对他的个人崇拜延续至今。由有关他的神话传说衍生出了他的几个理想化的人物形象，但是只有利西普斯和莱奥恰雷斯（Leochares）得到允许，绘制了这位帝王的官方形象。这幅亚历山大大帝年轻时的俊美肖像出自莱奥恰雷斯之手。亚历山大大帝额头上的一束头发被分成两半，深邃犀利的目光锁定在深远而光辉灿烂的地平线上。

国拥有着众多行政省份，地理位置从埃及延伸至叙利亚，从爱奥尼亚延伸至美索不达米亚，但最终被推翻了。

征服了波斯帝国后，公元前328—前327年，统治者继续无休止地发动战争，战火一度烧到了里海和印度河岸，统治者的军队在此地停止了前进。在东方、埃及和安纳托利亚地区，数十座冠以亚历山大名字的城市足以证明亚历山大三世的成功。

接下来，亚历山大帝王开始实施种族融合政策，目的在于将希腊人和马其顿人与其攻占的其他民族融为一体。这种全新的政治理念，远远超出了城邦的局限，在希腊历史上留下了深刻的印记。这就是泛希腊主义（普遍的希腊化）的理念——"希腊人踏足的地方，就是希腊"，比"大希腊"这一理念更加宏大。希腊将是整个世

界文化和文明的发源地，跨越种族和地区的障碍，把世界上数以千计的不同文化和文明统一起来，并给予它们新生。

亚历山大大帝33岁英年早逝，公元前323年死于巴比伦，当时他的波斯妻子罗克珊（Roxane）正怀着王位继承人，由此，亚历山大大帝的宏图伟业中断了。

但是，亚历山大大帝对西方历史的贡献在于一种普遍的、绝对神圣的君主制度观念，可以把人类聚集在同一面旗帜下，并让人们在同一种灿烂多彩的文化中共同生活。

这段历史征程的结束并不意味着希腊世界的终结，相反地，"泛希腊主义"令希腊文化成为所有与之接触的民族文化遗产的一部分，远远超越了数以百计的城邦的边界。换句话说，泛希腊主义起源于亚历山大大帝。

P043上

亚历山大大帝征服的疆域产出了数不清的艺术品，而他的传奇生平也通过这些艺术品充分体现了出来。在西顿（黎巴嫩）发现的石棺上刻有这位年轻帝王意气风发的形象。

P043下

这幅细节图出自庞贝古城的法翁之家中著名的亚历山大大帝和达里乌斯之间的伊苏斯之战的马赛克壁画。它被认为是埃雷特里亚的菲洛西诺斯为马其顿国王卡桑德（Cassander）（公元前4世纪末）创作的原始壁画的忠实复制品。

公元前 3 世纪和 "泛希腊主义"

亚历山大大帝去世后不久，功勋卓著的马其顿将军们纷纷卷入了王位争夺的残酷斗争中。但是，随着在传统的希腊世界之外的具有卓越经济和文化实力的新中心的建立，希腊主义已经开始崭露头角。

帝国分崩离析，雅典、罗德岛和锡拉丘兹分别成为了亚历山大、安提俄克（Antioch）、帕加马新王国的都城，佩拉成为了安提戈尼德王朝统治下马其顿人的都城。王位继承之战继续进行，希腊人的反抗很快被埃迦伊统治者安提帕特镇压（公元前 322年）。卡桑德、安提帕特的儿子利希马库斯、独目安提戈努斯（Antigonus）、塞琉古以及托勒密参与的这场王权争夺战持续了四十多年。最终，马其顿帝国分崩离析，变成多个王国，其中的一些王国规模庞大，而另外一些规模相对较小。卡桑德最早统治了马其顿地区（该政权后来被安提戈努斯二世接管，他是一位征服了凯尔特人的将领，于公元前277年入侵了小亚细亚）。塞琉古成为小亚细亚地区的统治者，统治疆域远至美索不达米亚平原以及伊朗平原。利希马库斯控制了色雷斯地区（直

帕加马宙斯（Zeus）祭坛的巨大雕带几乎成为了希腊艺术的象征。在这里，神和巨人的战争主题变成了阿塔利兹胜利之战的寓言。

希腊化艺术以描述内心思想感情为特征，注重情感的表达。这尊在小亚细亚的特拉雷斯发现的披着短披风的男孩的精美雕像展现了这一点。

到他被塞琉古人赶下台），托勒密最终得到了埃及的统治权，并建立了以其名字命名的王朝。

公元前240年，独立的帕加马王国受到了阿塔利兹王朝统治下希腊势力的影响，阿塔利兹王朝热衷于贸易并且鼓励发展艺术。安提戈尼德王朝的马其顿人对正在逐渐衰落的希腊继续实施霸权统治。雅典人独享着具有光辉灿烂历史的文化遗产。斯巴达政权尝试在其自身体制上推行一种"民主"框架，后来这种框架被马其顿人支持的阿契亚联盟推翻（公元前227—前222年）。希腊的岛屿城市，特别是科斯岛（Kos）和罗德岛有显著的发展。从贸易的角度而言，它们处于得天独厚的地理位置，位于东西方的交通要道，并且由于温和的商业寡头的运作，这些城市能将当地的产品出口至遥远地区。（波河平原发现了原产于科斯岛和罗德岛的双耳细颈瓶，可追溯到公元前230—前220年。）

在埃及，托勒密人统治下的亚历山大王朝成为无与伦比的贸易中心和文化中心。城市的博物馆和图书馆成为了展出重要杰出艺术品的文化场所。与此同时，希腊化世界最杰出的艺术学校涌现出来，可与帕加马著名的艺术学校媲美。公元前2世纪早期，埃及王权开始衰落，这是由于统治者的腐败以及罗马早期的扩张主义政策的出现所造成的。罗马在控制了迦太基地区之后把目光放在了统治整个地中海盆地上。

叙利亚的安提俄克成为了面积广大的塞琉古王朝的都城。这座城市在多种族文化的希腊化历程中起到了重要作用，它是这个世界上最富有、最繁荣的地区之一。该王国统治者的自由政策沿袭了整个世纪，但是塞琉古王朝的统治最终被分裂成了一些大大小小的国家，从印度、巴克特里亚和波斯到小亚细亚，亚美尼亚（Amenia）、卡帕多西亚（Cappadocia）和帕加马等国也随之兴起。

罗马征服

公元前2世纪，逐渐兴起的罗马扩张势力与日渐衰败的马其顿统治者王权发生了冲突。对于公元前215—前205年的战争期间腓力五世支持汉尼拔所受到的惩罚，罗马人心怀不满，因此，公元前200—前196年，罗马人以从马其顿统治下解放旧城邦为借口采取了进一步的军事行动。罗马军队在提图斯·昆克蒂乌斯·弗拉米宁努斯（Titus Quinctius Flaminius）的率领下，于诺斯克法莱战役中击败了敌军，并于公元前196年，在地峡运动会上宣布所有希腊城市获得自由。

这次"解放"实质上是罗马对"文明摇篮"征服的第一步，其重要性以及散发的魅力，在文化层面上，对罗马参议院中见多识广的精英们影响深远。在经历了一系列对抗叙利亚王朝的战争之后，罗马统治了塞琉古王国（公元前129年被"降级"为一个省）。公元前168年，彼得那之战结束了第三次马其顿战争，标志着马其顿君主制的灭亡。在罗马的保护下，这一地区分裂成了四个共和国。

在这个世纪的前半段，罗德岛支持罗马的敌人，这一政策后来令其付出了巨大的代价。公元前166年，罗马人宣布提洛岛为"自由港口"，罗德岛的经济走向末日。在科林斯领导的众多希腊城市的支持下，最后一次马其顿起义以罗马的再次胜利告终：公元前146年，科林斯被占领并被夷为平地。（同年，迦太基也被摧毁。）在保留了几座"开放"城市之后，希腊变成了罗马的阿契亚省。无数的国家在这座被继承者肢解的庞大王国的废墟上建立起来。公元前2—前1世纪，这些国家被罗马接管，通常是通过武力，但偶尔也会自发割让（比如帕加马，阿塔利兹王朝的末代帝王主动把政权交给了罗马）。公元前31年，埃及丧失了自治权：亚克兴战役之后，马克·安东尼（Mark Antony）被屋大维（Octavian）击败，托勒密王朝的最后一位王后克利奥帕特拉六世（Cleopatra Ⅵ）自杀，古老的法老王国落入新登基的罗马王子手中。

P046下

罗马时期见证了提洛岛的快速发展（公元前2—前1世纪），提洛岛当时已经成为爱琴海的自由港口，这对罗德岛的发展是不利的。在这里产出了具有高超艺术水准的作品，比如这尊从丢失的铜像上保留下来的头部雕像（大约公元前100年）。主体的身份无法确定，但是头部的特征的确体现出了个性化。

P047

罗马人对希腊艺术的崇尚体现在系统复制其最精美的和最著名的作品，尽管这些复制品的价值存在着较大的差异。比如，这件精美的作品赫尔墨斯（Hermes），是公元前4世纪初期伯拉克西特列斯（Praxiteles）原作的复制品，展现了高超的艺术水平。

马其顿
伊庇鲁斯
阿契亚
亚洲
莱西亚（Lycia）和潘菲利亚（Pamphylia）
塞浦路斯
比提尼亚（Bithynia）和庞度斯（Pontus）
加拉太（Calatia）
卡帕多西亚
奇尼恰（Cilicia）

这件在卡普亚发现的绘有人们日常生活场景的陶制品，可追溯到公元前300年。陶器上绘制的两个披着斗篷的女孩正在玩抓骨游戏，游戏中的骰子由大型哺乳动物（羊或牛）的脊椎骨制成。自由的构图和对人物多种姿态的描绘属于希腊化风格。

古代希腊文明和文化

希腊的住宅 / 050

富贵和辉煌：2000 年来的珠宝和工艺品 / 052

希腊人的宗教 / 062

希腊神庙及建筑柱式 / 064

希腊戏剧 / 070

体育 / 074

武器 / 076

希腊的住宅

几个世纪以来，住宅在古希腊男人的日常生活中只扮演着边缘角色。希腊宜人的气候使得希腊人的大多数时间——无论是劳作和政治活动，还是休闲娱乐都在户外进行。房屋仅作为晚上休息的场所，人们甚至不在房屋内吃饭。

然而，对于妇女这一在当时并未受到足够尊重的群体而言，房屋是一座没有围栏的监狱，大多数时间里，妇女们都躲藏在房间内。唯一例外的女性是那些在道德上受谴责但是社会经济地位较高的交际花，她们的社会地位较为复杂。

古风时期，住宅从最原始、最基本的结构（源自古希腊和小亚细亚建筑的正厅）转变为各种更具立体感的形式和布局。房屋形状不仅可以是正方形的，也可以是长方形的。有的房间建有后堂，有的房屋还被设计成半圆形结构。

楼层平面布局有序，房间排成一排或者成排面对面排列，有的会共用私人庭院，还有的会将庭院共享给其他住宅单元使用。

建筑工艺千差万别。木材与黏土结合的方式广泛用于房屋框架结构中，另外一种替代工艺是在石质地基上使用涂抹了石灰膏的未经烧制的砖。处理屋顶的方法相对少一些：有时人们会建造单坡屋顶或双坡屋顶来代替基克拉迪传统的平屋顶，后者也用来收集、储存和分流雨水。

与这种公元前5世纪后半叶出现的新式的、理性的城市规划设计巧妙吻合的是，房屋建造者更加关注住宅空间的功能性和舒适性，这可能是即将转向更加个性化的生活方式的先兆。

位于哈尔基斯半岛的奥林修斯（Olynthus）的建筑令人印象深刻。尽管奥林修斯位于希腊的边缘地区，但

P050—051

这座建于公元前4世纪的希腊房屋是几座奥林修斯房屋的复合品，或者说是对它的一种理想化的重建。通道和中央庭院清晰可见，预留给男士的区域与位于中间楼层的女士住所是分开的。在这里，妇女们忙于做针线活。住宅里设置有浴室和作坊。

P050左下

这件来自卡拉布里亚的精致而庄重的陶制屏画细腻地刻画了一个家庭场景：布置着各种家具的房间里有一位女神，女神正在掀起柳条筐的盖子。

P051右上

这是一尊以位于维奥蒂亚的塔玛格拉命名的女性雕像，创作于公元前3—前2世纪，展现了希腊化时期希腊人生活的特点。

是它具有重要地位并且与当时许多强大的城市有不少相似之处，其重要地位一直延续到公元前348年马其顿国王腓力二世将此处夷为平地。今天的考古遗迹向人们展现了这座拥有两万居民的城镇的布局和建筑特色。这座城镇网格状的布局由南北贯通的大街和与其垂直交会的狭窄街道组成。但是由于地形和城市扩大的需要，人们建造了斜向道路。为了与城镇北部新建的居民街区合并，最初的旧街区的城镇布局得以重建。穿越城镇的主轴线建有一条小巷，用于交通疏导和排水，并将两排五个标准规划住宅单元分开。

奥林修斯实际上标志着希腊房屋建造的转折点，自此，其建造特点开始向着更加整体化和标准化的趋势发展，这在希腊建筑史上是真正意义上的革新。在最常见的平面图中，房屋被安排在院子周围，院子里至少有一个拱廊。房屋里建有一个起居室、一个厨房、一个小浴室。有证据表明，很多住宅都建有二层。

奥林修斯东部地区出土了相当数量的独立住宅，其中许多住宅拥有大量的房间，这些房间围绕在建有拱廊的中心庭院周围，它们被认为是后来希腊化时期和罗马时期贵族别墅的前身。地面上装饰马赛克是这些住宅的另一典型特征：马赛克由河边的鹅卵石制成，描绘的内容多是神话人物。

希腊住宅在希腊化时期发展到巅峰。房屋被设计成列柱廊式，房间朝向建有廊柱的内部庭院。石子和马赛克铺设的道路布满了整个院子，房间内部装饰有帷幔、挂毯、地毯，还有常见的壁画。人们开始注重把场景效果与房屋周围的景观统一联系起来。几个世纪以来，住宅从城镇居民的简陋住所，升级为守法公民的小型私人"城堡"，人们在其中享受生活。这些房屋成为了一个朴实无华的展示窗口，向外界展示着主人的生活方式。

富贵和辉煌：
2000 年来的珠宝和工艺品

米诺斯人、迈锡尼人和希腊人喜欢用多种珍贵材料，按照个人喜好装饰房屋，以此来证明他们较高的社会地位和拥有的大量财富。

这些珍贵材料包括各种木材，如柏树、黎巴嫩雪松、阿勒颇松、黄杨木和更加稀有的乌木；象牙；珍贵的石材，如玉髓、玛瑙、紫水晶、粉色石英、绿色石英、烟灰色石英、水晶、青金石、绿松石、较为普通的结晶方解石、电气石、黑曜石、石榴石、经过工艺精湛的腓尼基手工艺者和埃及手工艺者着色的琉璃；以及贵金属。

希腊本土不盛产黄金，金矿只存在于色雷斯和马其顿的偏远山区，以及为数不多的爱琴海岛屿区域。米诺斯克里特岛和迈锡尼的许多黄金制品都是用从东方购买的黄金制成的。公元前第二千纪，希腊人同埃及、叙利亚－巴勒斯坦、小亚细亚和美索不达米亚保持着繁荣兴盛的贸易往来和良好的外交关系。到了公元前7世纪，希腊从黑暗时期的贫穷中摆脱出来，国力重新兴盛并且大量进口东方珠宝。不久之后，这些珠宝就在希腊本土或殖民地的东方化作坊里被广泛仿制。

但是，直到公元前6世纪，希腊人才开始意识到黄金的价值，从而推动了以铸币为基础的经济的繁荣，以及黄金在珠宝和其他奢侈品上的更广泛的使用。米诺斯珠宝在此时大放异彩，从其意象角度而言，它反映了克里特艺术典型的自然主义特征。但是从工艺角度而言，米诺斯珠宝与埃及和东方珠宝的设计有相似之处，其特点是大量使用了宝石作为原料，制作工艺采用了冲压、雕刻、镶嵌和镀金。同时，米诺

P052

这枚精美绝伦的船状耳饰由多种工艺制成——包括成型、浮雕、造粒、滚花和雕刻。它展现了公元前4世纪位于意大利南部的塔林顿［Tarentum，现今的塔兰托（Taranto）］地区的金匠高超的技艺。在耳饰的每一边分别雕刻有胜利女神的形象，以一片棕榈叶和两个玫瑰花结分隔开来。耳饰下面，在一个由小球体和精致的金链组成的造型中，饰有两只鸽子和七个壶形小吊坠。

P053上

这两个金丝扣,装饰以金制叶片,叶片上还有金丝制花朵,它们同样可以追溯到公元前4世纪。它们是在库迈地区的墓地中被发现的随葬品。

P053中

这个精妙绝伦的金项链由一节节的金制管和谷状物连接而成,项链末端饰有复杂的绘制了大量植物图案的希腊结,希腊结采用造粒技术和滚花技术制成。它来自于阿普利亚地区随葬品丰富的吉诺萨(Ginosa)墓地。项链出自技艺高超的塔林顿金匠之手,这种设计样式于公元前4世纪从马其顿传播至希腊世界的其他地区。

P053下

这个带有玫瑰花结、双耳罐形吊坠和双莲花结的金项链,可追溯到公元前330—前300年。这是希腊北部地区金匠的杰出作品,被发现于塞萨利地区的葬墓中。

斯珠宝使用了大量的半宝石和釉面陶土。伯罗奔尼撒的金匠们通过"互动文化网络"获得新思想,改变了迈锡尼人较为朴素的艺术风格。他们利用新技术信息,在珠宝设计制作中尝试各种创新形式和装饰理念。

　　许多发现证明了这种文化交流的存在:在瓦斐奥的圆顶墓中发现了迈锡尼风格的仿制品——一个米诺斯杯子;有时一些十分不实用的但却具有东方艺术风格的图案被设计在了瓶口密封处;模仿安纳托利亚技术制作的乌银仿品,大量镶嵌着图案的匕首;极具创意的随葬面具;带有植物图案或海洋图案的器皿;绘制着动物图案的古希腊角状杯。这些物品从位于迈锡尼、米提亚·登德拉和梯林斯的葬墓中被发掘出来,在那里,当地制造的物品是与从克里特岛和受米诺斯影响的岛屿进口的物品一起被发现的。

P054左下

这枚美妙绝伦的耳饰带有精巧的吊坠,吊坠的外形是一个具有塔林顿传统风格的戴着珠宝的女人头像,它来自于克里斯皮亚诺墓地。

P054右下

这对带有狮鹫头像的耳饰可追溯到公元前4世纪。然而,狮鹫的形象可追溯到公元前7世纪,它源自东方化艺术中一种"怪异的动物"。它同时还展现了希腊艺术中一些装饰主题的延续性。

P054—055

这顶华丽的金色王冠上有金制的珐琅花朵。它可能出自塔林顿金匠之手,于公元前3世纪被安放于现在的阿普利亚地区的墓地中。

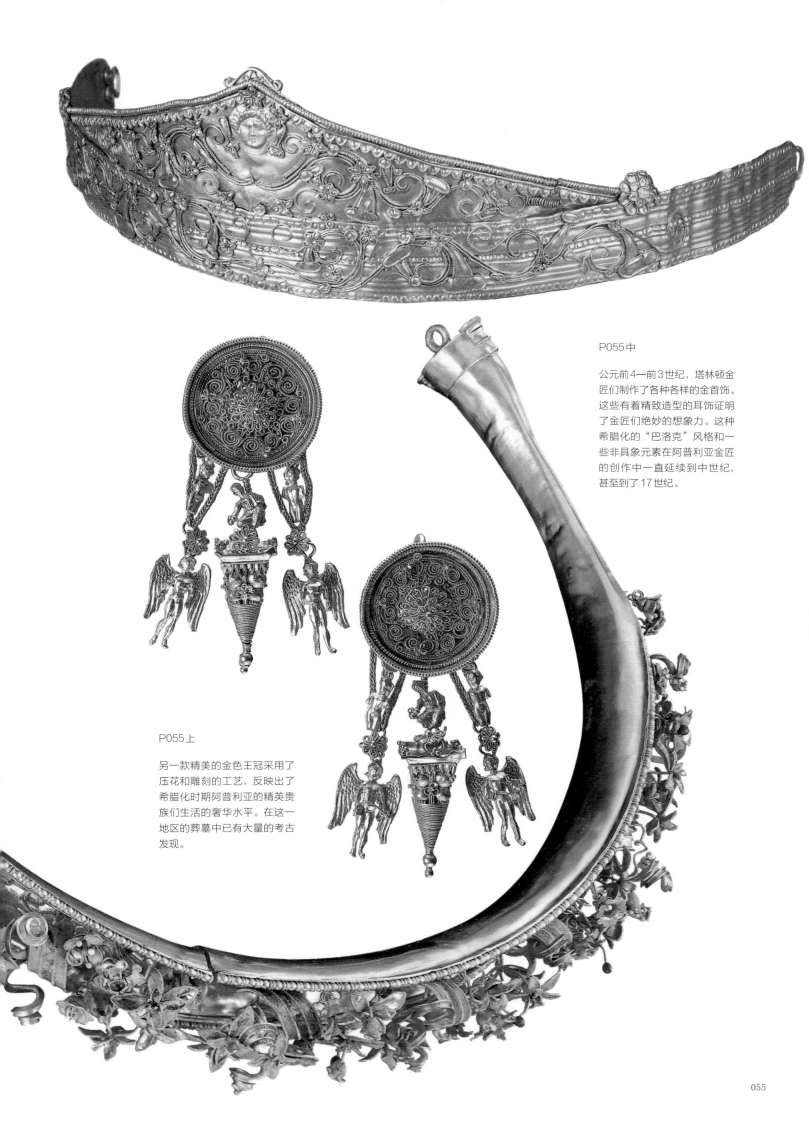

P055中

公元前4—前3世纪，塔林顿金匠们制作了各种各样的金首饰。这些有着精致造型的耳饰证明了金匠们绝妙的想象力。这种希腊化的"巴洛克"风格和一些非具象元素在阿普利亚金匠的创作中一直延续到中世纪，甚至到了17世纪。

P055上

另一款精美的金色王冠采用了压花和雕刻的工艺，反映出了希腊化时期阿普利亚的精英贵族们生活的奢华水平。在这一地区的葬墓中已有大量的考古发现。

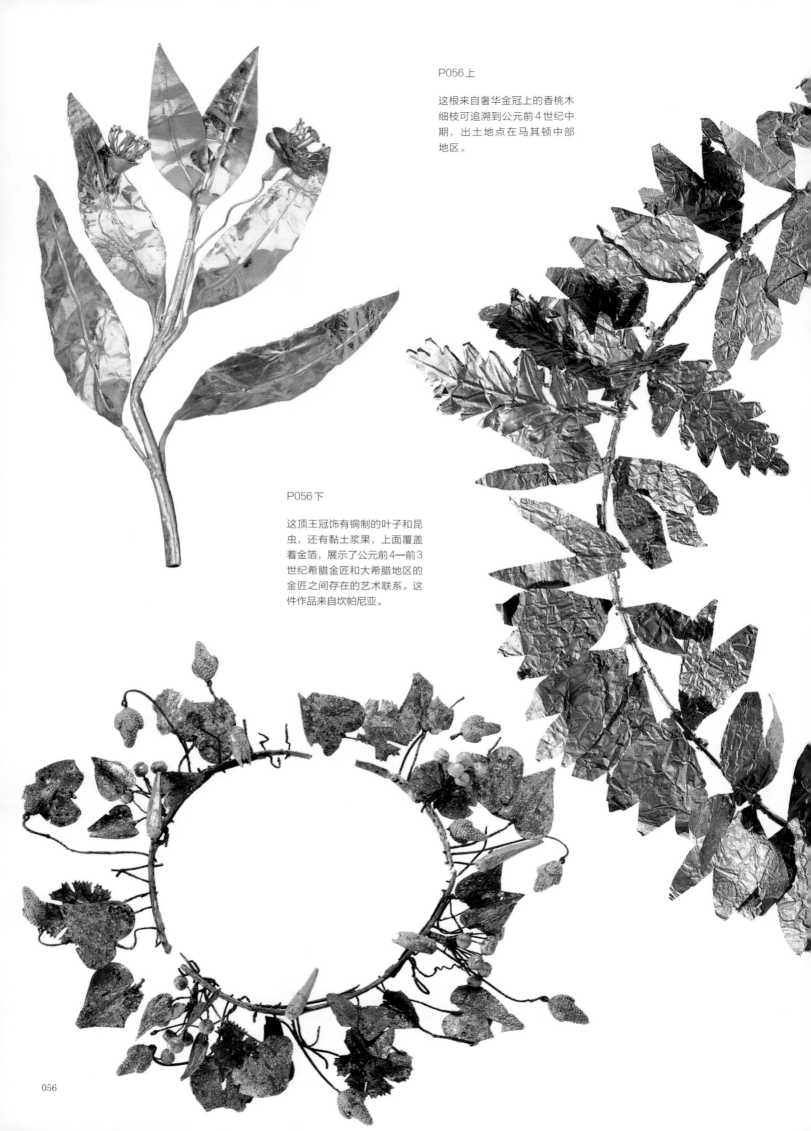

P056 上

这根来自奢华金冠上的香桃木细枝可追溯到公元前4世纪中期，出土地点在马其顿中部地区。

P056 下

这顶王冠饰有铜制的叶子和昆虫，还有黏土浆果，上面覆盖着金箔，展示了公元前4—前3世纪希腊金匠和大希腊地区的金匠之间存在的艺术联系。这件作品来自坎帕尼亚。

P056—057

这顶精美的金冠雕刻着月桂叶和橡树叶，是希腊化时期塞萨利金匠的独特创作。它被发现于沃洛斯（Volos）附近，沃洛斯是塞萨利的一处海港。这顶王冠可追溯到公元前4世纪末期—前3世纪初期。

P057中

这顶金冠与上一顶属于同一时期，出土于塔林顿，它逼真地再现了一个橡树叶花环，橡树是宙斯所珍爱的树。

P057右下

即便是十分简单的物品也同样可以体现希腊金匠的奇思妙想和无穷无尽的创造力。这根小型权杖上覆盖了一层薄薄的金网，顶端是科林斯式的柱头，橡树叶从这里冒了出来。

P058左上

这件希腊金匠制作的艺术品，采用了多种工艺。这个精美的吊坠在不同位置嵌入了搭扣和颗粒状的装饰物。

P058左下

这个金属圆环是凯尔特人的手镯，或者更通俗地说，是"野蛮人"的手镯。手镯两端装饰着动物头像，反映了微缩工艺。

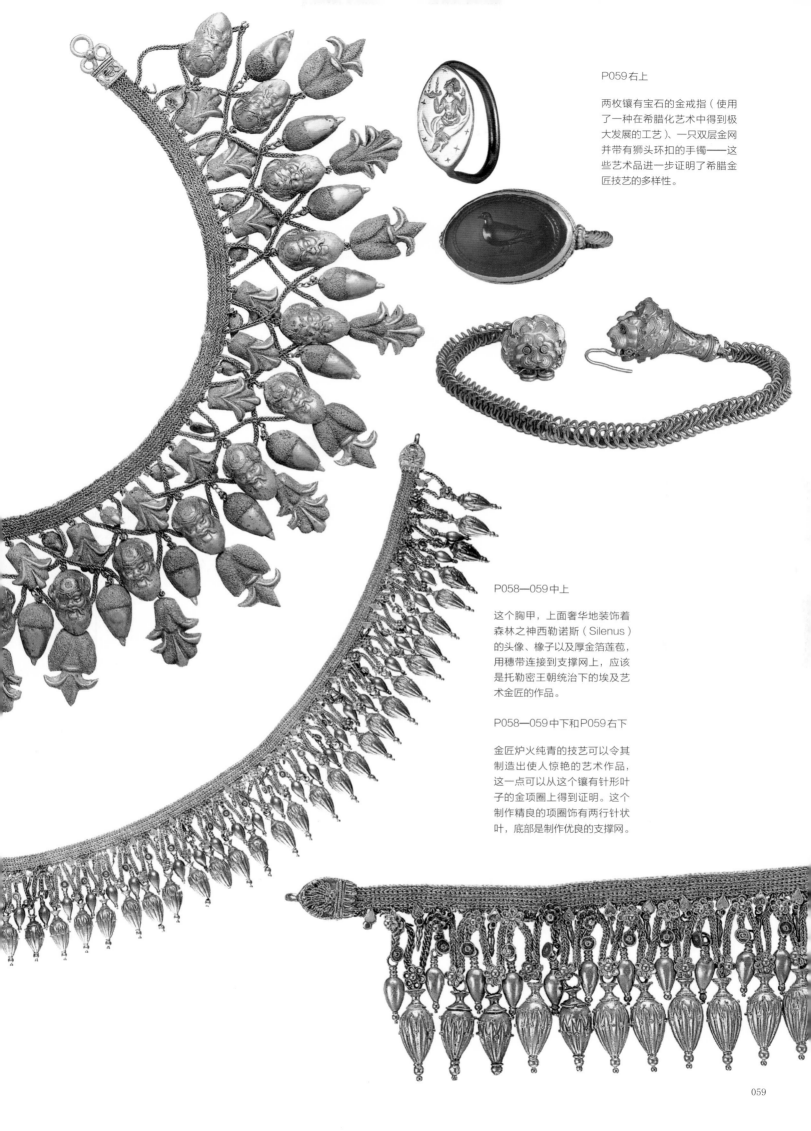

P059右上

两枚镶有宝石的金戒指（使用
了一种在希腊化艺术中得到极
大发展的工艺）、一只双层金网
并带有狮头环扣的手镯——这
些艺术品进一步证明了希腊金
匠技艺的多样性。

P058—059中上

这个胸甲，上面奢华地装饰着
森林之神西勒诺斯（Silenus）
的头像、橡子以及厚金箔莲苞，
用穗带连接到支撑网上，应该
是托勒密王朝统治下的埃及艺
术金匠的作品。

P058—059中下和P059右下

金匠炉火纯青的技艺可以令其
制造出使人惊艳的艺术作品，
这一点可以从这个镶有针形叶
子的金项圈上得到证明。这个
制作精良的项圈饰有两行针状
叶，底部是制作优良的支撑网。

P060左

亚历山大时代的辉煌和马其顿艺术家伟大的创造力及对艺术的敏感性在这个大型双耳喷口杯中可见一斑。这个喷口杯带有镀金青铜装饰，有丰富的浮雕图案，其中有完整的人物浮雕。这件艺术品被发现于萨洛尼卡（Salonika）附近的墓地中，年代可追溯到公元前330年。这个双耳喷口杯属于贵族阿斯蒂约尼奥斯（Astiounios），他是阿纳哈格拉斯（Anaxagoras）的儿子。杯口饰有铭文。杯身描绘了狄俄尼索斯和阿里阿德涅（Ariadne）的婚礼，在无拘无束的舞蹈中，女祭司沉醉其中，森林之神在狄俄尼索斯门徒们的疯狂摇摆中兴奋不已。双耳喷口杯毫无疑问装满了美酒——这是礼物中的礼物，是对尘世生活短暂愉悦的赞美和引发这种人间奇迹的原始本能的由衷赞叹，同时也是对能够制造这种艺术作品的贵族世界的赞颂。

P060右和P061左

这两块金丝掐花浮雕片上刻有图案，被发现于色雷斯，时间可追溯到公元前3世纪上半叶。图案代表着两只狮鹫，它们是"野蛮人"欣赏的神话动物。这两块浮雕被用来装饰一匹属于色雷斯王子的马的服饰。

在几何风格时期生产的黄金首饰数量相对较少，但到了公元前8世纪，在雅典、埃留西斯（Eleusis）和埃雷特里亚的金匠们为贵族客户制作的耳环、戒指和手镯上，开始使用符合潮流的抽象设计和非几何图案。这一时期见证了金网和微粒技术的出现，并风靡了下一个世纪。同时，东方风格开始登上历史舞台。东方风格以其基于动物和幻想而创造出来的图案、优雅的"巴洛克"风格宝石以及种类繁多的珠宝设计杰作而闻名，这些特点在服装饰品、家居用品和其他个人物品的装饰中可明显看到。

希腊世界最东边的城市在这些发展过程中发挥了重要作用，也许是因为它们与黎凡特传播中心联系紧密，也许是因为当地贵族和君主的经济援助。从罗德岛和克里特岛、米洛斯和科林斯的墓地中也发现了多种不乏重大历史意义的物品。

　　古风时期和古典时期富足的圣殿，可以帮助人们理解从德尔菲、奥林匹亚、麦塔庞顿（Metapontum）和洛克里出土了优质且数量巨大的珠宝和手工制品的原因。

　　分散在地中海地区的其他贸易强国的希腊人后代，生产制造了大量精美珍贵的装饰物品，这些物品广泛分散在希腊世界的边缘地带，包括殖民地区域。精美的餐具、室内家具上华美的木制或铜制装饰物、反映当时希腊艺术造诣水平的珠宝，这一切都证明了工匠们的高超技艺。但是公元前4世纪的金匠创作的艺术品证明，整个希腊世界进入了全面艺术创作的鼎盛时期，艺术品的设计种类繁多，工艺的样式不胜枚举，装饰品的质量精益求精。这些是西方的希腊殖民地（特别是今天的阿普利亚）沿袭迈锡尼和塞萨利地区城镇艺术创作的过程中形成的特点。公元前5世纪，在遥远的锡拉丘兹和雅典，著名的雕刻家伊万内特斯（Evenetes）就已经可以在制作铸币模具（用于制作金币和银币）的过程中运用微型且先进的浅浮雕技术，是古希腊造型艺术的集大成者。

P061中下

这件古希腊艺术品来自帕纳朱利斯特宝藏（来自色雷斯，大约公元前310年），是一件制作精良的具有浮雕装饰用于祭酒的高脚杯。它展示了三个刻有非洲人头像的同心圆（尽管三个圆圈正在逐渐缩小，但是每一个头像都制作精美并且写实逼真），最里面还有一圈橡果，其间装饰有莲花的图案——这可能是一种起源于埃及的图案。

P061右上

这个美轮美奂的厚金箔角状杯来自帕纳朱利斯特宝藏，展示了戴着头盔的亚马逊人的头像。酒杯奇特的把手形状像是长着翅膀的狮身人面像。因为其异常珍贵，所以可能属于奥德赛王朝（公元前4—前3世纪）的统治阶层。

希腊人的宗教

古希腊宗教多神论的形成因素有很多。希腊人共同供奉的奥林匹斯山神（神明的名字来自奥林匹斯山，意为"希腊的穹顶"，希腊人认为神明们一直住在那里）数量相对较少，这些神明与诸多半神、被神化的英雄和男女恶魔同时存在。万能的神明会受到命运的限制，他们与人类有很多相似之处，不仅拥有高度成熟的超人类观念和人本意识，还自动受制于某种神秘力量。当时还没有形成有秩序的宗教组织，僧侣和女祭司们仅仅是应付和主持一些宗教仪式，并没有形成一个指定的阶级来维持正统的宗教观念。

最重要的是，希腊人认为信奉宗教是对神明和社会道德价值观的尊重，而不仅仅是个人的良知。

尽管如此，早期的希腊宗教仍然具有明显的来自东方的神秘元素。关于狄俄尼索斯、得墨忒尔、珀耳塞福涅（Persephone）和哈迪斯的宗教崇拜中也存在着这种神秘的"偏离"；在毕达哥拉斯和柏拉图的哲学中和从希腊化时期到罗马帝国时代的崇拜中，所谈及的神明仅涉及最著名的几位，如赫尔墨斯·特里斯梅吉斯托斯、伊西斯（Isis）和密特拉。

希腊庞大的神话遗产弥补了神圣文本的缺失，这些神话任由作家、诗人和哲学家们充分发挥自由想象演绎编纂。虽然神明众多，但是其中最重要的是宙斯——诸神的父亲和兄弟，是天空和光明之神，宇宙的统治者，是所有合法权力和权利的庇佑者，他被所有希腊人敬仰和崇拜。

赫拉是宙斯脾气暴躁的妹妹，也是位不幸福的妻子（对婚姻忠诚这件事对于奥林匹斯山众神来说绝对不是强项），她负责监督婚配、婚姻生活、生育和家庭事务，尤其受到阿尔戈斯人、奥林匹亚人和萨摩斯人的崇拜。波塞冬，勇敢而鲁莽，他是土地和海洋的原始力量之神，可以引发暴风雨和地震。他在科林斯一带，在沿海小镇伊斯米亚尤为受到崇拜。雅典娜，贞洁的战神，是以她的名字命名的城市的守护神，她掌管着手工技艺制造，鼓励文明行为，保障法律和秩序，反对野蛮，对她的崇拜在埃伊纳岛、忒格亚以及雅典随处可见。

阿波罗是一位英俊但玩世不恭的神，他可以赐予人们健康也可以带来可怕的流行疾病，他是音乐和文学的守护神，他通过对神谕的神秘回应来向世人传达他的意愿。主要是德尔菲人和提洛人崇拜阿波罗神，但是在科林斯、费加利亚（Phigalia）、萨默斯（Thermos）和迪迪玛（Didyma）等地也有大量供奉阿波罗的神庙。

阿波罗的孪生姐姐阿尔忒弥斯是狩猎女神，她与东方的两位女神山鬼和伊西

P062中

作为伯罗奔尼撒古代艺术真正的杰作，这件罕见的青铜真品——比雷埃弗斯的阿波罗（公元前500年），描绘了神明正在接受祭献。

P062右上

这件公元前5世纪早期的青铜塑像展现了奥林匹亚诸神之父宙斯的典型形象，宙斯是光明之神，不断地诱惑女神和仙女，但是很少诱惑凡人。

P062右下

在希腊人和特洛伊人混战的喧嚣之中，在埃伊纳岛地区神庙西侧的山墙上，这尊雅典娜的美丽雕像神圣地矗立在那。

P063

公元前5世纪早期，卡拉布里亚地区的陶土作品展示了酒神狄俄尼索斯向冥界夫妻珀耳塞福涅和哈迪斯赠送随葬礼品（藤蔓枝，一个双耳高脚杯，一只公鸡）的场景。

斯（古埃及神话中的生命女神，译者按）颇有相似之处，她守护着自然界不被打扰，并时刻警惕着文明社会与原始生态之间的界线，供奉阿尔忒弥斯的主要圣殿分布在以弗所和克基拉岛（今天的科夫岛）等地。阿芙洛狄忒（Aphrodite）是美丽的爱情女神，关于对她的信仰崇拜从其形象来看可能源自闪米特女神伊什塔尔（巴比伦的农业及战争女神，译者按），其崇拜者集中于塞浦路斯的帕福斯和塞西拉（Cythera）。其他的神明也非常重要。赫尔墨斯，信使的守护神，他负责庇佑商旅、使者甚至窃贼，并引导他们的灵魂超脱到达冥界。赫尔墨斯守护着阴阳之界，偶尔还可以使用神力为人疗伤。

得墨忒尔是土地和农业女神，冥后珀耳塞福涅的母亲，也就是冥王哈迪斯的岳母。狄俄尼索斯既是酒神又是喜神，他的职能是守护着人类可以暂时逃离现实生活，从日复一日繁重的负担中获得欢愉，并护卫人类在一幕幕悲喜剧中出演他们的人生。赫斐斯塔斯（Hephaestus）是铁匠之神，他是个瘸子，但却是美丽的阿芙洛狄忒的丈夫。战神阿瑞斯是神秘的勇士精神的神圣护卫者。赫拉克勒斯（Heracles）则是半人半神，在经历了一系列考验之后得以长生不老。阿斯克勒庇俄斯是药神，在科斯岛、帕加马和埃皮达鲁斯等地受到了特别的崇敬。

希腊神庙及
建筑柱式

古希腊的神庙和圣殿之间存在着很大不同。圣殿会建在神迹出现的地方，而神庙的建造地点则取决于人们的选择，所选地点会被神化，神庙内会有明确供奉的神明并建有礼拜的祭坛。

公元前10—前8世纪，最早期的神庙通常只是构造简陋的棚屋，但是不久之后，规模变得庞大起来，更加精良的建筑取代了这些小屋子。这种进化演变可能是依靠建筑技术和建筑材料的不断改进才得以实现的，石料代替了木材和未经烧制的生砖，使得建筑结构更加稳定持久。有人提出这种变化是由古希腊与古埃及和近东地区的文化联系所带来的——这种说法事实上并无依据。因为此时在希腊、米诺斯和迈锡尼已经存在大量气势恢宏的纪念建筑群。

希腊神庙进化演变的第一阶段发生在公元前8—前7世纪，萨默斯、伊斯米亚及奥林匹亚地区的考古挖掘，以及从阿尔戈斯和佩拉赫拉（Perahora）发现的陶土模具，足以证明这一点。最早的神庙仅有石制地基、木制框架和木制门楣结构，墙体的材料是抹灰的未经烧制的生砖。

屋顶和为保护木制顶层而设置的饰面通常涂抹着色彩明亮的黏土，有时还装饰着浮雕图案。人们很注重装饰这些地方和建筑中其他显著的结构，例如庭院的廊柱。这些廊柱至少从三面环绕着建筑并且起到支撑屋顶的作用，即使是在希腊神庙建筑的最早期，这些装饰也可以通过凹槽完成。这些在审美上的偏好影响深远，在后来的石制神庙建筑中仍然可以觅其踪迹：宗教仪式中蕴藏的传统主义被建筑师和艺术家们保留了下来，这在古典建筑柱式的早期规范中可见一斑。

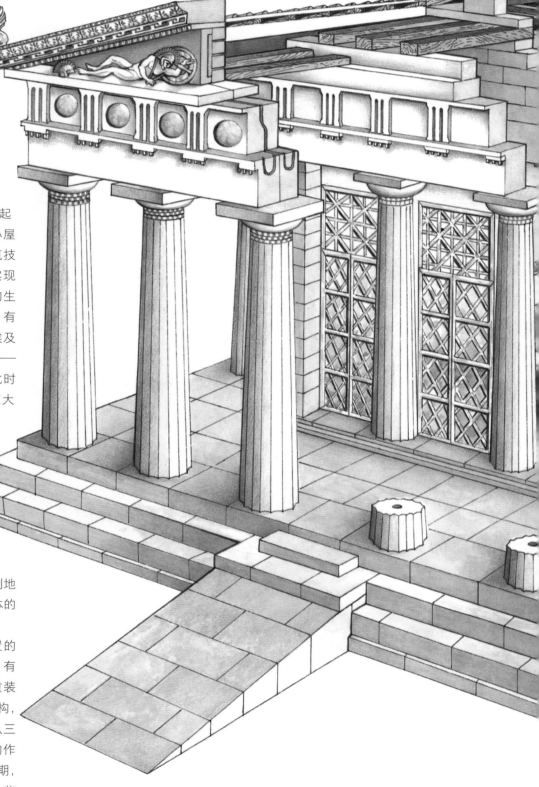

希腊神庙的另一个重要特征是其功能，神庙并不是只作为人们熟知的祭祀神明的地方。最内部的房间，内殿或正殿，有神像供奉，用于朝圣者祭拜；有时内殿连接着访客禁止入内的密室，在密室中供奉着古老的神像，神明在此显灵。通常神庙建有门廊、进入内室的柱廊，以及与门廊对称建造的后室，后室的功能至今还不完全清楚。也许是为了纪念露天进行祭祀仪式的史前传统，露天祭坛矗立在空地的台

P064—065

这是对典型希腊庙宇的理想重建,修建工程从成排的多立克式柱开始,所有建筑结构一目了然,装饰性经常被忽视,比如色彩。内部房间,包括内殿、前殿、后殿和密室,建得狭小而局促,因为仪式主要是在建筑物前面的一个大祭坛上进行的。

基上,前方正对着神庙。

希腊神庙的建造方向通常是呈东西走向的,与太阳的运动轨迹相同。在公元前6—前2世纪,希腊的建筑结构经历了几种不同的形式。一些人认为希腊建筑最重要的设计依据是要遵循祭祀的特定行为。另一些人则基于视觉角度和几何比例的观点认为把神庙的人为结构同自然景观统一起来是非常重要的。公元前7世纪中期,当希腊神庙为人们

P065

在公元前6世纪罕见的艺术文献中,一场祭祀活动被描绘在木板上。这件作品奇迹般地被发现于科林斯附近西锡安的一个洞穴中,保存完好。

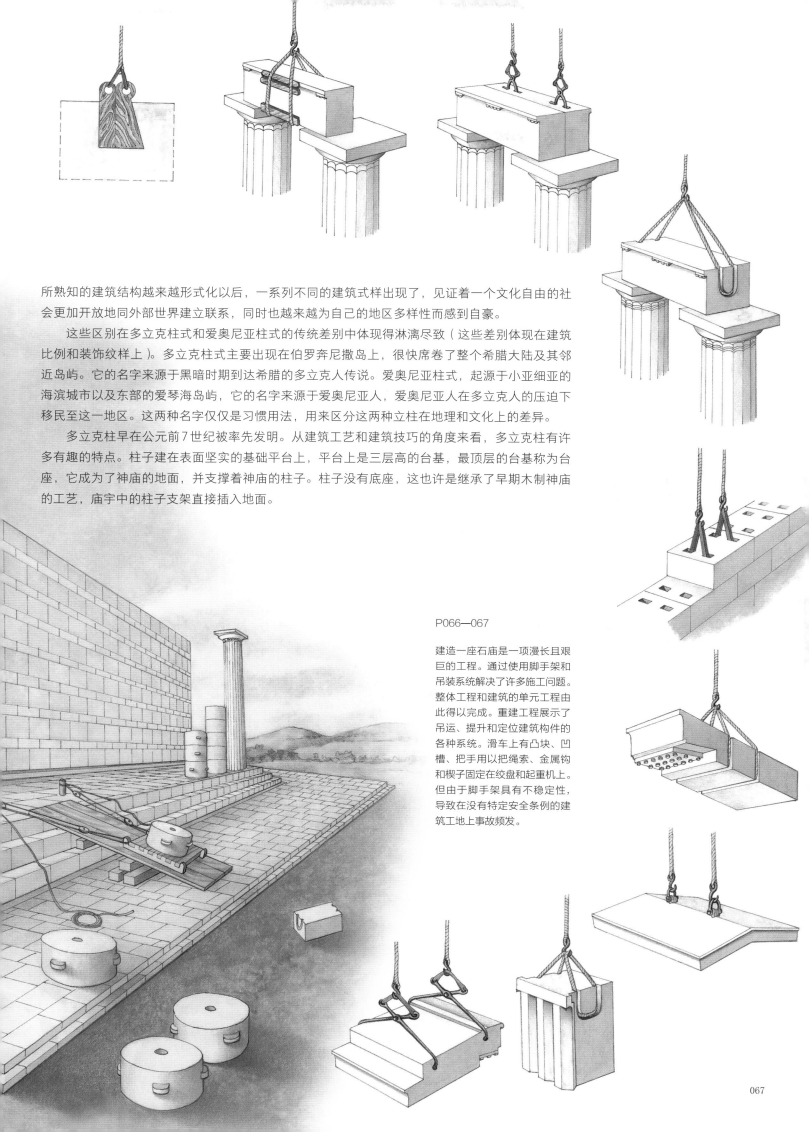

所熟知的建筑结构越来越形式化以后，一系列不同的建筑式样出现了，见证着一个文化自由的社会更加开放地同外部世界建立联系，同时也越来越为自己的地区多样性而感到自豪。

这些区别在多立克柱式和爱奥尼亚柱式的传统差别中体现得淋漓尽致（这些差别体现在建筑比例和装饰纹样上）。多立克柱式主要出现在伯罗奔尼撒岛上，很快席卷了整个希腊大陆及其邻近岛屿。它的名字来源于黑暗时期到达希腊的多立克人传说。爱奥尼亚柱式，起源于小亚细亚的海滨城市以及东部的爱琴海岛屿，它的名字来源于爱奥尼亚人，爱奥尼亚人在多立克人的压迫下移民至这一地区。这两种名字仅仅是习惯用法，用来区分这两种立柱在地理和文化上的差异。

多立克柱早在公元前7世纪被率先发明。从建筑工艺和建筑技巧的角度来看，多立克柱有许多有趣的特点。柱子建在表面坚实的基础平台上，平台上是三层高的台基，最顶层的台基称为台座，它成为了神庙的地面，并支撑着神庙的柱子。柱子没有底座，这也许是继承了早期木制神庙的工艺，庙宇中的柱子支架直接插入地面。

P066—067

建造一座石庙是一项漫长且艰巨的工程。通过使用脚手架和吊装系统解决了许多施工问题。整体工程和建筑的单元工程由此得以完成。重建工程展示了吊运、提升和定位建筑构件的各种系统。滑车上有凸块、凹槽、把手用以把绳索、金属钩和楔子固定在绞盘和起重机上。但由于脚手架具有不稳定性，导致在没有特定安全条例的建筑工地上事故频发。

柱子的侧面带有凹槽且很坚固。柱子的中间部分微微隆起，饱满的弧线设计一方面用来强化柱子向上支撑的力量感，同时也可以弥补在背光的情况下柱子轮廓线变得纤细而容易给人带来的视觉上的孱弱印象。柱子的顶部是柱头，用于支撑上楣板。多立克柱式的柱头分为两部分，一是象牙饰，是一种曲线型的线脚，形状像一个倒置的截断的圆锥体。它最初是圆润且扁平的，后来变得越来越呈流线型；二是方形顶板。古代木制模型的影响在这些元素中尤为明显。

在门楣之上是一条平坦的雕带，排档间饰（一般是刻有浮雕的墙面，译者按）与三槽板（装饰有三条

竖线花纹的长方形石板，译者按）交替出现，这些同样是受到早期的木制建筑木雕纹饰的启发。

在建筑较短的一侧，倾斜的屋顶形成了两处嵌入式三角形空间。这个位置被称作三角楣，装饰满了浮雕甚至是雕塑。最后，沿着山墙的屋檐和飞檐安装了装饰性的排水沟和一种檐口装饰物。受自然主义启发描绘的神仙鬼怪的小雕像则被安置在三角楣顶部最显眼的地方。

公元前6世纪早期，爱奥尼亚柱式的神庙建筑结构在爱琴海东部和小亚细亚地区的希腊殖民地发展起来。其结构和建筑技艺与多立克柱式神庙的进化发展过程有相似之处，尽管从木制和生砖结构发展到石制结构这一过程相较多立克柱式神庙要慢了一些。

爱奥尼亚柱式的特点要部分归因于小亚细亚与近东地区及其建筑发展的密切的文化交流。爱奥尼亚柱式的形式拥有美索不达米亚和波斯地区纪念性建筑的印记。同时，这种和谐的比例关系和华丽的装饰风格体现出了伟大的东方帝王宫殿典型的优雅气质。随着双列柱式（即四周有双列圆柱）的传入，供奉神明的圣殿仿佛被秩序井然的"石林"包围着，这多少会令人联想到埃及和近东地区圣殿的多柱式建筑以及建筑中挤满了巨大石柱的景观效果，这些建筑如此设计的意图是为了增加尘世和神界间的距离感。

圆形的柱体和带状装饰两个结构元素将爱奥尼亚柱式与多立克柱式区分开来。爱奥尼亚柱式并不是直接建造在台基上的，更确切地说，它有一个模制的"基座垫"作为过渡。为了突出柱体的高耸以及凹槽的线条所呈现出的干净利索的感觉，没有做卷杀（可理解为形体之间为了收口、收边而制作的脚线，译者按）。柱顶有精致的柱头，柱帽部分有一对向下的蜗壳装饰。这些特点似乎是在从木制建筑向石制建筑的进化过程中开始形成的：石制柱基的发明把木制柱体和潮湿的地面分离开来。同时，柱头的设计似乎起源于精雕细琢的木制模型。爱奥尼亚式建筑的装饰元素中没有多立克式的三槽板和间隔板，取而代之的是一条长长的石雕叙事板，进而展现一种远比希腊更具东方韵味的风格。

与爱奥尼亚式柱头有密切联系的是一种所谓的埃奥利克（Aeolic）式柱头，广泛分布在埃奥利克方言盛行的地区（维奥蒂亚、塞萨利、小亚细亚地区和爱琴海东北部的一些岛屿）。其最显著的特征是从柱柄处延伸出来的巨大的风格明显的蜗壳装饰，还有镂空的雕刻图案。

从维特鲁威（Vitruvius）的《建筑十书》（De Architectura）出现起（公元前1世纪），科林斯式建筑就被列入希腊的建筑样式中。但事实上，从出现的时间和历史史实上来看，这种说法是不正确的。原因是，据说科林斯式柱头是在公元前5世纪后期由卡利马丘斯（Callimachus）发明的，但它在希腊世界极少使用，当然不可能形成新的建筑柱式。在科林斯柱式流行于古罗马时代之前，人们有时会将科林斯式柱头作为爱奥尼亚式柱头的替代品来使用。希腊化时期的罗马建筑师受多立克柱式和爱奥尼亚柱式的启发发展出了科林斯柱式，之后前两种柱式就被用得越来越少了。当时的建筑结构和建筑比例存在多种变体和不同的结合方式，揭示了当时普遍存在着兼收并蓄的艺术观念。

科林斯式柱头的特点是像一个倒置的钟，围绕着向外弯曲的毛茛叶。柔和而富于变化的线条和曲面为能工巧匠们提供了一个创造丰富明暗效果的舞台，柱体和柱基则遵循了爱奥尼亚柱式的样式，尽管也有许多变体。

P068和P069

这里展示了最著名的三种希腊建筑柱式——多立克柱式、爱奥尼亚柱式和科林斯柱式的理想重建工程。前两种建筑柱式在公元前7—前3世纪使用得更为普遍，从建筑角度和装饰角度来看，两者存在较大不同。例如，多立克柱式的凹槽具有更大的刚度，与爱奥尼亚柱式相比，明暗变化更为突然；爱奥尼亚柱式的柱头和雕带则更具装饰性。爱奥尼亚雕带反映了人们对多样的叙述顺序和复杂性的偏好，是亚洲地区的希腊人的精良艺术作品。两端的三角墙有装饰性元素，屋檐边是狮头形状的滴水嘴。

希腊戏剧

　　西方戏剧的起源同希腊文明的诞生是同步的，直至公元前6世纪末，希腊人经历了一段时间的自我认知过程，希腊戏剧形式已经趋于完美。戏剧不同于其他的视觉艺术和表演艺术，因为它不仅仅是描写和叙事，与此同时，它超越了一种徒劳无功且自我沉迷的繁文缛节，意在展示个人的性格、家族和种姓的规训、对宗教信仰的认同、对神明虔诚的祷告，以祈求谕示，驱魔避邪，净化心灵。

　　在希腊戏剧中，戏剧作家和演员分别通过思想观念和表演形式呈现角色新的身份、命运和维度，这有别于他们原本的主观世界。对于观众而言，到剧院看戏不仅仅只是一个观看的过程。戏剧也不仅仅是对普通日常生活、时事以及神话传说的简单描述，它的存在并不只是为了让观众消遣娱乐，而是旨在引导观众在道德、精神、政治、心理和生存的层面参与其中。在戏剧空间、时间和行为暗喻的背后，隐藏着真正精彩的演出，无论是悲剧或是喜剧，其展示的都是人类的处境及其提出的问题。

　　在古希腊，特别是民主的雅典，从克里斯提尼（公元前6世纪，古希腊雅典城邦著名的平民政治改革家，译者按）到普鲁塔克（Plutarchus，约公元46—120年，罗马帝国时代的希腊作家，原文中Chaeronea应是以作家的出生地喀罗尼亚代指，译者按），诞生了真正意义上的可以称之为悲剧和喜剧的艺术题材。这些类型的戏剧距离现今的戏剧并不遥远，许多优秀的希腊剧目依然还在成功上演。尽管我们对这两种流派的艺术形式最初是如何演化形成的知之甚少。

　　希罗多德（Herodotus）、亚里士多德（Aristotle）以及其他历史学家留下的少量信息彼此之间多有出入。只有最早期的悲剧诗人和喜剧作家作品的只言片语得以保留下来。这些作品都是具有明确体裁的文学范例，严格的体例在当时已经成为一种约定俗成，包括故事结构、语言台词、叙事节奏。

　　仅存但不完整的33部悲剧和18部喜剧在中世纪的手抄本和一些罕见的纸莎草纸文献的残片中得以传世。著名的悲剧诗人埃斯库罗斯（Aeschylus）、索福克勒斯（Sophocles）和欧里庇德斯（Euripides），伟大的喜剧戏剧作家阿里斯托芬（Aristophanes）和米南德（Menander）、普律尼克斯（Phrynichus）和《雷索》的无名作者，以及尤波利斯（Eupolis）和克拉提努斯（Cratinus）也都值得一提。

　　公元前6—前4世纪，这些伟大的剧作家的上百部作品被展现在热忱的观众面前，这些戏剧不仅在雅典上演，同时也被搬上了整个希腊世界的新兴城市和古老圣殿中不计其数的大型剧院的舞台。

　　在雅典，被搬上舞台的戏剧表演是优秀而卓越的。这些表演被视为节日活动的一部分，这些活动还包括宗教仪式和体育竞技比赛，人们周期性地举行这些活动用于祭祀雅典娜和狄

P070

爱奥尼亚学派的一处古代浮雕展示了两名舞者随着双簧管演奏的音乐翩翩起舞的场景。在希腊戏剧中，演员们的表演伴随着歌曲的演唱和音乐的伴奏，或是跳舞，或是表演哑剧。在近期的古代戏剧的演出中，舞蹈、演唱、音乐和哑剧再次登上了舞台。

P071

这种特有的陶土制喜剧面具，可追溯到公元前4世纪，被发现于塔兰托，它记录了使用面具表演的传统，似乎是为了强调演员在演出时与自身产生的疏离感。它与同时期的阿普利亚彩绘花瓶展示的喜剧特征有相似之处。

俄尼索斯等神明。这些节日由国家组织并得到了雅典富有的公民的资助。大酒神节,在每年的伊拉斐伯伦月(大致相当于三月和四月,古希腊历法的制定不根据时令气候,而是根据宗教祭祀的需要,译者按)为了祭祀酒神而举行,毫无疑问这成为了一年中最重要的节日。大酒神节持续六天,雅典全体公民都要参与节日的庆祝活动(每年的节日活动都能引发雅典城市暂停运作),并吸引许多外国人来到雅典。会有数以千计的观众聚集到位于雅典卫城南坡的酒神剧院。

戏剧活动以竞赛的形式举行。每年,在经过初选之后,会有三名戏剧家得以晋级,参加表演活动。每名戏剧家每天演出四部作品,三部悲剧和一部羊人剧。羊人剧中会设置滑稽的剧情和角色,内容大多粗俗且带有讽刺意味,这是为了使人们在经历了悲剧的冥思苦想后,可以尽情释怀欢笑,获得一些精神愉悦。在接下来的几天里,喜剧表演占据了舞台。从早到晚,雅典人聚集在剧院中,熙熙攘攘地同其他观众讨论着剧中情节,表达着自己的喜怒哀乐。夕阳西下,观众、演员同歌舞声融为一体。

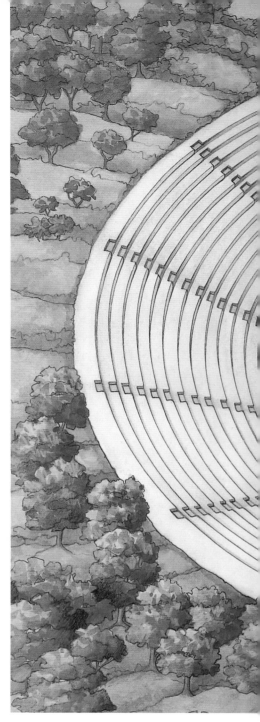

戏剧比赛会成立一个评委会，由10位随机挑选的评委组成，他们均来自雅典的各个选区。表演接近尾声时，每个评委根据他们的喜好按顺序将3个参与竞争的悲剧的剧名写在桌子上。10个评委中随机选出5个人的投票是有效的，他们投票的结果决定了获胜者，并且会受到广泛的颂扬。

露天剧场是希腊人的另一项发明。实际上在米诺斯王宫定居地和之后希腊黑暗时期的一些建设中，公共区域就会被留出来用作露天表演。看台有简单的直线形阶梯式，也有L形或U形的阶梯式，观众们不仅能观看戏剧表演，还能参加一些宗教祭祀仪式。直至公元前6—前5世纪，那些最著名的希腊世俗建筑开始借鉴这种传统建筑结构形式（也可能是从早期的木制结构进化而来，转换成了石制结构）。其空间的基本特征是呈圆形的漏斗状，借助天然地形或适当进行人为改造而成，观众的座席一般设置在高地上。

露天剧场是数以千计的公民聚会的地方，人们聚集在此欣赏悲剧大师和喜剧天才创作的戏剧。露天剧场也是供人们娱乐休息的地方，公民在此讨论各式各样的话题：政治、风俗习惯、流行时尚、行为举止、历史事件、神话传说、宗教和道德等。

因此，露天剧场成为了希腊城市的一个显著特征，到了公元前4世纪，其建筑形制开始逐渐形成一套严谨的规范。它的功能模块包括：乐池，舞台演出时合唱团使用的圆形或半圆形的空间；舞台用房，有配套的布景，拥有三扇门和多重空间的建筑背景，以便于可以根据剧本的需要插入模拟全景和移动布景；阶梯状分层的观众座席，也就是现在更为人熟知的拉丁语cavea，座位数量不均地被垒砌在山坡上，呈半圆形环绕，由垂直阶梯将其串联，以方便进出。观众席被走廊水平地分为两个或三个部分。

第一排的座位紧邻着乐池，被称作proedria。它们是为祭司们和治安官们预留的专座，座位上镌刻的铭文可以证明这一点。观众通过两条宽阔的通道进入剧场，通道就位于乐池两侧观众席和背景幕布之间。

希腊露天剧场最令人惊奇的一大优点就是拥有完美的音响效果。声音可以从舞台传递到观众席最远的角落，而在音高、音色、响亮度上几乎没有什么变化。这一

P072
这个彩绘陶土模型展示了公元前3世纪的剧院现场的背景。

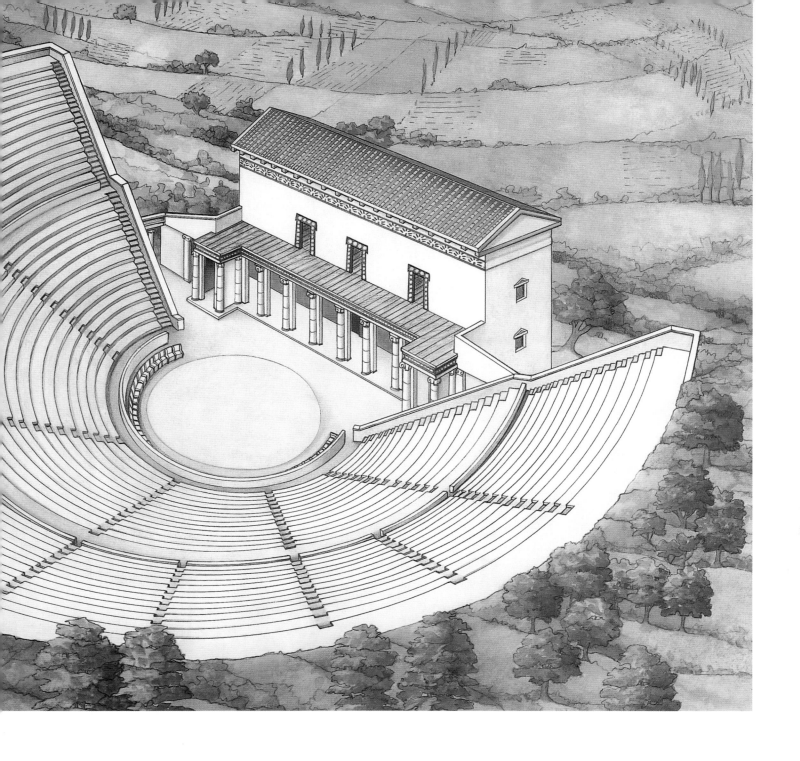

事实进一步证明了"模仿"的思想在希腊戏剧观念中是与生俱来的。一座设施优良的露天剧场，甚至有可能是最好的露天剧场，就坐落在阿戈里德（Argolid）的埃皮达鲁斯，在著名的康复之神阿斯克勒庇俄斯的圣殿里。这座剧场在古代就以其宏伟的规模、和谐的比例以及完美的音响效果而家喻户晓。硬币落在乐池中央的石板上，发出的声音在观众席的每个角落都可以听得清清楚楚。观众席一直延伸到山坡上，可以容纳不少于15000名观众。这座露天剧场建于大约公元前350年，出自建筑师小波里克里托斯之手（这一称呼是为了区分与其同名的更著名的雕塑家波利克里托斯——《法则》一书的作者，译者按）。剧场最吸引观众之处在于其整体布局的和谐性，这个设计给观众留下了独特的印象，当然这一定是建筑师小波里克里托斯的意图，为的是将观众和演员、剧本和观感、台词和思想交流融合在一起。

P072—073

这种对希腊剧院的理想重建突出了希腊剧院建筑的一个永恒元素：运用周围场景作为舞台布景的一个巨大的延伸，这种设计巧妙地将舞台上的微观世界同外部世界紧密融合在一起，让观众进入日常生活之外的世界并且完全沉浸在戏剧演出的时空中。

体育

没有哪个古代民族像希腊人一样热衷于体育。体操运动在那时是一种只有男性参加的体育项目，所有男性赤裸全身参与比赛，这是古希腊人教育经历中不可或缺的一部分，同时也是古希腊人自认为区别于野蛮人的显著特征之一。每个城市都会动用大量资源建设体育馆，这种体育馆类似于今天大学校园里的综合设施，包括可以进行体育训练的场馆。这类建筑通常有一个方形庭院，四周环绕着柱廊，柱廊可以用来迎宾和冷却通风，附带有生活设施，包括更衣室和人工喷泉，柱廊外围是林荫大道、公共浴室和用于教育活动的建筑。

教学活动是由初级教师、哲学家及各个领域的专家自发进行的。（包括美术在内实用艺术专业的学生，会在这里获得实践经验。）体育必然意味着竞争并且成为年轻人教育的一部分，这也许是古老的成年冠礼仪式的遗留产物，意在灌输勇气、美德和搏击技巧，同时也是一种宗教仪式。这在迈锡尼和荷马时期，是贵族精英中的一种风俗习惯，用体育比赛来祭奠死者。

在希腊历史上很早就确立了一种宗教节日和竞技赛事之间的系统关联，这种竞技活动一般会在主要城邦内外的大圣殿里举行。一些文献资料记录了当时古希腊世界举行的大型体育赛事：著名的奥林匹克运动会，根据神话，公元前776年由赫拉克勒斯引入；皮提亚（Pythian）运动会，为祭祀阿波罗，在德尔菲举行；尼米亚运动会，在尼米亚举行，为了祭祀宙斯也为了纪念赫拉克勒斯。运动员们可以进行不同距离的甚至穿着盔甲（重装步兵）的赛跑，可以比赛铁饼和标枪、跳远、拳击、摔跤和角斗（一种包括拳击和摔跤的比

P074上

三个男孩参与田径比赛的图案装饰着一个著名基座的一侧，该基座属于一个年轻雅典男子（公元前510年）的葬礼雕像（现已失踪）。

P074中

这个由爱丁堡画家创作的绘制着黑色人物的陶瓶可追溯到公元前6世纪晚期，展示了年轻的标枪投掷者在体育馆内训练的场景。

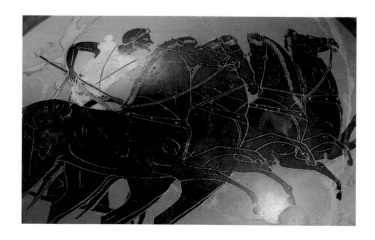

P074下

这个绘有黑色人物的双耳细颈瓶（可追溯到公元前525年）记录了一场只有贵族参加的体育比赛：四马战车赛。

P074—075和P075上

绘有三个人参加跑步比赛图案的葬礼雕像的基座同时展示了原始曲棍球比赛的场景（上部）和摔跤比赛的激烈场景（下部）。运动员们的躯体处于紧张状态，参加比赛的姿势强调了肌肉的力量，整幅作品按照希腊传统技法刻画。

赛）。严格来说，专门迎合富人的比赛项目都是与马有关的，比如赛马。音乐、声乐和诗歌比赛通常跟体育竞技一同开展，这进一步证明了希腊人在年轻人教育这方面有团结统一的完美理想。

在教练的监督下，训练开始的前一天或者比赛开始的前一天，运动员开始进行准备仪式。在仪式上，运动员全裸身体，涂满从皮囊或烧瓶中倒出的芳香精油。紧接着，在剧烈的体能消耗之后、沐浴放松之前，运动员用专用的刮身板

（一种呈弯曲状的工具）刮去身上的灰尘、油脂和汗水。

考古中发现的体育器械（刮身板、平衡棒、辅助跳跃用的重锤、标枪等）证明了体育运动在希腊人生活中的流行程度。公元前6—前5世纪，希腊陶罐上经常选择体育赛事作为象征的主题也证明了这一点。这些陶罐有的是对城市青年的致敬，有的是对体育比赛中军人作风的鼓励赞赏。在墓地随葬品中发现的陶罐上也许还隐喻了一个年轻人的英年早逝，象征着生命就是一场对抗死亡的比赛。

武器

P077

同样来自阿普利亚，这副铠甲的前部（右）和胸甲（左下）是马的装备。就像科林斯头盔一样，它们可以追溯到公元前5世纪初。

P076上

这个科林斯式的青铜头盔被发现于阿普利亚。头盔配有保护下颌和鼻子的护板，显得又细又长，头盔前部嵌入了精致的装饰品。

P076中

这块甲片出自大希腊地区的能工巧匠之手，从人体工学的角度使用压花工艺制造而成。它来自公元前4世纪晚期的一副青铜胸甲。

P076下

这座公元前550年的格鲁门图姆（Grumentum，意大利南部）骑兵青铜像，展示出了穿着战服的勇士，他身上穿戴着头盔和铠甲。

不计其数的古代文献资料都提到了战争的"艺术",连同考古发现一起向我们清晰地展示了在古希腊的历史进程中,人类犯下的最惨无人道的罪行——从荷马史诗中记载的不朽的迈锡尼勇士的英雄壮举到亚历山大大帝和狄米特里·波立尔塞特司(Demetrius Poliorcetes)领导下强大军队的暴行掠夺。希腊步兵或重装步兵所穿着的衣物和佩戴的铠甲有很大区别,但是这些衣物和铠甲通常都是非常实用的。头盔一般都是铜质的,内衬皮革有时带有衬垫。无论这些盔甲的产地在哪里(科林斯、伊利里亚、马其顿、色雷斯),其目的都是给士兵以最大限度的保护,防止被小型飞弹击中,同时也在近身格斗中起到保护作用。头盔用于保护头部和脸颊,有时会先用厚厚的有装饰的覆盖物包裹住整个头部,再用带子穿过头盔上的孔洞系紧,只把眼睛、鼻尖和嘴巴露出来。

　　紧身胸衣和胸铠也拥有和头盔一样的特点,它们通常由厚实的带有织物衬里的皮革制成,稍简陋的款式,只使用了金属边条;质量好些的铠甲,则完全用成型金属覆盖。完整的步兵装备包括护臂和护胫甲以及从不离身的盾牌。骑兵则完全由贵族和富人组成,骑兵的作战优势是速度更快、更灵活机动,但是对骑手和坐骑来说,抵御攻击的能力要差一些。

　　武器种类繁多,最致命的武器是用来刺杀而不是投掷的长矛。这种武器可以造成很深的伤口,并且将长矛从伤者身上拔出后,可造成撕裂伤。同样常见的武器还有轻型投掷矛、具有巨大冲击力的弓箭、铅弹等小型的投掷弹,以及用简易弹射器发射的石头。利剑也被广泛使用,尽管剑伤不太会致命,但是剑锋造成的伤口引发的破伤风或败血症往往也会导致死亡。

　　军事战术主要使用的是大型编队作战,在罗马军团出现之前,著名的马其顿方阵是最高明、最机动灵活的一种战术。几个世纪以来,战略战术在不断变化,这取决于战场是在陆地上还是在船上,抑或是正在进行围攻。在攻坚战中,大型攻城器械和城市防御体系被发明出来,例如希腊化时期著名的移动战车、大型石弩和取火镜等。

P078上

这个公元前500—前490年的青年男子浮雕基座展示了行进中的步兵形象。科林斯式的头盔、骑枪、盾牌、胸甲和护腿都是按照文学史诗传统描绘的。

P078中

这个比较完整的石盘来自位于莱西亚赞托斯地区的涅瑞伊得斯纪念碑上的爱奥尼亚式雕带，可追溯至公元前4世纪早期，展示了步兵攻陷城墙的戏剧性场景，城垛上建有半圆形的城齿。

P078下

全副武装的装甲步兵之间的决斗是这个绘制着黑色人物的哈尔基斯式双耳杯或高脚杯的主题，可追溯到公元前6世纪中期。

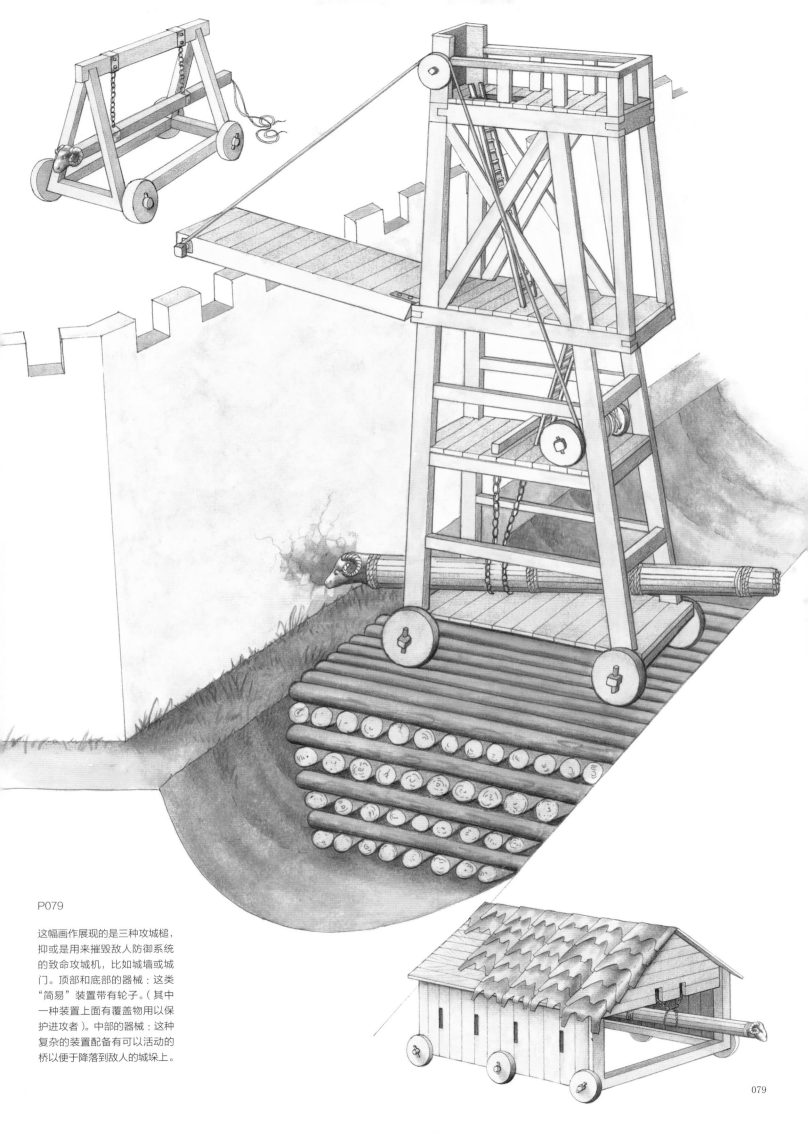

P079

这幅画作展现的是三种攻城槌，
抑或是用来摧毁敌人防御系统
的致命攻城机，比如城墙或城
门。顶部和底部的器械：这类
"简易"装置带有轮子。（其中
一种装置上面有覆盖物用以保
护进攻者）。中部的器械：这种
复杂的装置配备有可以活动的
桥以便于降落到敌人的城垛上。

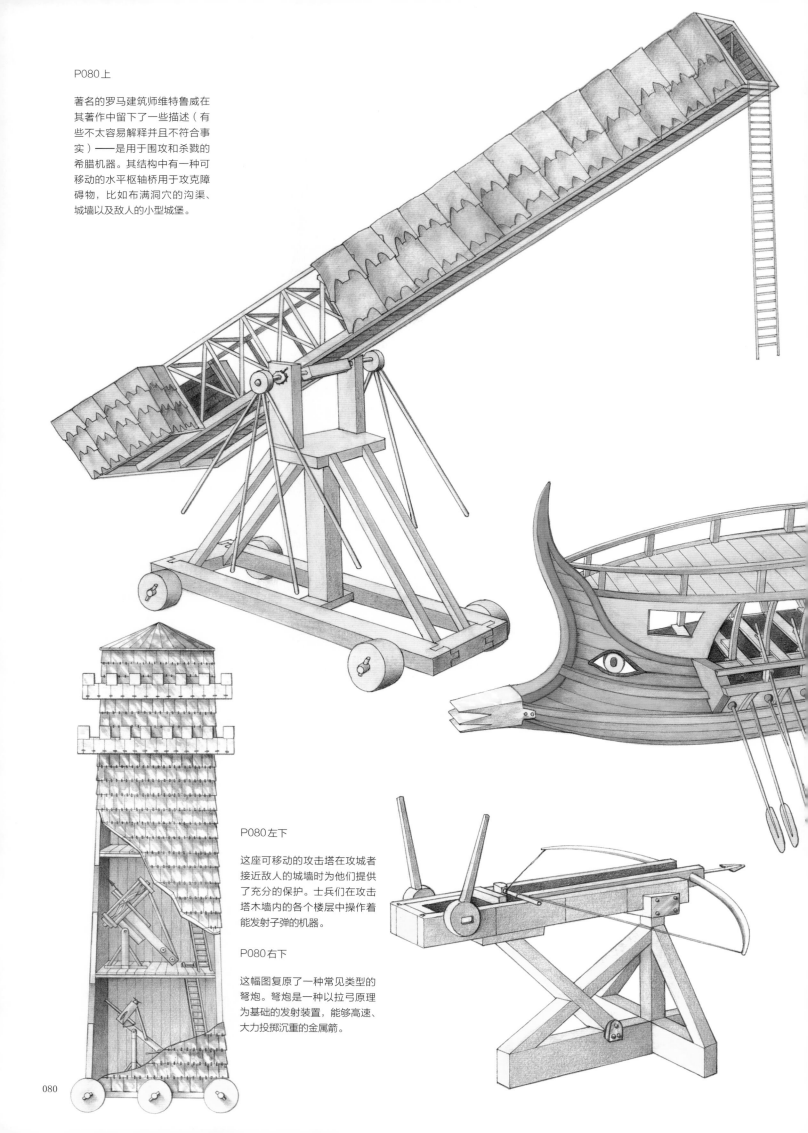

P080 上

著名的罗马建筑师维特鲁威在其著作中留下了一些描述（有些不太容易解释并且不符合事实）——是用于围攻和杀戮的希腊机器。其结构中有一种可移动的水平枢轴桥用于攻克障碍物，比如布满洞穴的沟渠、城墙以及敌人的小型城堡。

P080 左下

这座可移动的攻击塔在攻城者接近敌人的城墙时为他们提供了充分的保护。士兵们在攻击塔木墙内的各个楼层中操作着能发射子弹的机器。

P080 右下

这幅图复原了一种常见类型的弩炮。弩炮是一种以拉弓原理为基础的发射装置，能够高速、大力投掷沉重的金属箭。

P081上

这件公元前4世纪晚期的浮雕作品展示了划桨者在三层划桨战舰上辛勤地工作。

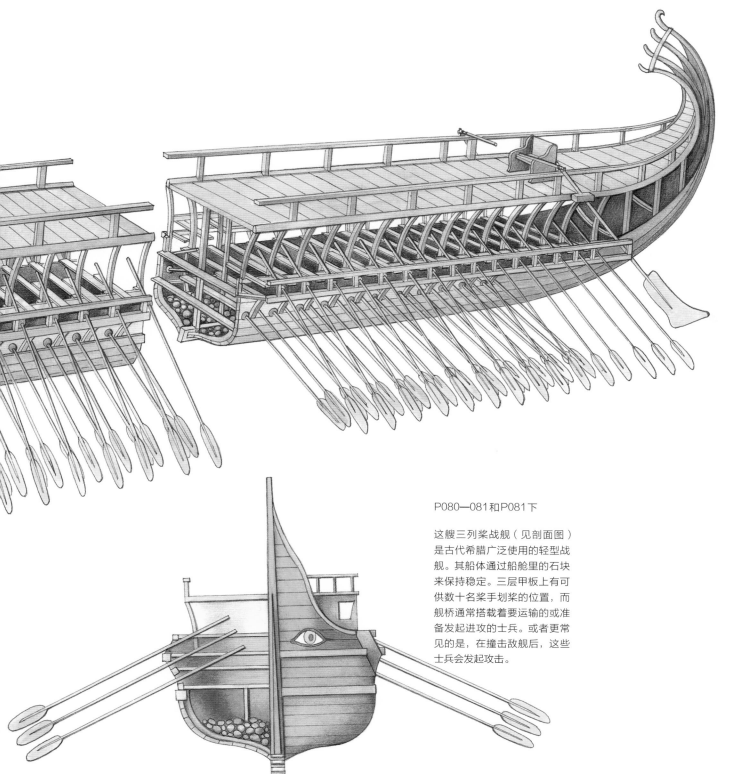

P080—081和P081下

这艘三列桨战舰（见剖面图）是古代希腊广泛使用的轻型战舰。其船体通过船舱里的石块来保持稳定。三层甲板上有可供数十名桨手划桨的位置，而舰桥通常搭载着要运输的或准备发起进攻的士兵。或者更常见的是，在撞击敌舰后，这些士兵会发起攻击。

这尊精美的雕塑来自于埃伊纳岛的雅典娜·阿法亚神庙的西山墙。这尊垂死的战士的雕塑标志着公元前5世纪初期希腊雕塑的古风创作传统的终结。

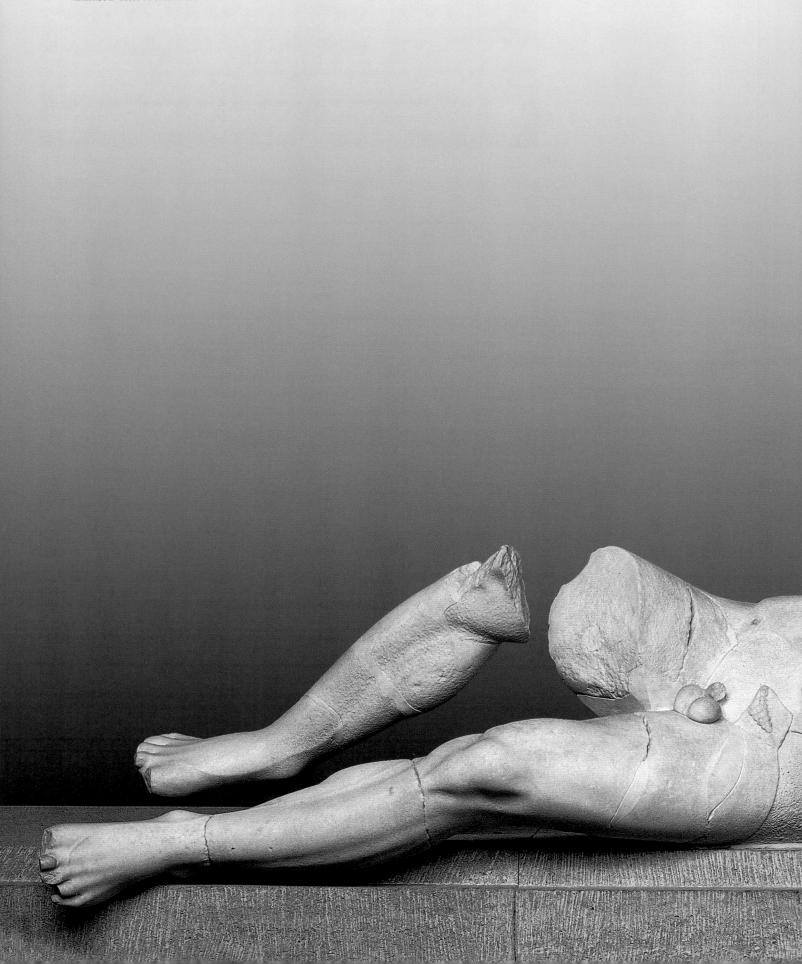

穿越世纪的希腊艺术

对完美的追求 / 084

古希腊艺术 / 086

公元前第三千纪和公元前第二千纪的艺术：基克拉迪文明、米诺斯文明和迈锡尼文明 / 089

几何建筑风格的兴起 / 100

东方化时期 / 102

古风时期 / 106

严苛风格 / 112

古典时期 / 122

动荡岁月 / 128

马其顿霸权：从腓力二世到亚历山大大帝 / 132

希腊化艺术 / 136

对完美的追求

严格意义上来说，希腊艺术可追溯到公元前10—前1世纪。像希腊文化中的其他部分一样，其特点是整体统一、种类繁多，深刻影响着整个西方文明的发展。希腊艺术的兴起与经济发展、人口恢复、文化振兴处在同一历史时期，时间大约是在公元前1000年希腊黑暗时期末期，希腊遭受海上民族和多立克移民入侵之时。多立克人是最后一批起源于印欧语系的希腊人，他们毁坏了迈锡尼王国并阻挠地中海贸易的进行。从爱琴海到小亚细亚海岸，这些移民引发了爱奥尼亚人和伊奥利亚人的大规模的流离失所，爱奥尼亚人和伊奥利亚人也属于希腊人，他们的语言跟希腊人使用的可因语（koine）高度相似。

早在公元前9—前8世纪，在当时一种新兴的和多样的文化中正在形成一种真正的旨在创新的艺术概念。其中最深刻的意义在于这是关于宇宙本质的探索，以及宇宙所遵循的和谐完美的数学法则。这种探索代表了希腊人不满足只表现现实的外在形式，还要探索其内在的哲学、伦理和政治价值及其错综复杂的联系，避免灵性滑向神秘主义（尽管如此，神秘主义仍然存在于希腊宗教的某些方面）。理性的提升，作为人类心灵的终极维度，通过哲学的方式——这种对理性的认识和热爱，来打破强加于人类的时间和空间的条件限制，超越表象，来调节人类与绝对的关系。艺术语言的锤炼是与内容完美结合的，因为这种语言表达的是事物的内在而非外在现实。

这一探索发现的过程于公元前5世纪达到顶峰，这是希腊历史上文化和政治最为辉煌的时期，后来罗马人也认可这种成就并引入了"古典"一词来指代这一时期。由于公元前4—前1世纪创新思想体系的发展，这一时期艺术的意识形态、题材和风格进一步丰富起来，从而对西方世界的艺术产生了深远的影响，直至19世纪下半叶。"古典"成为了一个永恒的参照点，有时会激发模仿、修正或再度流行，有时则指向对"古典"原则的全面摒弃。

我们确实希望能沿着这条令人惊叹的道路继续探寻，但是却不能不首先考虑到公元前第三千纪和公元前第二千纪基克拉迪文明、克里特文明及迈锡尼文明为希腊文明奠定的坚实基础，这些文明中艺术的发展已经同埃及、美索不达米亚和小亚细亚的主流艺术形式之间存在着很大不同了。

P084和P085

这件古典艺术的杰作，是阿芙洛狄忒·考夫曼（Aphrodite Kaufmann）（传递爱与美的女神领袖）的头部雕像。它强调了艺术语言的多面性，同时也强调了艺术语言的典型特征，这种语言体现了公元前4世纪最伟大的艺术家能够达到的最高水平。这件作品出自年轻的普拉克西特莱斯（Praxiteles）或他的追随者之手，是希腊雕像中对于美的追求的最佳表现之一。

古希腊艺术

史前和原史时期
（大约公元前 45000
—前 1220 年）

希腊黑暗时期
（大约公元前 1220
—前 900 年）

几何艺术时期
（大约公元前 900
—前 700 年）

东方化时期
（大约公元前 700
—前 610 年）

　　新石器时代来到这个地区时间较早，由此出现了在当时先进的聚居地，比如塞斯克洛和季米尼的原始城镇（在塞萨利地区）。随着公元前第五千纪到公元前第四千纪冶金术的传播，印欧语系希腊人早期文明的证据是出现在基克拉迪群岛的爱琴海文明（公元前第三千纪）：爱琴海文明的艺术特征是优雅和谐的线性几何图形，这些图形在当地神庙中的雕塑（所谓的"神像"）上得以充分体现并发扬光大。

　　高度成熟的米诺斯文明在克里特岛上得到了充分发展：许多壮观的宫殿被修建，一种富丽堂皇的以线条、色彩和视觉表现力为特征的形象艺术得以生根发芽。几乎同时期在伯罗奔尼撒半岛和爱琴海崛起的迈锡尼人，把一种新的文化推到了历史发展的前端：宏大的排场和壮丽恢宏的表现形式充斥着这一时期的艺术，考古学家认为这是对其勇士贵族的赞扬；金首饰、陶器和建筑（采用巨石技术建造的宫殿居住点和圆顶墓）体现了最大胆的艺术创新。

基克拉迪艺术
（大约公元前 2800—前 2000 年）

米诺斯艺术
（大约公元前 2100—前 1450 年）

迈锡尼艺术
（大约公元前 1700—前 1220 年）

　　迈锡尼文明覆灭之后，随着印欧语系民族（多立克人）的进一步入侵和希腊大陆的持续动荡，地中海地区进入了灾难时期。幸存的氏族分散在这一地区，促进了迈锡尼文明晚期形成了以简洁的几何艺术和装饰艺术为特征的艺术形式。公元前 10 世纪人口和经济的缓慢恢复带来了新的艺术形式，反映出了当时人们对复杂但是有规律的世界产生了新的看法和想法。从希腊各地发现的随葬品，以雅典为代表，反映出来这一时期的艺术风格严谨抽象且几何化。聚集在一起的居民区形成了城市中心，在这里，商业贸易刺激了艺术语言的新形式的诞生。

迈锡尼艺术的分支
（大约公元前 1220—前 1000 年）

原始几何艺术时期
（大约公元前 1000—前 900 年）

　　在整个希腊世界特别是雅典，突破性的几何艺术表现形式逐渐发展为成熟复杂的艺术形式。艺术品上绘制有多种多样的装饰图案，以及对历史人物事件场景的介绍，但是艺术风格上依然棱角分明。公元前 7 世纪的花瓶画家是装饰平衡的艺术大师，他们的整体关注点被广泛存在的人物主题所取代，这种人物主题的出现是由于受到了艺术品买主——统治贵族的史诗文化的影响。在建筑方面，出现了神庙和房屋新的构造形式，这些也标志着几何严谨性和理性主义的特征。在强势的几何艺术的影响下，木制、象牙制和铜制雕像重新出现。

早期几何艺术时期
（公元前 900—前 850 年）

中期几何艺术时期
（公元前 850—前 750 年）

晚期几何艺术时期
（公元前 750—前 700 年）

　　东方化时期是古希腊在古风时期（大约公元前 700—前 490 年）中深受东方文化影响的一个阶段。此时，随着殖民地羽翼渐丰，希腊人同地中海人、安纳托利亚人和东美索不达米亚人建立了紧密的商业和文化联系，抽象的几何艺术形式逐渐衰落，而东方艺术的具象自然主义开始兴盛。

　　不久之后，希腊艺术家舍弃了东方艺术的传统风格，并将其精心转变成了自己的风格，如精美的陶器［科林斯、基克拉迪群岛、爱奥尼亚、多德卡尼斯群岛（Dodecanese）］，以及早期的纪念碑石雕和优雅的黄金首饰都证明了这一点。建筑中也体现了东方艺术的一些影响，最明显的是对宏伟建筑和明暗对比效果的偏爱，以及过度的装饰。大希腊引入了创新的城市规划方案。

早期东方化风格
（大约公元前 700—前 675 年）

中期东方化风格
（大约公元前 675—前 640 年）

晚期东方化风格
（大约公元前 640—前 610 年）

古风后期
（大约公元前610
—前490年）

古典时期
（大约公元前490
—前323年）

希腊化时期
（公元前323
—前31年）

随着艺术的发展，希腊人逐渐抛弃了具象的和东方化的艺术表现形式，这标志着希腊艺术的完全独立以及希腊迈向了地中海地区霸权统治的第一步。建筑上，他们把神庙的建筑规则和形式编成典籍，并更多地选择使用石料。科林斯和雅典充斥着各种陶器产品，装饰着神学、神话故事和史诗场景（一般都带有主题提示）。雅典主导了这一历史时期直至公元前5世纪末期。整个希腊，特别是雅典及其附近岛屿和爱奥尼亚地区，真人尺寸或者更大一些的石像成为其艺术标志，展现了一种真正独特的风格。这种新的艺术理念反映出了艺术的交流功能、宣传功能和颂扬功能。其主要目标就是展现人类形象的连贯性和统一性。

在抛弃了古风时期的艺术形式后，希腊又经历了以整体风格较为平静和平衡为特征的过渡阶段，希腊艺术开始体现人体在空间上的动态主义特征。其理性化的美感和内在情感被诠释为一种或积极、或消极的宣言，这种宣言解释了人类与神明、法律、社会以及以雅典民主所倡导的伦理价值观之间的各种既矛盾又统一的辩证关系。制作雕像和绘制陶器成为典型的例证。建筑因其超乎想象的形式和结构上的和谐统一，达到了成熟的巅峰。越来越多的装饰性强且复杂的结构证明了装饰的优雅性和宏伟壮观也已经达到了顶峰水平。哲学是波里克里托斯、菲迪亚斯、伊克蒂诺（Ictinus）、卡里克拉提斯（Callicrates）以及同时期著名的画家创作的艺术作品中所体现的思想体系和实践视角的源泉。他们的教义学说影响了4世纪的建筑和艺术的发展，这些教义以强调情感和相对主义为特征，这传达了雅典人在伯罗奔尼撒战争和亚历山大大帝去世之间经历的危机。

亚历山大大帝庞大的帝国在他去世后分裂成了多个王国、联盟甚至是更小的国家，但是希腊艺术文化的传播——甚至在希腊世界之外——激发了艺术形式和艺术潮流的发展，并最终令其达到最高水准。艺术不再仅仅以雅典为中心，而是呈现出多中心化的特点，佩拉、罗德斯、亚历山大、帕加马、雅典、塔林顿和锡拉丘兹等城市成为了新的艺术中心。在国王和贵族的资助下，艺术和建筑更倾向于情感的表达和故事的叙述（或褒或贬），其最大的意图是增加皇权的威信和声望。甚至在希腊被罗马人攻陷之后（公元前146年），希腊和希腊艺术依然保持着其影响力。希腊语一直延续到奥古斯都掌权，并对罗马艺术的发展做出了巨大贡献。

古风后期阶段1
（大约公元前610—前570年）

古风后期阶段2
（大约公元前570—前530年）

古风后期阶段3
（大约公元前530—前510年）

古风后期阶段4
（大约公元前510—前490年）

严苛风格
（大约公元前490—前450年）

古典主义盛期
（大约公元前450—前400年）

古典主义后期
（大约公元前400—前323年）

早期的希腊化
（大约公元前323—前220年）

中期的希腊化
（大约公元前220—前100年）

晚期的希腊化
（大约公元前100—前31年）

P088

基克拉迪大理石像有几种不同的形式，从原始的小提琴状演变而来，有时会带有性别特征（左下），赋予石像拟人化的特点。它们通常是直立的人像，姿势极其僵硬，这使得躯干和四肢的表现更加紧凑（上臂通常环抱在胸前）。

公元前第三千纪和公元前第二千纪的艺术：基克拉迪文明、米诺斯文明和迈锡尼文明

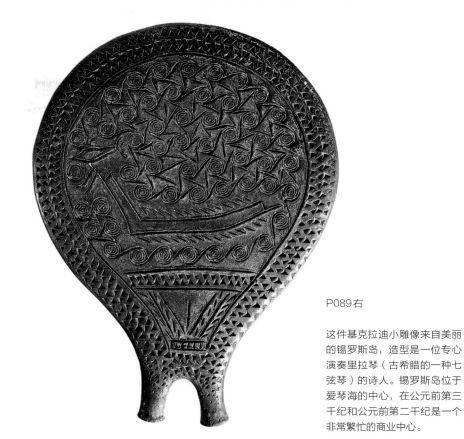

P089左下

这个彩绘陶器灯座展示出米洛斯岛与克里特岛之间的密切关系，灯座被发现于公元前第二千纪克里特岛上重要的菲拉科普遗址。有趣的是灯座上的装饰，绘制着风格化的人物形象，行走的渔夫满载而归。

P089上

这件刻有螺旋形图案和风格化小船的赤土陶器来自锡罗斯岛。它可能是被用作水镜的"平底锅"。

P089右

这件基克拉迪小雕像来自美丽的锡罗斯岛，造型是一位专心演奏里拉琴（古希腊的一种七弦琴）的诗人。锡罗斯岛位于爱琴海的中心，在公元前第三千纪和公元前第二千纪是一个非常繁忙的商业中心。

印欧语系希腊人最早期艺术表现形式的出现可追溯到青铜器时代中期（公元前2800—前2200年）。最令人感兴趣的地区是基克拉迪群岛。在这里，第一批由石头和生砖建成的建筑在锡罗斯、克罗斯、阿莫尔戈斯、纳克索斯、米洛斯和爱琴海其他数十个岛屿上的繁荣的村庄中诞生。这些建筑被认为是基克拉迪建筑的原型，建造在拥有错综复杂的结构的正方体或长方体地基上，现在的旅行者对此非常感兴趣。

在这些村庄中发现的典型的基克拉迪陶器——抛光的黏土陶器，具有紧密的非具象浮雕图案。还有由当地大理石制成的华丽雕像，这些都被认为是爱琴海人民艺术技巧最优良也是最具代表性的例证。人物形象的设计遵循着严谨的形式和比例：男性神像和女性神像（被称为伟大母亲的女神是一种相当普遍的艺术形象）通常都是直立的，通过轻微的凹陷可以辨别出其腿部，轮廓精简到了只包含基本要素，拥有光滑的头部和肩膀，几乎看不到胸部和鼻子。这种极度简化的艺术处理手法与平庸的自然主义表现截然不同，它表明了一种非凡的能力，即捕捉现实的本质，并与不断变化的表面形式保持分离。

著名的长笛演奏家塑像和里尔琴演奏家塑像展示出的艺术创作能力令人惊叹，雕塑家用由和谐相交的线条构成的几何形状充分表现了人体在空间运动中的复杂过程。但是在非传统的自然主义的描述手法下，伴随着长笛悠扬的旋律和吟游诗人吟唱的音乐诗歌而举行的贵族宴会，作品表达的意义却变得愈发深远。

大约在公元前2200年，贸易焦点转移到了爱琴海南部。克里特岛凭借其丰富的资源、商人敏锐的商业头脑以及它在连接埃及、小亚细亚和希腊时地理位置上的

桥梁作用，建立起了强大的海上霸权。不久之后，克里特岛成为地中海地区艺术发展的中心。

公元前2100年，米诺斯帝国扩展至位于爱琴海东北部的萨莫色雷斯岛（Samothrace），在仅两个世纪的时间里，岛上的"王公贵族们"就把这片史前村庄居住点变成了宫殿。这是西方世界中前所未有的城市建筑模式，其奢华和恢宏程度可以媲美埃及和近东地区的宫殿。克诺索斯宫殿、法伊斯托斯宫殿、扎克罗宫殿以及圣三一别墅（后者大部分于公元前17世纪得以重建）的现存结构，表明了这些建筑在设计和结构筑造技艺上达到了杰出水平。

这个复杂庞大的建筑群拥有数千座房屋，经常建造两层楼或三层楼高，生活设施包括楼梯、走廊、门廊以及用来放置交通工具的坡道，这些坡道被建造在一个巨大的矩形中心庭院的四周。宫殿最大的特点就是缺乏防御工事，其拥有用木材和石料结合制成的承重结构，尽管整座建筑明显布局混乱并且拥有数不清的房间，但是在各个角落依然按照逻辑布置着各种设施。储物间的布局以及服务米诺斯的工匠们使用成排作坊的设计安排体现了建筑规划的合理性。

宫殿显著的特征是起居室、勤政殿、接待室、门廊具有优雅的建筑设计和图画装饰。与此同时，一种对色彩的感觉体现了克里特人怡然自得的生活方式，他们并没有时间参加带有神秘主义色彩的活动。

在挖掘克诺索斯王宫遗址的约30年间（1903—1931年），在亚瑟·J.埃文斯（Arthur J. Evans）的监督下，宫殿定居点经历了一次灾难性的"修复"。其目的可能是为了迎合那些寻找风景如画建筑群的旅游爱好者，但对那些毫无鉴赏能力的"遗迹爱好者"的荒谬且不合时宜的让步，致使他们把这座复杂宫殿的几处样貌变成了明信片的背景。尽管如此，由于跟法伊斯托斯宫殿进行了对比，而后者在挖掘过程中，使用了完全不同的科学标准，并邀请了更具知名度的来自雅典的意大利考古专家，因此可以确定克里特建筑的基础结构和技术方案的可行性。自然主义毫无疑问成为克里特艺术表现形式的统一元素。绘画中色彩的使用、金属制品和珠宝上使用的精致的图案与线条，加强了艺术家对周围世界、日常生活和大自然奇妙变化的描述性和叙述性的表达，以及对其明显的热爱和喜悦之情。

装饰克诺索斯王宫的壁画，以及在较小程度上装饰其他王室住宅的壁画，同样是异常美丽的艺术作品。公元前第二千纪后半期，由于受到地震和其他自然灾害的影响，这些艺术作品遭到破坏并成为碎片，许多建筑现在得以重建并为米诺斯绘画风格提供了灵感。《百合王子》《蓝贵人》《斗牛》《巴黎女郎》《海豚雕带》以及在圣三一发现的绘制着庄严且气势恢宏的游行场景的石棺等杰出的艺术作品，都证明了米诺斯艺术家领先于埃及同行。米诺斯线条并不是把人物局限在二维空间里，而是采用足够的流

P090

百合王子优雅而庄严，是用于装饰克诺索斯王宫房间和门廊的大型彩绘雕带中最著名的人物形象。壁画强调了公元前1700—前1400年间米诺斯艺术栩栩如生的自然主义特色，远远超越了古埃及绘画在形式和色彩上的传统。

P091

希腊考古学家斯皮罗斯·马里纳托斯（Spiros Marinatos）在圣托里尼岛的阿科罗提利遗址进行了发掘，发现了装饰米诺斯中心房屋的华丽壁画。壁画被毁坏于公元前16世纪提拉岛上猛烈的火山喷发。从房屋3中发现的巨幅壁画展现了两个男孩进行拳击运动的场景。艺术家试图自然而真实地描述两个年轻人的拳击动作。右边的男孩猝不及防，发起了勾拳，但他却暴露在了对手的刺拳之下，对手试图使用右直拳。

圣三一著名的石棺保存完好，详细记述了克里特绘画的色彩特点。石棺侧面的图画，在风格化的花卉雕带中展示了宗教仪式准备工作的场景。画作的尽头是祭品，这些祭品可能与葬礼背景有关。注意这些典型的克里特服装和常用物品。

动性令人物充满活力，人物动作变得更加生动。画作的创作打破了过多的条条框框，色彩带有一种东方没有的透光性。

大量的克里特画作被发现于位于提拉岛（圣托里尼岛）的阿科罗提利宫殿，提拉岛也被称为爱琴海的庞贝古城。在这里，自然主义通过船只和航海的动态图景到达了新的高度，可能是为了庆祝米诺斯水手取得了海上贸易霸权。而在《蓝猴子》壁画中，异域元素与体育赛事交替出现（以"拳击手"为例），这可能是荷马时代和古典主义时期神圣的体育比赛的前身。珠宝、金属工艺品、雕像、陶器，所有这些都展示了代表米诺斯艺术的充满活力的自然主义风格。

这样的例子是很多的：来自马利亚的精致金吊坠，上面雕刻着两只黄蜂紧紧抓着一个花冠；被发现于克诺索斯小型王宫的一个精致的由滑石和金子制成的角状杯；被发现于迈锡尼的拉科尼亚地区的瓦斐奥的金杯，但却是出自米诺斯艺术家之手，装饰以美好的乡村生活场景（丰收、捕猎公牛）；

著名的蛇身女神像，用象牙和金子雕琢而成，其原型是希腊人供奉的百兽母胎——阿尔忒弥斯，她身材纤细，胸部丰满，是生育能力的象征，就像克里特人的神圣动物——公牛一样。陶工放弃了过去抽象的图形，开始尝试自然主义图像：海洋和海洋生物、花卉等自然元素开始出现在从古尔尼亚和卡马雷斯出土的陶器上。

公元前14世纪之后，迈锡尼文明成为艺术创新的中心（尽管许多重要的迈锡尼艺术品可以追溯到两个世纪之前）。至此，伯罗奔尼撒和其他地区的贵族已经控制了爱琴海的政治、商业和经济并且将其影响力扩展到了整个地中海地区。自公元前17世纪开始，坐落在自然高地上的"中心"逐渐演变成一种城市模式，与克里特岛的宫殿建筑有许多共同之处。在许多方面，它们类似于中世纪的围墙城镇，簇拥着封建地主的城堡。例如迈锡尼、阿尔戈斯、

P092—093

克诺索斯王宫中这幅杰出的壁画展现了陶罗卡塔皮亚场景，一种为克里特年轻人举办的不流血的"斗牛"，我们不能肯定这种仪式与入会、庆典或宴会有关。这幅壁画在空间表现上超越了克里特艺术通过埃及艺术所达到的传统的二维平面性。事实上公牛同斗牛者并不在同一水平面上，其躯体轮廓的勾勒方式凸显了想要展示三维空间人物的意图。

P093右

这幅阿科罗提利的气势恢宏的壁画来自于西宫（公元前16世纪）。它展现了一位妇女，也许是一位女祭司，她正在一个喇叭形状的焚香炉中烧香。

P094 上

这只金杯的艺术价值虽然略逊于下方展示的那只,但仍然珍贵无比。图案出自一位迈锡尼金匠之手。极具活力但没那么精细的风格很适合这个主题:在棕榈树和橄榄树之间,一头公牛在逃跑;另一头公牛在猎人的网中挣扎;第三头公牛正在疯狂冲锋。

P094 下和 P095

瓦斐奥(位于拉科尼亚)著名的圆顶墓可能是迈锡尼一位"王子"的陵墓,以发现丰富的物品而闻名,其中包括这两只精美的浮雕金杯(公元前15世纪)。第一只杯子是克里特金匠的杰作,以米诺斯艺术典型的精致自然主义风格为特点。它描绘了一头公牛被引诱到一片茂盛的橄榄树林中,然后被猎人用一头母牛作为诱饵捕获。

P096 左

这座来自迈锡尼的彩陶妇女塑像展示了正在祷告的人的典型姿势，手臂高举，侧面展现出非写实的轮廓，令人联想到希腊字母"φ"。

P096 右下

作为迈锡尼彩绘陶器的典型作品，这个花瓶可追溯到公元前13世纪。在当时，宫殿建筑典型的自然主义风格趋向于简约化和程式化。花瓶外形优雅，但它的功能性却受到了肩部小把手的限制，导致其不太实用。

P096—097

这幅公元前13世纪的非凡壁画来自迈锡尼，记载了米诺斯绘画在阿契亚人征服克里特岛后对迈锡尼绘画产生的巨大影响。画中这位衣着华丽的年轻女子被描绘得线条流畅、色彩鲜艳、细节精致，令人钦佩。

梯林斯以及其他数不清的集中在阿戈里德、拉科尼亚和梅塞尼亚地区的遗址，然而在阿提卡、维奥蒂亚、塞萨利等地也有发现，荷马史诗中对这些地区进行了颂扬。

　　随着时间的推移，人们对迈锡尼宫殿进行了扩建，增加了大量房间［然而仍旧遵循古老的迈加隆（古希腊建筑中的正厅）模式，建有大型的中央礼堂］。庭院周围增加了门廊，以及被称为山门的入口和服务设施。在主要宫殿周围，建有担任政治和军事职务的达官显贵居住的房屋。大型的宫墙由巨石建成，保卫着宫殿。沿着宫墙建有城垛、通道、展览馆、暗道和宫门。宫殿有两层，建有巨大的中央大厅，四周是居住区和服务设施。宫殿的中心区域是勤政殿，其中的巨型壁炉是最显著的特征（最好的例证被发现于皮洛斯）。

石墙内部的其他建筑包括宗教活动区域、工匠的作坊和贵族勇士居住的房屋，有时商人也住在这里。这些建筑的装饰受到克里特宫殿的影响：最重要的房间装饰有壁画，同时还有在克诺索斯宫殿中也随处可见的设施（浴室里装有彩绘的浴缸，优雅的门廊区域似乎用于人们在阴凉中放松散步）。

这些考古发现证明了迈锡尼艺术品的卓越品质：迈锡尼、梯林斯和皮洛斯出土的壁画碎片只能模糊地描绘出宫殿的绚丽色彩，迈锡尼画匠严谨的创作风格可以媲美他们的米诺斯同行们。珍贵的金属制品，比如金制和银制的精美物品

所产生的深远影响，体现在从国王和贵族的墓穴中发现的随葬品中，比如著名的随葬面具［包括人们错误地认为属于阿伽门农（Agamemnon）的面具，实际上要追溯到公元前16世纪］，镶嵌工艺制成的匕首、动物形状的大型仪式花瓶（角状杯）、珍贵的珠宝藏品、令人过目不忘的精致陶器等，它们的装饰物抛弃了米诺斯的自然主义特点，采用了理性主义风格。

P098上

这顶珍贵的金箔王冠，装饰有风格化的花朵。它来自于施里曼发现的迈锡尼A墓群的三号墓穴，这顶王冠可追溯到公元前16世纪。

P098中

这个由珍贵木材制成的精致盒子覆盖着金箔，上面有代表自然主义的浮雕图案，它来自于迈锡尼A墓群的五号墓穴。

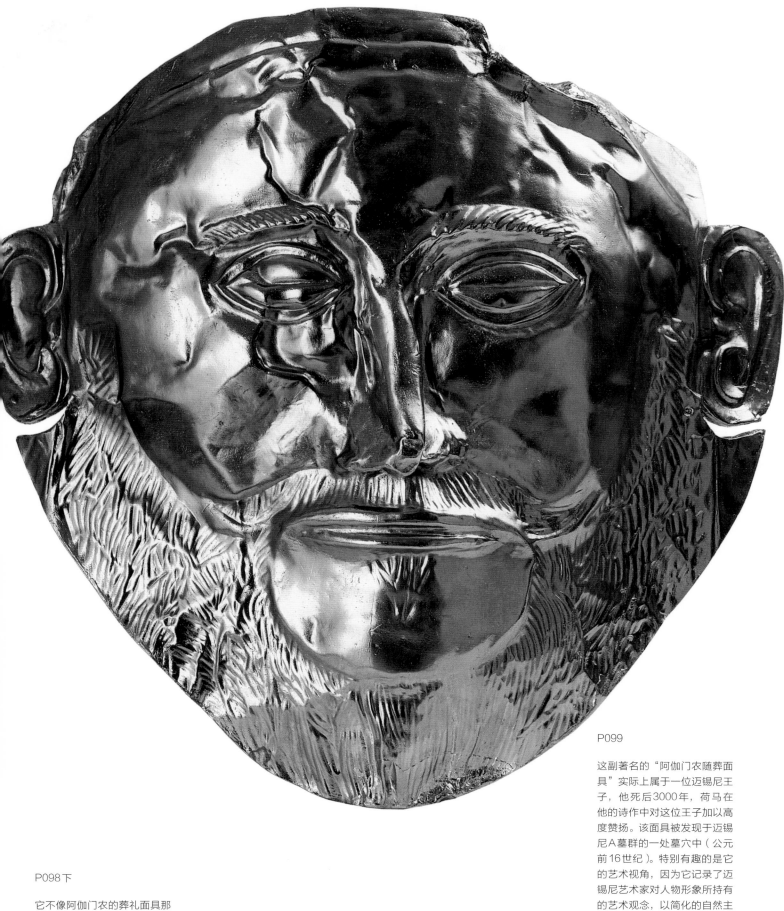

P099

这副著名的"阿伽门农随葬面具"实际上属于一位迈锡尼王子，他死后3000年，荷马在他的诗作中对这位王子加以高度赞扬。该面具被发现于迈锡尼A墓群的一处墓穴中（公元前16世纪）。特别有趣的是它的艺术视角，因为它记录了迈锡尼艺术家对人物形象所持有的艺术观念，以简化的自然主义为标志，死去的人的面部特征只是暂时的（因为年老而长出的胡须，以及得到永恒的安息后紧紧闭上的眼睛）。

P098下

它不像阿伽门农的葬礼面具那么出名，这副风格化的金制随葬面具被发现于迈锡尼A墓群的四号墓穴，时间可追溯到公元前16世纪。

几何建筑风格的兴起

P100上

这个希腊双耳喷口杯完全以几何风格装饰，可追溯到公元前9世纪。从形式上看，它具有典型性。

P100右中

在科林斯后期几何风格艺术品的生产中（公元前8世纪晚期），可以看到该风格已广泛传播。宴会中使用的饮酒器皿很好地证明了这一点。

P100左下

公元前8世纪上半叶，特别是在雅典和埃维亚岛，希腊陶艺家把几何图案的复杂线条变为具象图案，用于制作陶器。这些具象图案往往描绘的是葬礼场景，暗示了这些陶器的用途。在这些场景中，社会地位较高的人被描绘成穿着葬衣按照仪式被安置的样子。此处展示的场景中，我们可以看到死者的遗体和为其展开的哀悼，这是整个地中海地区的传统。

伴随着公元前12—前11世纪动荡不安的局面，迈锡尼文明及艺术慢慢衰落直至消失。但是在阿提卡和其他没有受到多立克人入侵的区域——比如爱奥尼亚、基克拉迪群岛和埃维亚岛（Euboea），以及多立克人居住的地区——阿戈里德、拉科尼亚和克里特，于公元前10世纪经济和人口开始逐渐恢复，这导致了原始城市社区的形成，这种社区形式是由早期的宫殿定居模式演变而来的。卡尔菲、德雷罗斯和安普里奥（Emporion）的城镇形式为这种趋势的形成提供了相当清晰的例证。

在艺术领域，希腊的陶器艺术品作坊当时生产了一些新式的具有更多功能的陶器，运用了一种创新的装饰风格，从一开始，这种风格就同米诺斯和迈锡尼工匠青睐的自然主义风格的图案存在很大不同。陶器绘制者运用了蜿蜒有致的彩色线条、同心圆和半圆形，给作品增添了一种显著的平衡感。这就是所谓的几何学时代的开始（公元前10—前8世纪），陶器上增加了越来越多的精致的装饰性抽象图形，这些图形用线条和平面几何元素绘制而成。除了满足对称图形的严谨性，陶器绘制者还展现出了其他杰出的艺术天赋，创造了不计其数、多种多样的艺术品。

几何学艺术反映了人类对于世界的新认知。自然界不再简单地被看作是一种宇宙表象，而是一个由其自身法则支配的复杂且无穷无尽的现实世界。艺术家需要根据这种法则进行艺术创作，而不是根据由自然表象对人类产生的误导和自然界不断变化的形式来创作。

在整个公元前9世纪，经济和人口的复苏缓慢而稳定。直至公元前8世纪，希腊的黑暗时代已经被人们遗忘。在一些特定区域，成群的小社区消失了，取而代之的是单独的统治中心。或者，由于独一无二且优良的地理位置，村民趋向于向一个选定的地点聚集，随之而来的结果就是城邦的率先出现。遗憾的是，我们几乎没有证据能够来重现雅典、斯巴达和科林斯等重要城市中心的布局。

几个世纪以来，这些著名且繁荣的城市一次次地得以重建，在这些重建过程中，许多珍贵的先前文化遗失了，今天我们只能确认出这些城市曾经的遗址，包括它们的公共区域和墓地。在士麦那、埃雷特里亚和克诺索斯，还保存着更多辉煌历史的遗迹。

这一时期建筑的特征是建筑材料的匮乏和建筑方式的贫乏。大多数建筑拥有石制地基、木制框架和未烧制的砖墙。它们种类繁多，从迈锡尼晚期的迈加隆建筑结构，到基于少量正方形或长方形房间的新建筑平面图（大概是沿袭了花瓶绘画中运用的几何学艺术标准）。在神庙和圣殿建筑中用到了简单的建筑形式和建筑材料，历史上有许多与之相关的祭神活动都是重要证明。

重要的是，宗教圣地通常与早期的迈锡尼文明和荷马史诗或当地古老史诗中颂扬的英雄人物有一定联系。祭祀之地摆满了珍贵的供奉品，以及有着精美马匹浮雕的三足鼎，三足鼎上刻有纹理精致且协调的几何图案，足以证明希腊金属工匠精湛的技艺和过人的天赋。

几何艺术时期的中晚期的陶制艺术品中，结合不同方式绘制而成的直线图案使用得越来越多。公元前8世纪早期的一个大胆创新是艺术家在墙体上绘制风格化或几何化的人物图案或者在墙体上装饰小型的动物雕带。

公元前8世纪晚期，阿提卡陶器进入了新时代，画师摆脱了几何图形的僵化感，而是更青睐于在陶器上绘制人物形象和史诗神话主题。双耳陶罐上的装饰物，通常用作男性和女性墓碑的标记，这些装饰给人们传递了一种无序的印象，目的是打破抽象艺术的禁锢。

P101

这个庞大的迪普利翁门双耳瓶上绘制着精美的几何图案，堪称艺术品杰作（公元前760—前750年），高度超过1.5米。它最初是作为墓碑被放置在一座女性坟墓上的。双耳瓶的整体装饰具有完美的统一性，是用于葬礼哀悼的杰出代表。

东方化时期

P102左上

这个绘制着丰富图案的小酒壶是公元前7世纪出自科林斯的陶器代表，陶器上绘制着动物图案，并展现了让人心生敬畏的空白地带。

P102右上

这是出自帕罗斯岛（基克拉迪群岛的一个岛屿）的东方风格的艺术精品，这个陶制酒壶形状像一只狮鹫的头部——近东地区的原始图腾。它可追溯到公元前7世纪上半叶。

P102左下

这是一个科林斯式的小香膏瓶，可爱的细颈瓶身装饰着蜿蜒的恶魔提丰的形象，绘制着黑色的动物图案，最后用红色涂鸦修饰了细节。

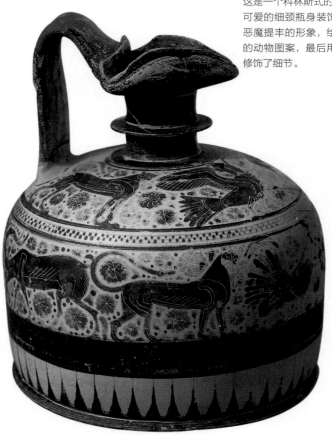

大约公元前725—前675年，大量东方艺术品被出口到西方，随之广泛传播开了一种新的艺术的、图像学的和部分是意识形态的视觉语言。其影响覆盖了整个地中海地区，包括日益受到亚述霸权影响、埃及人和赫梯人的权力开始消退的黎凡特地区。在希腊和腓尼基殖民主义统治下的西方世界，大规模的贸易重新出现。希腊深受这种艺术形式的影响，这也是公元前7世纪被称为希腊艺术东方化时期的原因。

公元前8世纪希腊和其最古老的西方殖民地首先发现了东方的艺术文化——从古老但已衰落的埃及法老帝国到寿命较短的美索不达米亚、叙利亚和小亚细亚王国。商人们沿着腓尼基人、希腊人和伊特鲁利亚人行进的路线，把东方的精美手工艺品带到地中海地区以满足贵族们日益增长的需求。这些贵族对有着精美装饰的东方艺术品有强烈的兴趣。因为这些高质量的手工艺品脱离了其原有的几何艺术形式——不论是在希腊、维拉诺瓦/伊特鲁利亚还是在伊比利亚，这些东方艺术都很快成为了范本。西方出现了质量优良的艺术品，如由贵金属制成的餐具，上面有精美的浮雕；来自叙利亚北部和乌拉尔图（Urartu）的青铜锅；还有珠宝、象牙雕刻品和其他奇珍异宝，这些都是至高无上的特权和经济实力的象征。这些物品无疑成为了西方贵族与遥远的东方或希腊合作伙伴之间建立贸易联盟时互相赠送的礼物。这些贵族将原材料（主要是金属）出口到他们控制的领土，而后则从那里购买成品。当地艺术家和工匠借鉴了大量东方绘画技艺——具象主义和自然主义，这是非常重要的。

至此，东方艺术及其活力对觉醒的西方产生了重要影响。希腊是首个受到东方影响的政治体制先进且文化基底坚实的国家。然而希腊很快融合了来自东方文明的思想体系、科学技术以及其他刺激其发展的因素，并以自己深刻和自主的方式重新发展它们。希腊陶器是这一过程的重要见证。与此同时，科林斯作为贸易强国，广泛地出口其质量上乘的陶器到世界各地。其产品的广泛传播证明了地中海绝不是腓尼基人的专属贸易场所，而是被划分为可自由进入的区域。地中海工匠经常模仿或复制彼此的设计：比如迦太基人经常仿造希腊进口物品的设计和装饰图案。在这一时期，受到东方产品的影响，希腊花瓶的绘制特点是采用了混合形式和混合图形。

直至公元前7世纪早期，新的图形和主题被完全吸纳，尽管它们在各个地区间存在着本质上的区别。比如在阿提卡等地，旧贵族倾向于坚持传统并试图延续其特权，因此阿提卡的艺术设计不愿意舍弃旧的几何图形而采用更加自由及更具想象力的东方图形。尽管如此，东方化的艺术形式仍在各地得以发展，但并没有消除其几何艺术设计的基本理性主义精神和连贯性。多种多样的图案——奇珍异兽、皇家游猎和游行队伍、装饰符号和单纯的装饰图案……很快被重新设计，因为希腊艺术家们在寻找一种内在的平衡，一种形式和内容之间的综合，这在东方产品中是不明显的。比如，容器的形状保留了其功能性和实用性，甚至有所增强，但主题和装饰元素发生了变化。富有想象力的设计更符合有序的构图，更加连贯的形式和更加丰富的叙事表达代替了传统艺术中重复使用的"非写实的自然主义"平面图。装饰的象征性逐渐减弱，而思想性逐渐增强。毕竟，在这个世纪，在小亚细亚的爱奥尼亚殖民地诞生了哲学。科林斯和阿提卡的陶制品以及希腊产出的东方陶制品可以清晰地体现这种精湛技艺所带来的影响。

P103上和P103下

这个大型的古代科林斯风格的双耳罐带有两个柱状手柄。我们可以看到它的两侧。上图：赫拉克勒斯和欧利托斯举行宴会。下图：希腊重装步兵的战斗场面。

P104左

这片青铜薄片可追溯到公元前7世纪上半叶，以浮雕的形式展现了卡珊德拉（Cassandra）被克吕泰涅斯特拉（Clytemnestra）杀害的场景，出自阿尔戈斯的赫拉神庙。

P104右

这是一个精致的造型为恐怖狮鹫头像的青铜三足鼎，该三足鼎于公元前7世纪被从乌拉尔图运至德尔菲，并被献给了阿波罗。

P105左上

这个好似有翅膀的美人鱼，来自于希腊生产的东方式的大鼎，它在公元前17世纪中期作为还愿祭品被供奉在奥林匹亚圣地。

P105右上

这个著名的陶制酒坛产自罗德岛，具有东方化风格，是一件艺术精品，可追溯到大约公元前640年。它装饰着带有一系列野山羊图案的精致雕带，同时还绘有一系列充满想象力的其他动物的图案和几何装饰图案。

P105右下

这幅用于墙面装饰的金箔浮雕画展示了东方化艺术的精致，展现了充满想象力的东方艺术品的魅力。它被发现于德尔菲的阿波罗圣所。

西方工匠的作品在青铜大鼎和三足鼎方面很容易与东方作品区分开。公元前9世纪，这些大型的由青铜或贵金属薄板制成的半球形容器，主要用于迈锡尼传统的贵族奢华宴会。从公元前8世纪起，这些器物逐渐被用在祭祀之地，用于盛放给神明或英雄供奉的物品。它们的广泛分布证明了西方金属工匠技艺的进步。公元前8—前7世纪，这些器物的制作方法受到近东地区技艺的影响，这些影响主要来自于锡罗斯－赫梯地区和乌拉尔图王国（土耳其东部）。

以传统的正面姿势为代表的壮观的人物塑像证明了希腊最早的具有重要意义的塑像直接受到了东方的影响。但是希腊人很快便打破了这种源自埃及和美索不达米亚的雕塑模式，不但包括其人物塑像还包括小的青铜塑像（以及小的陶制塑像）。他们不认为塑造人类表情应该服从在神明面前臣服的特征，人们应该采用更加便捷的方式，在艺术创作中做出改变，以实现更大程度上的现实主义。他们的关注点放在了努力改善希腊人体雕塑的比例上。

不同于雕塑家、画家和金属工匠，希腊建筑师不受外界影响，神庙建筑就是证明。可即使在这里，也偶尔会有对东方的提及，比如多色陶制品上的木结构装饰为大型建筑增添了充满活力的东方元素。这一时期见证了希腊神庙整体概念和结构的出现，这些神庙建有多立克式柱和爱奥尼亚式柱。神庙同时展现出了更加丰富的设计元素以及精心设计的建筑空间。

古风时期

公元前6世纪的东方处在庞大帝国的统治之下——最初的统治者是亚述人，后来是波斯人，但此时他们的文化和艺术上的至高无上的地位已经成为历史：这种地位在形成其独特风格并引领希腊东方化的模型中固定下来。希腊在文化领域占据了主导地位。公元前6世纪，希腊人同腓尼基人展开了贸易竞争，并且不再臣服于卓越的东方艺术。

希腊艺术形式的改变不仅仅源于艺术品位的改变。希腊人形成了自己的文化特征，最初是在公元前7世纪的政治领域和文学领域，随后迎来了艺术表现形式的复兴，希腊艺术

P106—107

位于德尔菲的斯菲尼亚宝库（约公元前525年），北边的雕带装饰有阿提卡晚期爱奥尼亚艺术家的鸿篇巨制。作品中光与影的平衡展现了神明和巨人的残酷战争，其不畏强权，保护世间万物秩序的精神可歌可泣。敌对双方的身体戏剧性地面对面。众神可以通过其典型特征加以辨认（赫拉克勒斯肩膀上的狮子皮毛、雅典娜的美杜莎头饰和胸甲）。巨人的特征不太容易辨认，他们的躯体隐藏在沉重的盔甲及铠甲下，这是代表恶魔的无形混合体。最后，通过平面的划分和厚度的层次，表达运动和空间深度，展示了艺术家为描绘三维空间所做出的努力。

品很快进入了地中海市场。从那时开始，希腊文化成为了西方文明的参照系。希腊文化的成功源于其对艺术表现形式不断重塑的能力，关于这种能力的讨论，不仅在希腊国内展开，而且开始在非希腊国度中进行。讨论从理论角度、从设计的抽象概念，以及从日常生活的实践和创作的角度开展。希腊城市建筑的发展，是与东方建筑模式背离的早期信号。在公元前9世纪和公元前8世纪，大量的希腊城邦对其城市空间的分布和功能布局的确定采用了理性标准。直至公元前7世纪末期，东方的建筑完全忽视了城市布局的问题，然而麦塔庞顿、墨伽拉、波塞多尼亚［Poseidonia，今称帕埃斯图姆（Paestum）］和塞利努斯等殖民地定居点却是传统城市建筑的重要例证。在这一时期，人们对圣殿建筑特别感兴趣，因为

这种"仪式化无序"的特征成为了它们布局的特点。

典型的例子就是拥有阿波罗神谕的德尔菲地区的著名圣殿。建造这个神圣的地方时并没有遵循任何城市规划，而且在这个神圣辖区内建造任何建筑都是无法想象的。这里有更大的空间用于创新和试验，希腊各地的建筑观点和艺术观点在圣殿中得以实践。光辉灿烂的斯菲尼亚宝库可以证明这一点，其雕带装饰被认作是古代爱奥尼亚建筑艺术表现的巅峰。

"古风"一词用来指公元前6世纪的希腊艺术，并将其"古老"的外貌与接下来几个世纪的艺术品进行比较，古代人自己把这些艺术品视为其追求完美过程中的巅峰之作。当我们审视这一时期的雕塑作品时，"古风"这个术语的价值变得清晰起来，从这一时期开始，它与东方化模型的彻底决

裂变得十分明显。艺术家们渴望在网格布局的基础上对城市结构及其外围区域进行系统规划。根据土地的功能，对其进行组织规划，但是同时也要考虑美学因素。

例如，通过寻找特别适合的地点修建神庙，就可以证明这一点。在希腊本土，公元前9—前7世纪，大城邦的动荡推迟了城市规划方案的出现。在雅典的暴君统治时期（约公元前560—前510年），特定区域的建筑计划得以实施。

从祭拜者和社区的利益出发，君主们投入了大量财富用于修建众多楼宇，以及创作最重要的希腊圣庙中的艺术品，有时还煽动修建有一定规模的纪念性的祭祀中心。这种现象在爱琴海东部和小亚细亚地区特别明显，比如在萨摩斯岛上的赫拉第三神庙和以弗所地区的阿尔忒弥斯神庙中，爱奥尼亚式立柱建得愈发完善并在宏伟建筑中得以使用。

P107上

最古老的骑士雕像是著名的《朗潘骑士》（Rampin Horsman），刻画的也许是雅典君主庇西特拉图（公元前550年）的儿子的形象。它是由基克拉迪大理石制成的，是古代爱奥尼亚雕像的杰出代表。四肢的精致造型、展示"古典微笑"的放松面容，以及马匹的脖颈都沐浴在了光影中。

P107下

这个精美的青年男子雕像（公元前570—前560年），是在雅典卫城发现的最古老的大型雕像，是一个叫罗波斯的人献给保护这座城市的守护女神的。它展示了肩扛作为祭祀用品的小牛的人物形象。该作品打破了古代人物塑像正面僵化的传统，旨在从解剖学的角度，对人物形象进行更高层次的确认。年轻人身上穿着的仪式礼服所展现出来的光影效果可圈可点。

与此同时，西方殖民地的建筑师正在建造多立克式立柱。多立克式立柱最早出现的几种变体，同时拥有宏伟的形式和简单协调的比例，并且经常吸收爱奥尼亚风格和当地风格的元素。对于立柱式样和形式的试验经常选择在神圣的地点进行：可能是在卫城或圣殿，也可能是在埋葬着重要人物的墓地，不朽的坟墓给他们的后代留下了他们曾经存在的证据。带有浮雕图案的山墙是古代神庙建筑的另一个重要的元素。

这些建筑的主要主题是神话——宗教对宇宙的具象描述，而哲学家们当时正致力于对其进行更理性的研究。公元前7世纪，人体真实尺寸的塑像出现在希腊艺术场景中。

在接下来的一个世纪中，最初的静态且僵化的年轻女性和年轻男性的雕像开始向着理想中的自然、连贯、和谐、美丽的方向发展。古风时期的雕像不描述个人特征和情感，经常通过面部表情来展示人物年龄、社会经济地位和个人历史。更重要的是，年轻女子通常身着传统优雅的服装，而年轻男子通常是裸体的：这与习俗有关，男性裸体意在展示人类体态的完美，哲学家们认为这是有形与无形、物质与抽象的结合。

雕像通常塑造的是年轻的或不年轻的贵族、商人、战士、运动员、医生、政治家、牧师和女祭司的形象。但是雕塑家、塑像赞助人和公众对塑像人物的个人特征并不感兴趣。雕塑创作的目的是给神明和子孙后代留下关于人物青春的光辉印象，是将人物具象化的最高表达。

P108右上

这个在雅典卫城发现的雕像碎片是一个狮身人面像，拥有长着翅膀的狮身和女人的头部。它可追溯到公元前6世纪后半叶。面部的"微笑"线条展现了古代艺术特征，特别是坚毅的眼神，以及散落在肩膀上的卷发。

P108中

这件有趣的艺术品是彩色的黏土装饰物，或者说是屋檐装饰物，出自位于埃托利亚的古庙。这件艺术品可追溯到公元前6世纪中期，是一个森林之神似笑非笑的头像，它是酒神的随从，一种半人半兽。这是一个极具表现力的怪诞形象。

P109

这尊出自雅典卫城的少女立像，是古风时期希腊雕塑最后的代表作（公元前530—前520年），她白色的大理石皮肤闪烁着光芒，多色的裙饰和珠宝（王冠、带有珊瑚吊坠的耳饰、手镯）更令其光彩夺目。雕像中这些不同的形状，无论是裸露的躯体，还是被织物遮盖的部分，都吸收了光线，这要归功于平面柔和的变化。

P108右下

这个著名的弗朗索瓦陶瓶上面展示的是古风时期的希腊陶器画，由伟大的陶艺家厄戈蒂莫斯（Ergotimos）和画家克莱蒂斯（Cleitias）在公元前570年左右制作。这个带有蜗壳装饰的巨型双耳瓶被发现于丘斯（在伊特鲁利亚）的一座坟墓中。它展示的六幅画作描述了史诗神话场景，总共有270个人物和121条铭文。

P110中上

这个制作于公元前540—前530年的著名的酒杯，描绘了狄俄尼索斯在船上的样子，是伟大的埃克塞基亚斯最后的黑绘陶器画的杰作之一。它暗指一个神话传说，神明被海盗绑架，最后海盗受到惩罚变成了海豚。

P110右上

这个带有蜗壳装饰的双耳瓶来自公元前6世纪末期。在瓶颈处有一条长长的红绘饰带，描绘的是赫克托（Hector）和阿喀琉斯的战斗。

P110—111

这块来自比雷埃弗斯的青年雕像基座的浮雕板（公元前510年），展示了两个年轻人煽动一只狗和一只猫打架。

用于祈愿和葬礼的雕像中，早期的男子雕像拥有坚毅凝重的表情，而女子雕像是一个圆柱体，实际上与任何自然形式并没有相似之处。公元前560年左右，雕塑家试图重塑一种兼具理想和真实的美学形象，对解剖学的研究进一步加深，雕像的可塑性提高了，雕像身上的衣物显得更加柔软了，开始出现轻微的运动感。只有雕塑的面部继续保持着这一时期固定的无表情特征，即所谓的"古老的微笑"。

到公元前6世纪末期，年轻男子和女子雕像的创作达到了最高境界。新世纪的到来带来了一些改变，摒弃了原有的习俗，如埃伊纳岛的多立克式雅典娜神庙中的山墙上的雕塑。这些新的发展受到了地域风格的广泛影响，然而现在的评论家认为其间的相互作用更加重要：多立克式伯罗奔尼撒人雕像，其特点是有坚实的形状、巧妙的群体配置，以及对明暗对比的有力运用；爱奥尼亚雕像（来自爱奥尼亚岛和小亚细亚地区），成功理性地处理光线，并且巧妙运用浮雕，强调男性雕像的修长以及女性雕像的美丽优雅；阿提卡人大胆结合运用了之前的两种风格，取长补短，最终创造出了公元前5世纪早期的不朽杰作。

到公元前5世纪中期，科林斯陶器已过了巅峰时期，地中海市场充斥着大量来自其他陶制品中心的工艺品。带有花纹的阿提卡陶器出口至整个古代世界，特别是伊特鲁利亚，陶工和陶器画家在雅典的作坊里一起劳作，他们创作的作品从东方传统的动物雕带图案，转向取之不尽的希腊神话和史诗故事。黑绘陶器画的伟大画匠有克莱蒂斯（他的签名同陶工厄戈蒂莫斯的签名一同出现在著名的弗朗索瓦陶罐上）、莱多士（Lydos）、马西士画匠和埃克塞基亚斯。

半个世纪之内，一种新的红绘技术得以发明，这使艺术表达方式更加自由。其中最成功的画家是尤普罗尼乌斯（Euphronius）。除了著名的陶艺家和画家创作的陶罐（他们把名字留在陶罐上以显示其声望），中低档陶器也以半工业生产线的形式大量生产，面向大众市场。这些产品反映了当时的流行风格，甚至达到了"大师"们的创作高度。他们创作的到底是艺术品还是手工艺品很难界定，但是这种满足大量需求的生产活动，对经济的重大意义是不可否认的。

严苛风格

公元前5世纪上半叶，希腊艺术的发展与哲学思想的演变相吻合，并从哲学思想及其他领域的文化表现中汲取灵感。从公元前6世纪中期开始，从爱奥尼亚到大希腊地区，希腊世界涌现出许多哲学流派，对现实的本质进行了深入的研究。在视觉艺术中，世界的"统一性"意识的产生反映出人们对于现实事物表象规则的摒弃。希腊艺术家决心寻找存在本质的理想且完美的表达方式——他们试图发展一种艺术形式，在这种艺术形式中，现实的一切意义都会被描绘出来，并被连贯地表达出来，以此摆脱日常生活和感官概念的时空限制。

在公元前5世纪上半叶，美学概念被赋予了一种新的重要意义，作为内在美的表达，这意味着崇高的精神和道德价值会产生同样可爱的外在形象。当时最伟大的哲学家坚持这一观点，巴门尼德（Parmenides）和赫拉克利特（Heracleitus）认为形式和价值的完美和谐证明了人类的统一，即一个不可分割的、永恒的、动态的和多种形式共存的现实。

作为对公元前5世纪上半叶的回应，古代作家用"严苛"一词来描述希腊艺术过渡期的上半段。他们使用这个词的目的在于强调一种以和谐与完美为目标的艺术风格的适度与平衡。在同一时期，建筑产物以近乎疯狂的步伐席卷了整个希腊世界。从西西里岛到坎帕尼亚，从阿提卡到基克拉迪群岛，快速增长的城市规模展现出了一种崭新且宏伟的面貌。

尽管如此，在经历了前一个世纪密集的城市试验之后，统一的城市模式并没有发生明显的变化。奥林匹亚地区希腊神庙中气势非凡的宙斯神庙成为代表创新的真正案例。每四年在这里举行一次的比赛成为了一项特别重要的事件，并且成为进行政治对话的机会。比赛期间，由于受到宙斯神的启示，人们达成了神圣的停战协议，其目的在于鼓励和平解决纷争。

这座神庙在某种程度上成为对爱奥尼亚神庙恢宏气势的回应，西西里建筑师在公元前530—前480年进行的建筑试验中，已经运用了更为克制内敛的多立克式立柱。

P112

埃伊纳岛是一个重要的雕塑家学校的所在地。这个美丽的戴着头盔的女人头像（也许是雅典娜）来自于该岛，时间可追溯到公元前5世纪上半叶。

P113

这是一尊来自奥林匹亚宙斯神庙东侧山麓的克拉迪奥斯河人形雕像。人物似乎刚刚从睡梦中醒来，他转向了场景中央，在那里，凶残的比萨国王奥诺玛默斯（Oenomaus）和年轻的莱西亚王子佩罗普斯（Pelops，伯罗奔尼撒根据他的名字得名）之间的残酷决斗似乎才刚刚开始。躯干强劲的扭曲代表了河流奔涌不息的流动属性。

P114左

著名的《德尔菲战车手》是雕塑的杰出代表，是对盖拉君主波利泽卢斯的祈愿物品之一。波利泽卢斯是公元前478年皮提亚竞技会中战车比赛的获胜者。

P114右

这个精美的阿波罗·查兹沃斯（Apollo Chatsworth）的青铜头像，被发现于塞浦路斯，可追溯到大约公元前460年。当时塞浦路斯岛还处在雅典人的统治下。这尊头像展现了严苛的古典主义原始神像的特点，面部表情生动，双眼炯炯有神。

P115

这是著名的宙斯（或是波塞冬）傲气逼人的青铜头像，人物正在全神贯注地发射闪电（或者是三叉戟）（公元前470—前460年）。这尊头像被发现于阿尔特米辛海角（位于埃维亚岛），头像的原始背景和主要功能（祈祷、文化还是其他）并不知晓。头像流畅的动感形成了一种整体上的和谐和力量感，波里克里托斯采用了一种交错的结构，这是他在艺术创作中经常使用的表现手法。雕像展示了紧张状态和放松状态下躯体的相对位置。躯体的空间位置表明了超越单一正面视角的意图，是那个时期雕塑艺术的典型形象。这尊雕像的意义在于它的创新和其解剖学定义上的卓越品质。

更重要的发展出现在希腊本土迄今被忽视的一个领域：城市规划。米利都的希波丹姆斯（Hippodamus）为城镇规划组织编纂了一套合理的法规。当时的城市人口不断增加，随之而来的是要开发更为复杂的城市功能，以满足城市需求。根据一种矩形的网格系统，人们对城市进行规划布局，土地按功能和用途进行分配。

根据建筑地点和地形建设街道和防御工事，并且对祭祀区域、行政区域和商业区域进行划分，这种被称为希波达米亚（Hippodamian）式的系统的建立，在很大程度上要归功于前两个世纪在大希腊殖民地进行的试验。它成功地应用于米利都、比雷埃弗斯和现在阿普利亚的图里奥伊（Thourioi）殖民地的布局规划中。

具象艺术的发展更为重要和复杂。位于埃伊纳岛的雅典娜·阿斐亚神庙的东侧山墙标志着一种新的表达形式的出现，与公元前6世纪的传统的表达方式相去甚远。

不久之后（公元前480—前470年），著名的《埃弗波斯》（Ephobus）和《弑主者群像》诞生于克里提亚斯（Critius）和内西奥特斯（Nesiotes）的雅典作坊中。同时期的铜像雕塑在伯罗奔尼撒半岛达到了艺术巅峰。在阿尔戈斯、西锡安以及大希腊地区（特别是塔林顿地区），各雕塑流派繁荣兴盛。希腊统治下的意大利君主成为这些艺术品的主要赞助者，他们与希腊最繁荣的城市竞争，开始用大批昂贵的艺术品来装饰希腊圣殿。其中一件供奉物是著名的

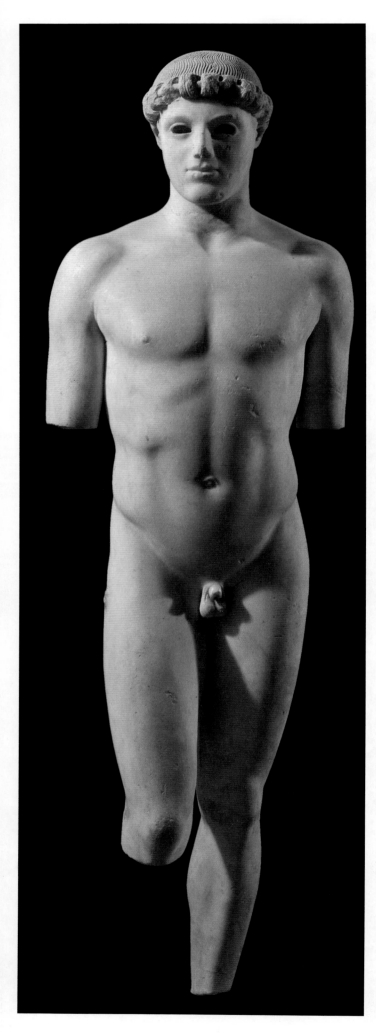

战车手雕像，是由盖拉（Gela）的波利泽卢斯（Polyzelus）君主捐赠给德尔菲圣殿的。

一件艺术作品的预期用途通常有助于解释其风格，就像大希腊艺术家和工匠创作的某些艺术品一样，一个例子是壁画，还有就是在洛克里发现的进献给得墨忒尔和珀耳塞福涅的陶制塑像（少女立像）。与许多西方希腊殖民地同时代的陶器一样，在这里特点仍旧突出的是古风晚期的爱奥尼亚陶器。然而，同以往一样，大型雕像仍然是雕塑艺术发展最重要的标志。

在阿尔特米辛海角发现的宙斯青铜雕像（或是波塞冬雕像）描述了宙斯神发射闪电（或是投掷三叉戟）的场景，它标志着在雕像的创作过程中，开始注重空间中人物的运动过程，以及在展现雕塑人物时对其正面特征的描述已被忽略。在这一承上启下的过渡过程中，更为优质的艺术作品出自奥林匹亚艺术大师之手，这位不知名的雕塑家创造了伟大的宙斯神庙的山墙和墙面雕塑。这些雕塑人物有时展现的是静止状态，有时这些人物又处在一种躁动不安的运动过程中。但是这位雕塑家最伟大的成就在于他创作的人物形象，其微妙却富有张力的表情能够传递出人物的心理状态，特别是他们的恐怖情绪（神话传说也印证了这些英雄人物的心路历程）。

严苛的艺术风格在公元前5世纪中期达到了巅峰状态，以两位杰出的雕塑家为代表。一位是麦隆（Myron），其代表作是著名的《掷铁饼者》——雕塑人物身体处于紧张状态，准备投掷铁饼——总结了赫拉克利特描写的普遍的方向感。另一位是波里克里托斯，波里克里托斯是第一位发展雕塑理论的艺术家，他赋予雕塑人物以理想的人体模型，在艺术创作过程中，运用了基于毕达哥拉斯哲学的数学和几何学法则。波里克里托斯创作的著名的《持矛者像》(Spear Bearer)展现了艺术品中的严苛法则——即所谓的规范——这也是历史上关于艺术理论的第一篇论文。

这一时期另一个有趣的现象是雕塑和绘画之间日益重要的相互关系。正如当代作家所证实的那样，一个领域的发展结果迅速影响到另一个领域的发展。来自大希腊的艺术品是希腊壁画辉煌灿烂的罕见例证，这是一种与自由绘画一样的媒介，在几个世纪里非常流行。公元前480年前后，在波塞多尼亚，一位不知名的艺术家在所谓的潜水者之墓的墙壁上绘制了一系列壁画。

P116

这尊出自克里提亚斯和内西奥特斯在雅典的工作室的巨大的大理石雕像，可追溯到公元前480年，是一尊克里提亚斯青年男子雕像。这尊雕像首次突破了古代男子雕像严苛的创作规范，打破了艺术的平衡性法则，偏向于展现艺术品隐藏的动感、无法安宁的不稳定性和微妙的内在张力。

P117

在埃伊纳岛的雅典娜·阿斐亚神庙东侧的山麓上，从这位垂死的伟大战士的精美头像上，可以看出雕刻界发生严苛革命的萌芽，有些人认为他是拉俄墨冬（Laomedonte）。头像中体现了更多的心理状态：张开的嘴唇正在喘息，颧骨开始扭曲变形，面部表情充满了疲惫感。这位神一般的将死勇士体现了一种更加真实且痛苦的濒死状态。

P118和P119

这两件最值得称颂的希腊艺术品，是被发现于里亚斯（Riace，位于卡拉布里亚）的著名的勇士或国王的青铜雕像。关于雕像作者的讨论——当然是一位伟大的艺术家，但究竟是谁依然没有任何结论。所有人都认为这是两尊具有杰出艺术特质的雕像，其年代可追溯到公元前460—前450年。

P120

这尊具有解剖学意义的里亚斯
青铜雕像堪称艺术杰作，重点
展示了人物的背影，四肢的
协调韵律感和肌肉的力量感堪
称完美。

P121

在正面的视角下，可以更好地
观察和欣赏里亚斯青铜雕像精
良的完整性和写实主义的风格。
青铜雕像面部布满了茂密的胡
须，眼睛是象牙的，牙齿是银
质的，嘴唇和乳头是铜质的，
而他们原本紧握在手中的武器
也是银质的。

古典时期

公元前5世纪下半叶，雅典确立了其在希腊世界权威性的文化领导地位。地区性的艺术表现形式与阿提卡建筑师、雕塑家、艺术家和陶器画家的创新理论及形式发展融合在了一起，希腊人的宇宙观在他们的艺术品中得以体现。伯里克利和杰出的建筑师兼艺术家菲迪亚斯在这一过程中起到了重要作用：他们在雅典共同完成了"完美的试验"。

这就是所谓的古典时期的开始，古罗马人把"古典"一词广泛运用到公元前5—前4世纪优秀的文学作品中。但是"古典"一词长期以来一直都被不恰当地用于带有神秘色彩的文化和艺术的"黄金时代"，缺乏真实的科学背景。15世纪的人文主义和16世纪的文艺复兴激发了古典主义运动，其灵感来自古希腊文明的继承者——罗马的艺术和建筑遗产。

18世纪中期，启蒙运动的理性主义精神引发了对希腊艺术的新的评价，人们开始更多地从科学的角度解读希腊艺术（至少有这种意图）。这种评价成为对18世纪考古发现的热忱回应，去意大利、希腊和小亚细亚进行考古旅行成为一种风尚，人们还热衷于收集古董。就新古典主义而言，它反对17世纪巴洛克风格的非理性主义。它的古典主义形象受到一种扭曲的"进化论"艺术观的制约，这种艺术观认为古代艺术遵循了一个以诞生、开花和"死亡"为特征的过程（罗马人也采用这一

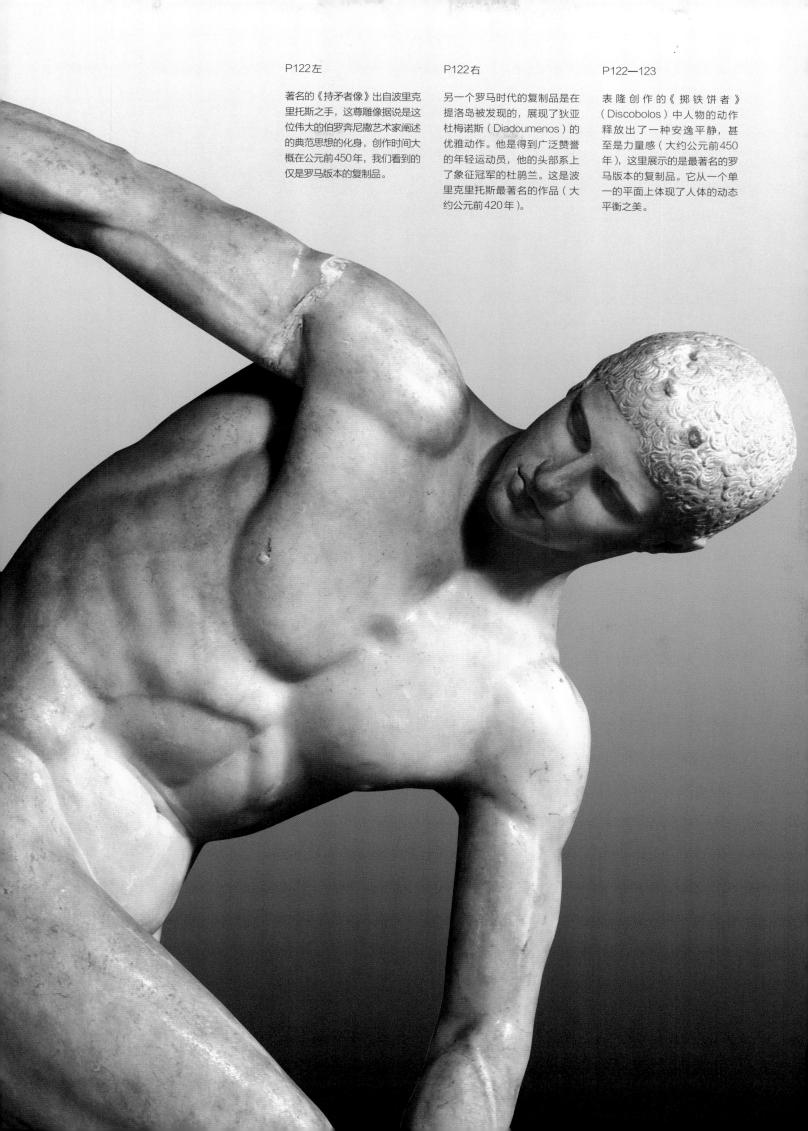

P122左

著名的《持矛者像》出自波里克里托斯之手，这尊雕像据说是这位伟大的伯罗奔尼撒艺术家阐述的典范思想的化身，创作时间大概在公元前450年，我们看到的仅是罗马版本的复制品。

P122右

另一个罗马时代的复制品是在提洛岛被发现的，展现了狄亚杜梅诺斯（Diadoumenos）的优雅动作。他是得到广泛赞誉的年轻运动员，他的头部系上了象征冠军的杜鹃兰。这是波里克里托斯最著名的作品（大约公元前420年）。

P122—123

表隆创作的《掷铁饼者》（Discobolos）中人物的动作释放出了一种安逸平静，甚至是力量感（大约公元前450年），这里展示的是最著名的罗马版本的复制品。它从一个单一的平面上体现了人体的动态平衡之美。

理论）。18世纪的古典主义被视为西方艺术和文化的绝对典范。

　　普鲁士人J.J.温克尔曼（J.J.Winckelmann）是新古典主义艺术的最重要的倡导者，他的作品影响了对古代世界的宏伟心存敬畏的艺术家，比如皮拉内西（Piranesi），以及像门格斯（Mengs）、托瓦尔森（Thorvaldsen）和卡诺瓦（Canova）等对此颇有兴趣的年轻人。温克尔曼的思想为人们长久地敬仰，并且最终创造了一个在今天依然对文化艺术爱好者艺术品位具有影响的神话。只有在20世纪，人们才逐渐从一定历史的和批判的角度来看待古代艺术。最终，"古典"一词如同"古风"和"严苛"一样，可以被简单地用来形容公元前5世纪中期至公元前4世纪下半叶希腊艺术的概念和形式语言。

　　从大的方面而言，由于雅典在希腊文化中占据霸权地位，包括哲学、人文、科学和艺术，因此艺术试验过程的最后阶段在这座城市取得了成果。在伯里克利及其继任者的统治下，雅典成为"希腊化"的文化之都。伟大的人物离开家园，汇聚在雅典为了寻找一种文化认同和成功，渴望参加一场伟大思想的竞技会（如同奥林匹克运动会一样），并经过多年的探寻从经验中得到真理。

　　这一时期潜在的艺术思想，比希腊艺术蕴含了更多的内容，如果缺乏对哲学思想发展的了解，特别是缺乏对科学探究的应用，就不能充分理解这种艺术精神，阿纳哈格拉斯和德谟克里特（Democritus）是这一领域中的代表人物。与此同时，巴门尼德的继任者泽诺（Zeno）对存在的不可分割的统一性保持着兴趣，他看问题的视角在公元前4世纪仍然吸引着人们的注意。最后，智者学派——第一批"知识的实践者"开始出现在历史舞台上，他们用有说服力的精练的辩证法强调了在感性世界中，人所扮演的中心角色及其可教育性。他们的论点很快被自身富有争议的苏格拉底推翻了，而他本人就是一位伟大的智者——这看似很矛盾。苏格拉底的

P124—125

古典时期的艺术几乎完全围绕菲迪亚斯展开。这尊壮丽的雕像象征着雅典帕特农（Parthenon）神庙（约公元前435年）西山墙上的阿提卡河、凯菲索斯河或伊利索斯河。绝对之美，以其理想的形式，表现出完全的空间自由感和姿势的自然状态。这种拟人化的处理方式令人与神更加相似，由此构成了宇宙的主体、模型和尽头。

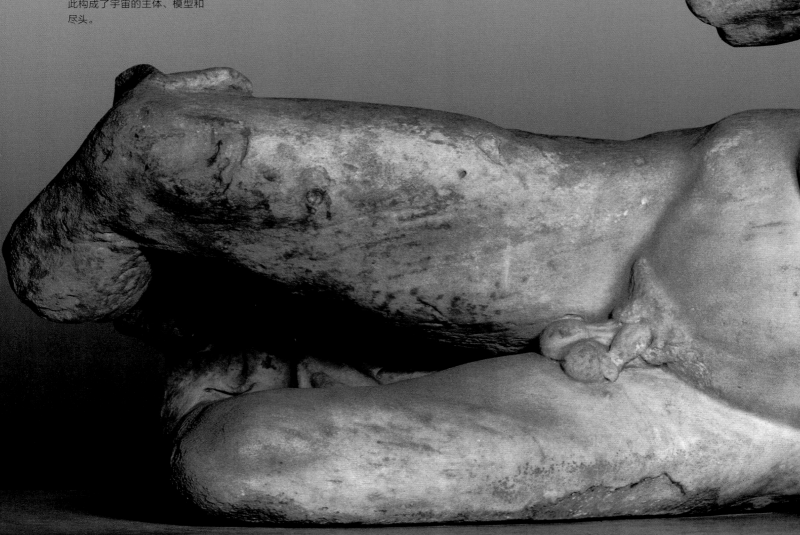

思想得以运用并被其信徒柏拉图广泛传播，其结果是对整个西方思想的发展产生了开创性的重要影响。

雅典充满活力的文化生活的推动力是国家和公民所创造的经济资源，而这些经济资源体现了雅典的政治愿景。随着他们财富的增加，其智力、品位和参与这一非凡历史时期的意识也在增强。在雅典，文学资产阶级由此大规模地变成了生产艺术品的赞助人，就像13世纪和14世纪，抑或是19世纪以后的欧洲资产阶级一样。

公元前480年波斯人对雅典的大肆劫掠对古代城市的面貌造成了大范围的破坏，庇西特拉图时期，只有混乱的城市景观得到了部分改善。在西蒙和伯里克利的领导下，重建工作才取得进展。在西蒙的领导下，开始对广场进行大规模的重组，并计划在卫城上修建一座巨大的神庙，专门用于供奉雅典娜·帕提诺斯（圣母雅典娜），以代替波斯战争后，在一定程度上被随意修复的古老神庙。

然而，伯里克利作为雅典建筑翻新的主要推动者，这个学识广博并且具有开阔的政治视野的人物，被修昔底德（Thucydides）称为雅典"第一公民"。雅典卫城和整体城市的大部分地区得以重新组织规划，并被赋予了不朽的历史地位，这是西方历史上第一次实施大规模的城市改造计划。伯里克利希望自由雅典人的身份，以及政治、伦理、宗教和文化价值能体现在伟大的建筑和艺术中。

伯里克利计划创造一个前所未有、无与伦比的辉煌建筑群，令世界其他地方艳羡不已。与少数的喧嚣派不同，他的意图似乎与所有雅典人的共同情感相呼应，他们认为社会是个人与社区、公共与私人之间的一个和谐平衡。该计划于公元前449年开始实施，这一年，与波斯人达成了持久的和平。在阿戈拉和比雷埃弗斯，城市居民社区开启了一系列重要创新，并对城区建设进行了很大改善（米利都的希波丹姆斯开启了这一建设计划），同时对大范围的道路系统进行了卓有成效的提升改造。

伯里克利在雅典卫城上大兴土木。雅典成为了一个繁荣的城市，能够抵御任何敌人。与此同时，融合了复杂且深远的价值观念：雅典缺乏的是代表一种公民自豪感的纪念碑式的场所。在伯里克利的监督下，一系列建筑的施工工作已经开始，项目负责人菲迪亚斯具有非凡的技术能力和创造力。在他手下工作的是一群最优秀的建筑师和一群狂热活跃的艺术家。

山顶逐渐被优雅的大理石建筑所覆盖。雅典娜·帕提诺斯神庙，也就是后来的帕特农神庙，公元前460年还没有完工，并且伊克蒂诺和卡里克拉提斯对其进行了大规模的重新设计。他们在神庙的设计中运用了复杂的数学公式，并且把这座复杂的建筑物以和谐的比例进行建造。卡里克拉提斯同时设计了小型爱奥尼亚式雅典娜神庙，然而新的卫城，通往女神神圣区域的宏伟的大门出自墨涅西克勒斯（Mnesicles）之手，不久之后，伊瑞克提翁神庙（Erechtheum）——波塞冬原始神庙由菲洛克里斯（Philocles）设计并建造，在这一地区建立了可以容纳多个教派的小型神庙。

卫城上的伟大工程进展迅速，但是伯里克利却没能看到建筑的竣工。伯里克利临死之时，只有帕特农神庙和卫城的山门已建设完成。阿提卡伟大的古典艺术源自伯里克利指导、菲迪亚斯协调的建筑工程，这些建筑体现了设计师和建造者的野心。极具天赋的雕塑家、艺术家和泥瓦匠为建设工程提供了奇思妙想和实践贡献。他们的艺术试图展现有形的和无形的完美统一和至高无上之美，捕捉现实的动态和不断变化的平衡，无论是可视的还是被感知的，这些都可以运用具有丰富意义的建筑形式成功地表现出来。

帕特农神庙是创造性天赋与理性规划和执行的完美结合，但是这座伟大的神庙和卫城附近的建筑之间所有的空间关系和视觉关系，都给人一种虽经过细致研究但又是自然和谐的整体印象。

在整个雅典和阿提卡的其他地区，纪念性的建筑项目也成倍增加：其中最著名的是位于阿戈拉的赫斐斯塔斯神庙、苏尼翁角的波塞冬神庙和莱姆努斯（Rhamnus）的复仇女神神庙，以及阿尔忒弥斯圣殿。卫城建筑师的名声迅速传遍了各个地区。

比如，伊克蒂诺在完成了他在埃留西斯建造用于祭祀的伟大圣殿的任务之后，与卡里

P126右

这尊优美的罗马版本的雕像复制品展示了受了伤的亚马逊女战士，大约公元前440年由波里克利托斯创作。这件作品展示了柔美的女性形象所散发出来的层次交错的韵律感。

P126中下

在普拉克西特莱斯之父塞菲索多图斯（Cephisodotus）的作品中可以看到菲迪亚斯式的传统，他的作品《埃雷内和普卢托斯》是和平和财富的拟人化象征，前者是母亲，后者是儿子（公元前374年）。在这里展示的是罗马版本的复制品。

P127

在公元前440年左右，在爱奥尼亚的以弗所举行了一场比赛——为受伤的亚马逊女战士建造最好的铜像。克雷西拉斯（其作品并不十分符合罗马时期艺术品的特点）、菲迪亚斯、波里克利托斯和几乎没什么名气的弗拉德曼都参加了比赛。克雷西拉斯的作品展现了一个美丽的女孩。她为传统的战士形象。女孩因受伤而变得虚弱，她痛苦地抬起了右臂。据记载，波里克利托斯最终赢得了比赛。

克拉提斯一同被召回了伯罗奔尼撒，负责位于阿卡迪亚的巴塞（Bassae）地区的阿波罗神庙的改建翻修工程。菲迪亚斯用象牙和黄金制作了巨大的雅典娜·帕提诺斯雕像，置于帕特农神庙的主厅，又为奥林匹亚宙斯神庙的主厅制作了一个同样尺寸的奥林匹亚宙斯祭祀像。

那些年，菲迪亚斯在雕塑领域占据主导地位。在他的影响下，通过多种多样的线条和伟大的现实主义效果的运用，波里克里托斯的雕像比例的严谨性得以增强。菲迪亚斯在雅典得到的认可能够与麦隆、波里克里托斯以及克雷西拉斯相提并论。

同样重要的是围绕着帕特农神庙的建造而发展起来的雕塑家学派。在这里，菲迪亚斯的建筑精神和风格进一步得以延续和扩大，特别是他对人体的独特的敏感性。学派中最负盛名的巨匠是阿尔卡梅内斯（Alcamenes）、阿戈拉克里图斯（Agoracritus）和卡利马丘斯，他们的作品是对菲迪亚斯式艺术不同形式的延续和发展。

大约公元前440年，在以弗所进行的一场比赛引发了伟大雕塑家之间的艺术创作的对决，并且可以让我们对克雷西拉斯、波里克里托斯和菲迪亚斯创作的惊世骇俗的雕像做出比较（罗马版本的复制品）。菲迪亚斯及其作品的持久贡献体现在公元前5世纪中期至公元前4世纪末期阿提卡的精美墓碑中。

雕塑和绘画之间日趋紧密的联系，再次表明了希腊艺术生产的统一性。在雅典，雕塑和绘画的相互影响在公元前5世纪后半叶变得更加明显，这表明艺术家之间的关系正在发生变化，也表明他们更加关注其他领域的艺术家。

艺术家有很多机会去探索不同领域的艺术的发展：雕塑家、陶工、陶器画家、铁匠、木工、金匠等通常都在同一个重大项目中合作，他们同更加世故老练以及有更多要求的雇主签订合约。

公元前5世纪后半叶的绘画也取得了巨大的成就，尽管流传下来的艺术品主要是阿提卡的红绘陶器。那时，对于艺术创作主题的现实主义描述越来越重要，阿纳哈格拉斯和德谟克里特书写的关于透视的论文比布鲁内莱斯基（Brunelleschi）提早了至少18个世纪。菲迪亚斯［同阿加塔丘斯（Agatarchus）一起］受到了阿纳哈格拉斯的启发，阿纳哈格拉斯是一位成功的画家和雕塑家，他对帕特农神庙山墙的处理方式揭示了一种在框架内封闭空间的绘画视角。阿波罗多洛斯（Apollodorus）、宙克西斯（Zeuxis）和帕尔哈修斯都受到了德谟克里特的影响。

与此同时，透视、前缩短手法、阴影的运用以及其他赋予人物立体感和动态感的艺术创作手法，在许多杰作中已被发现。正如陶器绘画获得了更大的可塑性和透视性一样，雕塑也因绘画元素而丰富起来。

线条成为一种基础的装饰元素，特别是在衣料织物的处理方法上，变得至关重要。纹理似波浪的布料，似乎脱离了人物的基本结构线条，是卡利马丘斯喜爱的雕像元素，尽管这种元素由菲迪亚斯发明，阿戈拉克里图斯接纳并采用了它。这种线条的运用方式在帕奥尼斯创作的胜利女神塑像中得以体现，该塑像细腻优雅，位于奥林匹亚神庙，是梅塞尼亚人和诺帕契亚人对神明的祈祷祭祀品，以此长久纪念在斯法克蒂利亚（Sphacteria）打败了斯巴达人。

动荡岁月

持续30年的伯罗奔尼撒战争导致了数千人死亡，引发了饥荒、流行病、社会动荡和经济危机，这也是希腊人的人生观发生变化的历史背景。人们不再能够通过逻辑感知宇宙的统一性，这是由暴力和理智的缺失引发的。

因此，在文化和艺术领域，公元前4世纪可以被描述成是一个充斥着个人主义和非理性主义的世纪。"悲情"这个词最常用于指代人类内心的感觉，人类被现存宇宙的复杂性和自相矛盾所吸引，它暗示了一种更为简单朴实的情感。这个词源自"pascho"（受苦），表明了一种被动的状态，即人类不可避免地屈从于一种对神秘世界的非理性情感，无论是积极的还是消极的。这种对非理性、抽象、形而上学和绝对事物的逃避，也见于哲学演变过程中。

智者的言辞具有教育意义，充满乐观主义，但带有家长式倾向，反映了希腊精神中日益增长的利己主义和个人主义。智者们就像是出售知识的大师。

柏拉图在他的大量著作中发现了人与神之间的裂痕，并假定了一个没有错误的绝对真理。他猛烈抨击了人类的不完美——比如，在政治理论层面上提出了一个不可能实现的国家模式。其融合了斯巴达式的特殊制度、毕达哥拉斯式的神秘命理学，以及造物主所创造的令人不安的人物，这些人物为大量迷失方向的人指明了"道路"和"真理"，从而将他的指导思想强加于人，废除了民众的自由意志。

P128

奥林匹亚真正的艺术象征是这座赫尔墨斯大理石雕像。赫尔墨斯试图用一串葡萄吸引坐在他左胳膊上的胖乎乎的婴儿狄俄尼索斯的注意。这部作品当之无愧堪称艺术珍品，帕萨尼亚斯（Pausanius）的文章认为该作品出自普拉克西特莱斯之手，然而布鲁梅尔（Blumel）在其艺术风格的基础上提出了异议。

后来，亚里士多德提出了可行的伦理、政治观点和科学模型。然而，至此，哲学似乎已经彻底摒弃关于作为宇宙每一部分的整体存在的所有反思。在宗教方面，当"理性的乐观主义"达到了新的高度时，人类开始直面其自身的孤独感。

众神不再是令人安心的、合乎逻辑的、超人的完美形象的投影。相反，它们反映出了所有事物在面对命运时的脆弱。神明变成了仪式上祭祀和迷信的对象，并且令人感到恐怖。在文学世界里，尤其是戏剧诗歌领域，米南德成为有效表现这种倒退的最有力的作家。

4世纪的城邦反映出哲学家、政治家和城市规划者的关注点在于城市的建设，把城市建设、环境、社区、个人和不同的经济、社会及文化需求从内部和谐地联系在一起。人们追求基于"科学"理论的普遍有效的模式，希波克拉底（Hippocrates）描述了健康环境的重要性，而柏拉图提出了我们今天所谓的环境影响的观点。

亚里士多德利用他对希腊城市的详细了解来阐述自己的理论：他把理想城市模型同希波达米亚（Hippodamean）城市蓝图结合起来，这种蓝图运用了殖民地建设时使用的帝国

P129右

年轻时的普拉克西特莱斯的作品中，有一件是展示在这里的罗马复制版本的半裸的阿芙洛狄忒雕像，即所谓的阿尔勒的维纳斯。

P129中下

公元前360年，普拉克西特莱斯的艺术创作达到了巅峰，他创作并向热情的克尼多斯（Cnidos）居民（居住在小亚细亚地区）出售了他的一尊广受赞誉的古代大理石雕像——沐浴中的阿芙洛狄忒。通过展示她全裸的身躯，普拉克西特莱斯打破了只展示男性裸体的传统，并且把他的爱人弗林（Frine）当作创作模特，这在当时饱受争议。

建设方式，其对于城市的功能分布设计在今天仍然值得借鉴。

奥林修斯成为城市进化模式的有趣例证。基本上，殖民者在重建这座城市时遵循了希波达米亚的框架，但引入了变体，以适应城市规划和地形走势的需要。伊庇鲁斯的卡索佩（Kassope）最初是一个处在快速发展地区的农村社区聚集地，在其城市布局和建筑解决方案中也有一些独创和显著的特点。爱奥尼亚的普里埃内地理位置优越，俯视着迈安德（Maeander）河谷，是风景城市规划的第一个例子，在后来的几个世纪里非常流行。

在建筑方面，同样有很多改进和创新。在住房方面，引入了一种基于理性和功能的标准格式，根据该标准，住房被建造在模块化的街区上。这一变化不仅是为了根据新的城市规划方案使住房开发合理化，它还反映了希腊人向之前描述的新个人主义思维方式的转变。

相比之下，竞技场仍旧属于一种公共领域的建筑。越来越多的竞技场以石块为建筑材料，其结构设计遵循传统的形式，埃皮达鲁斯就是一个极好的例子。竞技场成为希腊城市的永久特征，比如4世纪以及后来的多多纳、奥尼亚达斯（Oiniadas）、普里埃内和帕加马。区别在于在竞技场里举行的多为个人表演，而不是群体项目。

公元前5世纪的最后30年间，建筑的建造继续被各种趋势所主导：精巧的设计、优雅的和谐统一性、复杂的比例关系、主观体验的风格描绘，以及折中的混搭风，所有这些都是为了追求轻盈的画面感。这是一种视觉形式，与柏拉图式的美的理论背道而驰。

公元4世纪早期，希腊雕塑家开始描绘主观体验的各个方面，表现情绪、感觉和情感，这些都是源自人类非理性内在的表现，证明了人与神之间日益扩大的鸿沟。

这种情感主导着这一时期光辉灿烂的艺术创作，这些艺术家包括塞菲索多图斯、普拉克西特莱斯、斯科帕斯（Scopas）、提摩太（Timotheus）和相关工匠，雅典葬礼墓碑就是很好的例子。从坚不可摧的菲迪亚斯式和波里克里托斯式建筑传统到后菲迪亚斯时代的发展，这些艺术家试图展现人类情绪中起伏不定的一面。他们开始捕捉情感变化的瞬间，以此来形象地描绘世间万物的转瞬即逝。他们在一个缺乏理想和信仰的世界里，为狂喜、痛苦、温柔和愤怒赋予了形态。柏拉图把其同时代的基于表象的艺术视为欺骗，想法与其大相径庭的艺术家们则审视了现实，拥抱了充满幻想、光、影和色彩的虚空。

P130

公元前335—前330年，斯科帕斯的创作天赋展现在其原创作品《跳舞的梅纳德》中，这是一个缩小的罗马复制版本。斯科帕斯的艺术风格体现在这尊酒神献舞者雕像中：在肆无忌惮的狂欢中，舞者的思想感情极其狂热。

P131

忒格亚的雅典娜神庙是斯科帕斯的建筑和雕塑的艺术杰作，这是美丽的海吉亚（Hygieia）女神的头像，其面部特征展现了公元前4世纪视觉艺术典型的伤感主义。对于斯科帕斯更为特殊的意义在于，他也许是艺术伤感主义真正的创新者。

马其顿霸权：
从腓力二世到亚历山大大帝

公元前4世纪下半叶，马其顿在希腊历史中扮演的核心角色对希腊艺术的发展产生了重大影响。阿吉德王朝统治下的马其顿人，自公元前6世纪开始创作了大量重要的艺术作品，尽管此时马其顿同希腊中部和南部的联系仍然很少。

在接下来的一个世纪里，与欣欣向荣的城邦愈发紧密的联系，对当时已经创造了惊世骇俗艺术品的马其顿艺术家产生了积极的影响。欧里庇德斯这样的文人，得到了埃迦伊和佩拉两座都城的欢迎，而这些人物也受到了亚基老（Archelaus）王室的赞誉。欧里庇德斯在这里创作了《酒神颂》，并且在此处首次上演了该剧，与此同时，他还创作了其他两部悲剧。

然而，从腓力二世开始，希腊对马其顿文化的贡献变得尤为显著。国王对城邦文化的欣赏对其执政产生了影响，这促使他决定让王位继承人亚历山大接受当时最伟大的哲学家、柏拉图的弟子亚里士多德的指导。在此经历的基础上，亚里士多德为两千多年的西方哲学和科学奠定了基础，这是马其顿王国对希腊文化所做的重要贡献，并具有重大意义。人类的知识是基于对现实的"科学"洞察，以及形式和物质之间的内在辩证法，远远超越柏拉图的抽象观点和不可能实现的定理，亚里士多德将其对经验主义科学的思想观点应用于每一门学科中。

早在公元前10世纪，马其顿的艺术就与文学和哲学不同，它与文化语言——大希腊共通语科因语（Koine）有许多联系。其内在特征是从相同的文化模式或是从国外引进的文化模式衍生出来的，这些来自于希腊南部地区和地中海地区的文化模式由当地人进行解读，有时也会受到东方文化的影响。与此同时，这些文化模式衍生自原史时期与巴尔干南部和色雷斯的种种接触。

公元前6—前5世纪出现的杰出艺术品包括制作精良的黄金首饰珠宝，它们采用当地典型的工艺制作而成，被深埋于距离萨洛尼卡不远的哈吉娅·帕拉斯凯维（Hagia Paraskevi）墓地和辛多斯墓地。众所周知，奥林修斯是创新城市规划的试验场所，在那里，希腊房屋获得了其最终形态。在腓力二世和亚历山大大帝的统治下，马其顿与南方城市开启了争夺艺术中心领导地位的激烈竞争。整个地区的城市规划采用了希波达米亚建筑规范。

但是，在统治王朝的鼓励下，其他当地建筑师则为王权所在地（也是宫殿聚集地）的复兴做出了贡献，这是一种被城邦文明所遗忘的城市建筑模式。埃迦伊宫

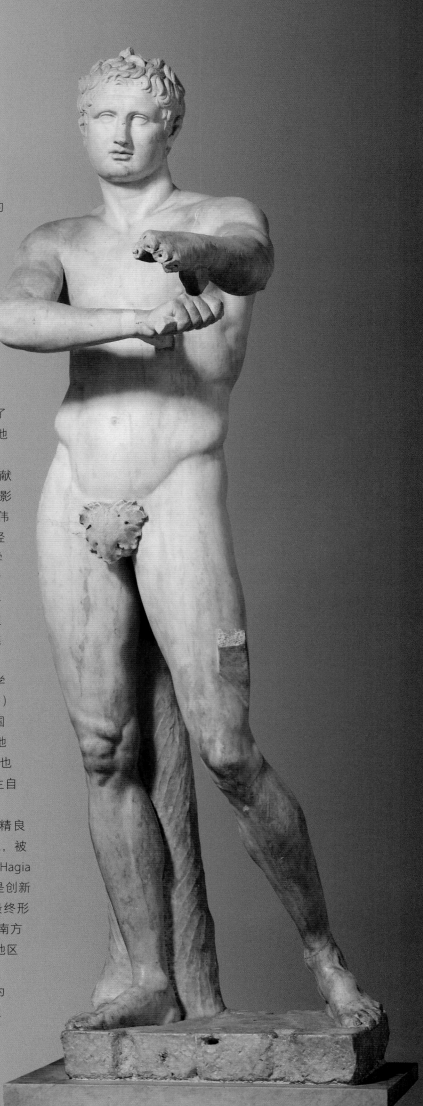

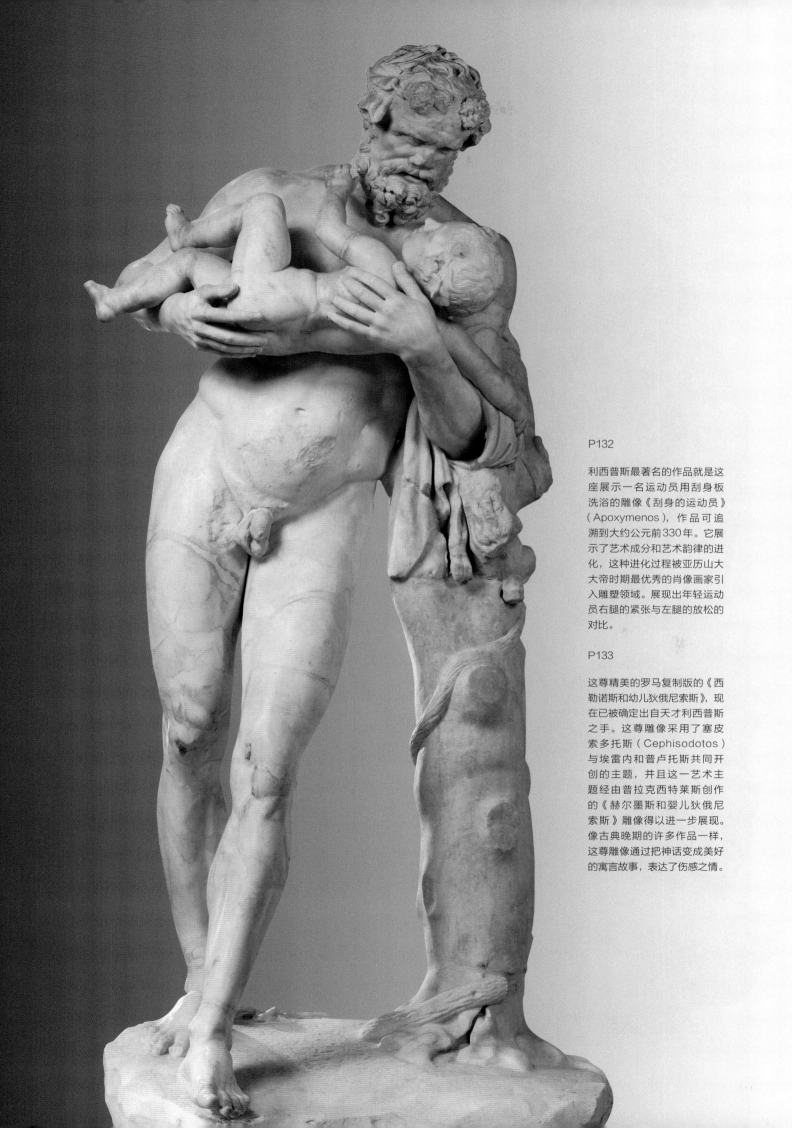

P132

利西普斯最著名的作品就是这座展示一名运动员用刮身板洗浴的雕像《刮身的运动员》（Apoxymenos），作品可追溯到大约公元前330年。它展示了艺术成分和艺术韵律的进化，这种进化过程被亚历山大大帝时期最优秀的肖像画家引入雕塑领域。展现出年轻运动员右腿的紧张与左腿的放松的对比。

P133

这尊精美的罗马复制版的《西勒诺斯和幼儿狄俄尼索斯》，现在已被确定出自天才利西普斯之手。这尊雕像采用了塞皮索多托斯（Cephisodotos）与埃雷内和普卢托斯共同开创的主题，并且这一艺术主题经由普拉克西特莱斯创作的《赫尔墨斯和婴儿狄俄尼索斯》雕像得以进一步展现。像古典晚期的许多作品一样，这尊雕像通过把神话变成美好的寓言故事，表达了伤感之情。

殿展现了权力和威望的恢宏气势，但即使是这样，这里依然具有理性且条理清晰的设计理念，这种理念对当时的公共城市结构和私人建筑结构的设计产生了深远影响。

近期，在现在的维尔吉纳附近发掘出了埃迦伊皇家墓地，其中有腓力二世的壮丽陵墓。雕像完美展示了墓葬建筑艺术的典型特征，而这种特征在从埃德萨 / 萨洛尼卡 / 卡特里尼三角地区发掘的不少于 70 处的相似墓穴中得以充分展现。这些单室或双室结构的建筑特色完全具有创新性，其中包括桶形拱顶天花板和外墙壁画。

这座不朽的陵墓本身看上去像一座小型的神庙，在墓穴中，建筑装饰、雕塑绘画、多立克和爱奥尼亚元素和谐地结合在一起，展现了当时对折中主义和绘画艺术的偏好。在腓力二世墓中发现的珍贵的随葬品和其他物品中，包括精美绝伦具有现代艺术特征的装饰品，装饰品上还带有厚厚的金箔浮雕，绘制有优雅且设计精妙的图案。

P134

这尊著名的青铜雕像也是出自利西普斯之手，这里呈现的是精妙绝伦的罗马版本的复制品。赫尔墨斯是商人和盗贼的保护神，这尊雕像展现了他在旅途中暂短休息的姿态。如果不是因为脚上穿有带翅膀的鞋子，他看起来和一个英俊的年轻凡人没什么不同。

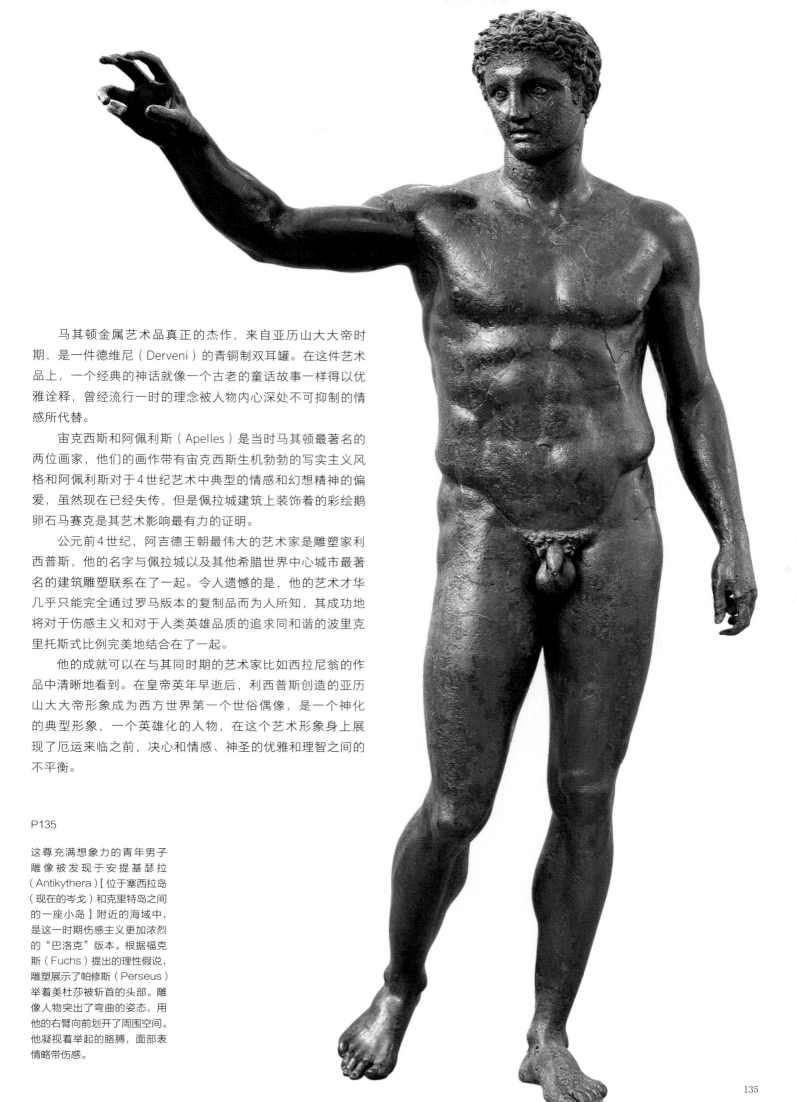

马其顿金属艺术品真正的杰作，来自亚历山大大帝时期，是一件德维尼（Derveni）的青铜制双耳罐。在这件艺术品上，一个经典的神话就像一个古老的童话故事一样得以优雅诠释，曾经流行一时的理念被人物内心深处不可抑制的情感所代替。

宙克西斯和阿佩利斯（Apelles）是当时马其顿最著名的两位画家，他们的画作带有宙克西斯生机勃勃的写实主义风格和阿佩利斯对于4世纪艺术中典型的情感和幻想精神的偏爱，虽然现在已经失传，但是佩拉城建筑上装饰着的彩绘鹅卵石马赛克是其艺术影响最有力的证明。

公元前4世纪，阿吉德王朝最伟大的艺术家是雕塑家利西普斯，他的名字与佩拉城以及其他希腊世界中心城市最著名的建筑雕塑联系在了一起。令人遗憾的是，他的艺术才华几乎只能完全通过罗马版本的复制品而为人所知，其成功地将对于伤感主义和对于人类英雄品质的追求同和谐的波里克里托斯式比例完美地结合在了一起。

他的成就可以在与其同时期的艺术家比如西拉尼翁的作品中清晰地看到。在皇帝英年早逝后，利西普斯创造的亚历山大大帝形象成为西方世界第一个世俗偶像，是一个神化的典型形象，一个英雄化的人物，在这个艺术形象身上展现了厄运来临之前，决心和情感、神圣的优雅和理智之间的不平衡。

P135

这尊充满想象力的青年男子雕像被发现于安提基瑟拉（Antikythera）[位于塞西拉岛（现在的岑戈）和克里特岛之间的一座小岛] 附近的海域中，是这一时期伤感主义更加浓烈的"巴洛克"版本。根据福克斯（Fuchs）提出的理性假说，雕塑展示了帕修斯（Perseus）举着美杜莎被斩首的头部。雕像人物突出了弯曲的姿态，用他的右臂向前划开了周围空间。他凝视着举起的胳膊，面部表情略带伤感。

希腊化艺术

希腊化时期指的是从亚历山大大帝去世（公元前323年）至罗马征服埃及（公元前31年）之间的历史和文化时期，埃及是马其顿帝国解体后建立的最古老的王国。"希腊化"一词还总结了希腊的影响力扩展到了腓力二世之子在非洲和东方征服的广大领土上的情况。

19世纪后期的德国历史学家J.G.德罗伊森（J.G.Droysen）首次使用希腊化这个词，他认为这一时期是希腊语言、宗教、政治模式、风俗、文化和艺术传播到马其顿征服的相关领域并被同化的时期。在艺术史上，这一术语指这一时期的形式艺术语言。由于希腊文化对古罗马艺术和建筑有巨大的影响，因此这一时期产生的深远影响至少蔓延到了2世纪。

在亚历山大大帝去世后，希腊人和非希腊人成为同一历史时期共同的主角，并成为当时普遍文化的一部分，在这种文化中希腊成为思想体系、逻辑领域、物质世界的焦点。希腊科因语作为一种"共同语言"得以发展，把不同的传统带入人们的相互交流中，提高它们各自对文化发展的贡献。在不破坏其原始"区域"特点的基础上，实现文化的融合发展。

随着经济、社会、政治和文化基石不再跟种族、宗教及政治地理相一致，随之而去的还有一种社会模式必须优于其他模式的偏见。由此，文化融合成为解决问题的必要且唯一的途径，这种文化融合要纠正胜利者和失败者之间、主导文明同被主导文明之间的偏见和误解。取而代之的是一种人类的普遍维度的思想，它为区域特质提供了结构化的空间，一种既统一（符合亚里士多德学说）又多样的文化。在城市规划中，一旦希波达米亚标准及其功能变体被完全接受，人们的注意力就会转向城市规划的纪念特征、奇观和风景效果，这是马其顿帝国遗留下来的君主制体现的新政治秩序的表现。

这些统治者足够开明，非常清楚获得民众赞同的重要性，他们煽动性地利用与臣民的关系，以此来调动民众积极性。在城市转变为艺术文化之都的过程中，得到恩惠的民众甚至开始变得眼花缭乱。

希腊化城市是一个巨大而浮夸的建筑秀，这些城市拥有规模巨大的城墙、多种多样的公共空间，以及成为世界奇迹的不朽的纪念性和艺术性建筑，如亚历山大灯塔、罗德斯岛的青铜巨像、帕加马的宙斯祭坛、用于祈祷的萨莫色雷斯岛的胜利女神像。同样，在私人住宅中，延续几个世纪的"无修饰"的建筑装饰方式也被更吸引人的设计所取代，房间能满足精神和物质的需要，装饰以马赛克地板浮雕——这是一种充满神秘色彩的石制地毯、壁画

P136和P137

蕴含着神圣的艺术神话传说的著名的《米洛的维纳斯》雕像，现存于卢浮宫，由一位伟大的雕塑家创作于公元前2世纪下半叶，这位雕塑家可能来自于希腊大陆，他与利西普斯一样，追求艺术的整体性和作品的精湛完美。这尊雕像由六块大理石创作而成，艺术家对每一块石头进行了单独雕琢，留存下来的雕像丢失了双臂，双臂原本可能是用来遮挡美丽的裸体躯干的。雕像头部被奇迹般地完整保存下来，身体部分展示了普拉克西特莱斯和利西普斯的艺术特征，但是作品的韵律和动作却显得更加复杂。雕像人物的左脚微微抬起，像是在颤抖，给整尊雕像带来了一丝躁动不安的感觉，这暗示了艺术作品中天然的不对称性。

P137左下

美丽的《蹲着的阿芙洛狄忒》雕像（大约公元前100年），好似一推就倒。代达沙斯（Doidalsas）创作的这尊美丽的雕像，双手正在拧干头发的姿势为其增添了栩栩如生的细节，着重强调了脸部的明暗对比效果。

以及其他一些装饰物，它们有些很精致，有些很明显是大批量生产的。

工匠们正在尝试最早的"工厂"工艺，与此同时，某些小众艺术，特别是黄金珠宝的制作，达到了前所未有的技术和风格水平。城市中心的规划房屋分布在庭院周围，这些庭院有的有廊柱，有的没有。这种房屋规划模式席卷了整个希腊化世界。

在雕塑和绘画方面，各艺术流派把亚历山大大帝统治下现已四分五裂的帝国的主要中心——佩拉、雅典、帕加马、亚历山大、安提俄克、塞琉西亚和罗德斯联系在一起，他们将自己的传统同公众和艺术品买主的不同艺术偏好融合起来。

艺术家们专注于展现现实，用戏剧或悲喜剧的方式描述事件，或是描述无形的梦境：一个神秘的微笑，女神或舞者翩翩起舞，或是女神变成了凡人。重要的是，这不仅仅是神话复兴的关键，也是马其顿王国的丰富多彩的文学发展的关键，这是雅典人冷静编纂的毫无感情的作品，是亚历山大的艺术家们娱乐的"书法"，是帕加马大师们创作的戏剧式和感官上的"巴洛克式"的艺术风格，是罗德斯派典型的令人振奋的色彩和运动感，是塔伦廷金匠的艺术作品，是出自百城的陶制品。

它同样是理解看似截然不同的艺术作品的关键，比如造型怪诞的《醉酒的老妇人》，以及萨莫色雷斯岛的胜利女神像。这些艺术作品帮助我们了解公元前3—前2世纪非希腊世界各民族的艺术革命：从罗马人到伊特鲁利亚人，从在意大利中部地区发现了彩绘墓家的达乌尼人到亚平宁山脉南部的卢卡尼亚人（Lucanians）；从努曼西亚（Numantia）和萨贡托（Sagunto）的伊比利亚人（Iberians）到印度河沿岸的居民。

P138

这尊精美的罗马雕像复制了欧布里德（Eubulioles）的真迹，展现了斯多葛（Stoic）哲学家克里西波斯（Chrysippus）坐在地上全神贯注地思考的状态。他身着一件简单的披肩（与斯多葛派所宣扬的朴素一致）。本作品创作于公元前3世纪末期。人物脸上凝重的表情成为了时代的标志，作品紧凑的韵律以及对平静和感性自然主义的追求，令人回想起公元前3世纪阿提卡希腊化雕塑广泛流行的趋势。

P139

希腊化时代晚期，来自罗德岛的一位艺术家创作了这尊荷马头像（这尊雕像的重塑完全出自作者的想象），它是罗马复制品。年迈的盲人诗人本身就是一个传奇，并且是希腊文化的范例。头像是根据创作者的刻板印象来创作的，人物被塑造成了一种偶像，但却失去了真正的内在张力。这些特征是那些影响了一些希腊化雕塑学派的"巴洛克风格"衰败的残余。

希腊和小亚细亚的考古之旅

畅游在蓝天碧海间的古老石林 / 142

雅典，女神之城 / 151

埃伊纳岛上的神庙 / 164

迈锡尼，爱琴海狮子的庭院 / 166

埃皮达鲁斯，
以阿斯克勒庇俄斯为荣 / 172

麦塞尼，一座戒备森严的城市 / 174

奥林匹亚，和平和体育的古都 / 176

佩拉，马其顿统治者的华丽宫廷 / 182

多多纳，橡树可以跟凡人耳语的地方 / 187

德尔菲，世界的肚脐 / 189

纳克索斯岛，建在岩石上的神庙 / 196

提洛岛，神明与商人之岛 / 198

林多斯，碧空下的雅典娜圣殿 / 209

萨摩斯岛，赫拉的摇篮 / 210

帕加马王国，风之卫城 / 212

普里埃内，杰出的城市规划 / 219

克诺索斯，没有牛头怪的迷宫 / 222

P140—141

这是帕特农神庙西北角的美丽
特写。山墙上的浮雕展现了雅
典娜和波塞冬为争夺阿提卡而
进行战斗的场景：智慧女神手
持象征持久和平与繁荣的橄榄
枝与海神赐予的战马相遇。这
座山墙由伟大的菲迪亚斯创作
于公元前438—前432年，在
这一历史时期，雅典卫城的大
部分建筑都是由伯里克利的民
主政府委托修建的。

畅游在蓝天碧海间的古老石林

这一章节我们要讲述参观古希腊最优良的考古遗迹的行程。由于篇章的限制，许多著名的历史遗迹并没有在本章中得以展现。这些考古遗迹可以留给后代研究，许多荒废的遗迹正在等待修复。尽管如此，我们期待读者们探寻这些遗址，带着每一位读者的聪明智慧来寻访这些古代世界光辉灿烂的历史遗迹。

阿提卡是希腊的古代心脏，在这里，游览者在一定程度上可以看到比雅典更加光辉灿烂的文明：他们可以探索埃留西斯神秘圣殿的废墟，或者在海梅托斯山、彭特利库斯山、帕尼斯山和凯瑟罗纳斯山上漫步。在这里，人们会发现制造杰出大理石像的采石场，激发古代作家创作灵感的被蜂鸣环绕的大草原，以及供奉着神明的石窟。人们还可以驻守在苏尼翁角壮观的波塞冬神庙遗址后面等待观赏日落的景色。可以参观布劳隆（Brauron）、莱姆努斯、奥罗波斯（Oropos）的圣所，在马拉松平原呼啸的风声中聆听战斗的号角，或者攀爬埃留塞莱和菲勒坚不可摧的堡垒。

在通往科林斯的要道上，人们应该留出足够的时间驻足观赏风景如画的佩拉赫拉湾，附近依稀可见两座赫拉圣庙的遗址。在峡谷靠近爱琴海的一侧，是位于伊斯米亚的波塞冬圣庙，在这里两年举行一次的地峡运动会，是仅次于古代奥林匹克运动会的比赛盛事。

我们沿着迪奥科斯（Diolkos）石道走，在这条有着一千多年历史的道路上，大型运货马车运载着从爱琴海到爱奥尼亚的船只。科林斯本身也不会令人失望，至少科林斯卫城是如此。它位于地势的高处，俯视着海湾。低处的城镇拥有大量古迹，雄伟的阿波罗多立克柱式神庙遗迹和在罗马时代就成为纪念性广场的集市占据了整个场景。在附近，水仍然从佩雷恩喷泉流出，喷泉有着广阔的庭院和优雅的外观。

再往南是尼米亚，拥有伟大的供奉宙斯神的泛希腊圣殿，在这里每两年举行一次运动比赛。在尼米亚附近，风景如画的山间小路把人们带入了广袤且清澈的斯汀法里斯湖（Stymphalian Lake），湖边环绕着郁郁葱葱的赛琳山（Mount Cyllene）和高处绿草如茵的奥列耶托斯山（Mount Oligyrtos）。沿着山麓向下是海边，穿过一片葡萄园，到达了拥有广袤梯田的西锡安，这里可见气势恢宏的希腊风格的广场和保存完好的剧院。

P142左下

提兰托（Tirinto）的迈锡尼宫殿（公元前13世纪）的有顶画廊是展现"假拱门"巨石技术的一个例子，它可以在被围困时快速移动。

P142—143

风景如画的克诺索斯的米诺斯宫殿将人们的注意力引到了这片废墟上。大量的重建工程以一种"废墟般的"布局被安排实施，包括从北面的入口到各种层次的庞大复杂的建筑群（公元前17—前15世纪）。

P143左上

这是与克诺索斯宫殿同时期的又一处重要的米诺斯建筑，被掩埋在菲斯托斯（Phaistos）。这里通向克里特海南部海岸。照片中，我们可以看到通向西南区域的巨大阶梯。

P143右上

这段房屋废墟和迈锡尼宫殿之间的台阶是被海因里希·施里曼发现的，现在是一处著名的旅游景点。

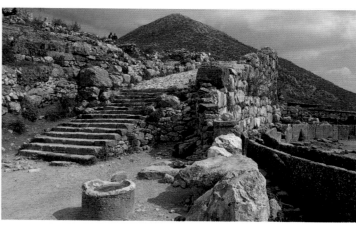

P144—145

风景如画的德尔菲神圣之路旁边是雅典人建造的爱奥尼亚式廊柱（公元前478年），展示在图片右边。图片的背景是雅典宝藏，一处小型的多立克式神庙，其三角楣饰现在保存于当地博物馆中。

P144下

这座小型的奥罗波斯剧院（公元前322年）建造在阿提卡海岸，与埃维亚岛隔海相望，是被神化的英雄安菲亚罗斯（Amphiaraos）的圣殿建筑群的一部分。这里也许是纪念这位英雄的各种节日活动的发源地，同雅典人的酒神节一脉相承。

P145右上

在阿提卡，这座位于莱姆努斯的复仇女神圣所出自公元前5世纪下半叶最著名的建筑师和艺术家之手。在祭祀复仇女神的神庙旁边，是供奉忒弥斯的神庙，面积相较之下要小一些。

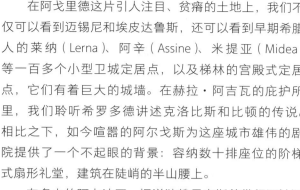

在阿戈里德这片引人注目、贫瘠的土地上，我们不仅可以看到迈锡尼和埃皮达鲁斯，还可以看到早期希腊人的莱纳（Lerna）、阿辛（Assine）、米提亚（Midea）等一百多个小型卫城定居点，以及梯林的宫殿式定居点，它们有着巨大的城墙。在赫拉·阿吉瓦的庇护所里，我们聆听希罗多德讲述克洛比斯和比顿的传说。相比之下，如今喧嚣的阿尔戈斯为这座城市雄伟的剧院提供了一个不起眼的背景：容纳数十排座位的阶梯式扇形礼堂，建筑在陡峭的半山腰上。

在多山的阿卡迪亚，据说狄俄尼索斯曾带领酒神狂欢游行，我们在那里看到了奥霍梅诺斯（Orhomenos），那里有一座剧院，在环绕它的城墙内有重要的历史遗迹。曼提尼亚，以其多边形的城墙著称。忒格亚，伟大的斯科帕斯在现今已被毁坏的雅典娜·阿莱亚神庙中留下了著名的雕塑。麦加洛波利斯（Megalopolis，现译为大都会），是斯巴达骄傲的对手，也是历史学家波里比乌斯（Polybius）的出生地，这是"一座伟大的城市"并且在每一方面都称得上宏大——从可容纳20000个座位和活动舞台的剧院，到议会大楼的前身西里昂（Thersilion）。

拉科尼亚被泰吉图斯山脉（Taygetus）和帕农山脉（Parnon）所隔离，它以斯巴达为中心。斯巴达是一座简陋的城市，由梅内劳斯（Menelaus）、来库古和莱昂尼达斯组成。由于斯巴达人对艺术漠不关心，所以这里没有任何装饰。在卫城及其附近地区，只留下了古代后期遭到毁坏以至于无法辨认的历史遗迹，如今这些遗迹归现代的地产开发商所有。麦塞尼（Messene）拥有多种美丽的地貌风景，在腓尼基人的壮丽海湾菲尼科塔（Phinikounta）发现了东方航海家的踪迹。

游历完麦塞尼之后，不应错过的一个旅行地点是宫殿般的皮洛斯农庄，这里也许是荷马笔下的内斯特的宫殿。在伊利斯（Elis），肥沃的平原地区和延绵的丘陵相间，但是在南方地区分布着高耸的山脉和狭窄的山谷。爱奥尼亚海的边缘是低洼的沙质海岸，宽阔的海湾点缀着潟湖和沼泽，一直延伸到内达斯河口。在这里，我们发现了零星散落的伊利斯遗址，该地区以遗址的名字命名。沿着海岸，我们发现了费亚（Feia）的水下遗迹。再往南是卡亚法斯（Kaiafas）的洞穴，那里有富含硫黄的水，半人马涅索斯（Nessus）在此清洗他的致命伤口。

离开奥林匹亚之后，我们来到了安第塞纳（Andhritsena）山脉，瞻仰位于巴塞气势恢宏的阿波罗神庙，该神庙和帕特农神庙出自同一建筑师之手（并且现今仍处在帐篷结构之下而不是暴露在外）。

我们继续向北前进来到了阿契亚，此地拥有低矮的岩石峭壁，以及点缀着白色鹅卵石的海滩。崎岖的山谷间穿插着深深的峡谷，在这里广泛分布着针叶林和地中海灌木丛，并且不远之处有大片的柑橘林、夹竹桃和桉树林。离开了拥有罗马音乐厅的帕特拉斯（Patras），我们穿过海峡来到阿卡纳尼亚-埃托利亚。这里接近神秘的阿刻罗俄斯河（Achelous River）蜿蜒的河道，旅行者可以看到风景如画的奥尼亚代（Oiniadai）剧院。这里是一个设备齐全的港口，周围环绕着围墙。在广大的烟草种植地中间分布着宙斯神庙遗迹和斯特拉特斯（Stratus）恢宏的防御工事，这里曾经是该地区古老的都城。

通往德尔菲的途中，最值得驻足观看的地方是辉煌的卡里敦（Calydon）卫城。在这里，人们可以找寻墨勒阿革洛斯神话传说的踪迹以及城市漫长辉煌的历史。在埃托利亚中心地区，沿着特里克奥尼斯湖，出现在眼前的色麻姆（Thermum）给人们带来了惊喜，其中不乏一座古风时期的神庙。维奥蒂亚，著名的酒神狄俄尼索斯和缪斯的悲剧神话传说的发源地，这里有广袤的阳光充足的平原以及偶尔出现的低矮山脉。底比斯这座古老都城，在希腊城邦中只有短暂的时间占据主导地位，它几乎没有什么壮观的古迹来展示其悠久的历史。

P145 右中

在多德卡尼斯群岛中的科斯岛上，阿斯克勒庇俄斯圣所在公元前4—前2世纪沿着一系列大型梯田而建。

P145 右下

矗立在阿尔忒弥斯圣所中的是熊门廊（女神的女祭司被称为熊），建造于公元前5世纪。

P146左上

科林斯古风时期的阿波罗神庙的遗址（公元前550—前540年）依旧耸立在俯瞰低处城市的缓坡上，它在罗马时期得以重建。

P146右上

提洛岛上的石狮露台是整个岛屿上极其吸引人的古迹之一。石狮建造在一系列的底座上，并得以完好保存。狮子跳脱的造型属于东方艺术形式，雕刻于公元前7世纪。

更多有趣的景点在等待着我们：阿波罗的"普顿"庇护所；格拉（Gla），也许是阿尔内人在迈锡尼的居住地，此处风景优美，位于科帕伊斯湖以前的一个岛屿上；奥霍梅诺斯及其宏伟的圆形石墓；在查埃罗纳（Chaerona），城邦的独立性消失了。温泉关存在着由莱昂尼达斯领导的300多名斯巴达人组成的部落。接着我们来到了塞萨利，在这里，广阔的平原从爱琴海延伸至平多斯山脉。著名的塞斯克勒和季米尼新石器时代的居住地的防御工事和阿洛斯（Alos）众多的城墙向人们展示了非常有趣的场景，然后我们开始了对沃洛斯——古代的伊奥克斯（Iolkos）的参观。不远处就是德米特里亚斯（Demetrias）遗址。

青翠的坦佩峡谷（Tempe Valley）把我们带至奥林匹斯山脚下的马其顿，传说中这里是神明的住所，终日云山雾绕。不断变化的地貌为观赏杰出的考古遗迹提供了背景。与佩拉和维尔吉纳·埃迦伊一样，这里也有许多值得纪念的遗址，如周围拥有丰茂葡萄园的迪翁遗址和莱夫卡迪亚遗址，这些遗址展示了光辉灿烂的皇室墓穴。希腊北部其他著名的考古遗迹——埃德赫萨、奥林图斯、菲利皮、萨索斯、阿卜杜拉——当然都很有趣，但吸引力各不相同。

P146—147

苏尼翁角的波塞冬圣所，历尽沧桑，坚不可摧，它建造在古代神圣的土地上。公元前490年，圣所被波斯人摧毁，并在公元前444年得以重建。很可能是出自与雅典的古罗马神庙和莱姆努斯的复仇女神神庙相同的设计师之手。毫不夸张地说，在这里可以看到世界上最壮观的日落美景。

P147右上

这块严苛风格的阿提卡祈祷石碑碎片，描绘了一个裸体的年轻男子。他也许是一名运动员，正在用手扶稳头上的皇冠。这件艺术品可追溯到大约公元前470年，被发现于苏尼翁角。

P147右中

另一个美丽的景观是位于苏尼翁角的气势恢宏的波塞冬神庙。说明奥尼亚岛可能是创作者的故乡，因为建筑师仔细考量了建筑的光影效果。

伊庇鲁斯的考古资源不仅局限于多多纳古城，内克罗曼提昂（Nekromanteion）遗址的发掘出乎人们的意料，据说在这里，冥界的神秘河流弗雷格顿、科克托斯和阿切隆汇合在一起。在这个古代神谕之地，朝圣者从死者灵魂那里获得了他们寻求的答案。再继续向南方前进，我们来到了卡索佩，在这相对有限的空间里和崎岖不平的地形上，希波丹姆斯理论得以充分运用，但是其价值却被人们低估了，同时这里体现出了对原始希腊风格建筑的偏好。

想要对爱奥尼亚和爱琴海美丽岛屿上的考古宝藏和如画风景深入探寻，需要进行无休止的巡游。爱奥尼亚的主要岛屿——科孚岛、帕西岛（Paxi）、莱夫卡达岛（Lefkadha）、卡拉莫斯岛（Kalamos）、梅加尼西岛（Meganissi）、伊萨卡岛（Ithaca）、基法罗尼亚岛（Kefallonia）和赞特岛（Zante）——从阿尔巴尼亚的古老的布思顿岛（Bouthroton）一直延伸到伊利斯岛，呈南北走向。

崎岖的白色石灰岩悬崖海岸，不时地被小卵石海滩打断，周围是茂密的橄榄林、凌乱的地中海沼泽地或陡坡，内陆岛屿乡间景色点缀着静谧的村庄，荒凉的石质斑块，郁郁葱葱的溪谷——在每一个角落，我们都能发现遥远过去的踪迹：从迈锡尼青铜器时代，到繁荣的殖民主义和贸易的古风时期，再到后来罗马统治下繁华的行省平静而祥和的岁月。在科夫岛考古艺术展览中，最著名的展品就是阿尔忒弥斯神庙的古风时期山形墙饰。莱夫卡达岛最令人难忘的地点是杜卡托角，这是一座壮观的白色石灰岩悬崖，相传女诗人萨福（Sappho）在此处投海自尽了。

基法罗尼亚岛隐藏在自然风景区之外，这里有几个考古景点，遗憾的是，这些地方很难到达。如精美的迈锡尼岩石建成的马扎拉卡塔墓地位于一处偏僻的乡村地带，而环绕克莱恩的巨大城墙位于陡峭山坡的高处。伊萨卡岛是荷马笔下奥德修斯（Odysseus）的故乡，考古发现证明了这座岛屿在迈锡尼时期和几何时期的重要作用。爱琴海上分布着数以百计的岛屿，其中一些岛屿在本书中得以单独描述，但还有许多岛屿同样值得一提，如埃维亚岛，埃雷特里亚的重要考古发现；奇奥斯岛（Chios），埃博里奥斯（Emborios）考古区；萨莫色雷斯岛，著名的胜利女神像现收藏于卢浮宫，它曾经深埋于此处（雕像基座仍旧矗立在宏伟的神庙中）；锡罗斯岛，爱琴海上重要的岛屿；米洛斯岛，与费拉科比（Phylakopi）考古遗址一起出土。

爱琴海东部的科斯岛与药神阿斯克勒庇俄斯有紧密的联系，这在其考古遗址中得以充分印证。由于篇章限制，没有描述罗马城有趣的遗址，罗马城是希腊最著名的城市。也没有描述希腊化时期的建筑，现在在海港区域，它们已经与罗马建筑和早期基督教建筑遗迹混在了一起。

岛上最著名的考古遗址——阿斯克勒庇俄斯神庙，建于公元前4—前2世纪，这足以说明一切。随着地势的不断升高，罗马浴场、希腊化的柱廊、楼梯、喷泉、祭坛、小型神庙，以及一座罗马风格的科林斯神庙依次出现在人们眼前，参观者最后会到达山顶和伟大的阿克莱斯遗址。这是一座风景优美的神庙，坐落在从山坡上拔地而起的四层露台上。除了今天的希腊，我们还看到了过去的希腊、亚洲的希腊、士麦那和米利都的希腊、迪迪玛和以弗所的希腊，以及另外上百座城市的希腊，它们是希腊文明的继承者，从阿伽门农时代到亚历山大时代，一直向东部扩散。

P148下

在弗利吉亚（Phrygia，位于土耳其）古老的阿索斯（Assos）卫城上，坐落着修复完好的多立克式阿波罗神庙。亚里士多德创办的一所最重要的哲学学校就诞生在这里。

P148—149

这是高空视角下的公元前4—前1世纪阿索斯鼎盛时期的重建工程。面积巨大的梯形广场两旁是宏伟的市场建筑（该建筑由两排柱子构成，一直延伸到市政厅）。浴场、神庙、豪华住宅被建造在广场附近。巨大的城墙得以完好保存，将整个城市与卫城连接起来，卫城是宗教活动举行的地点。

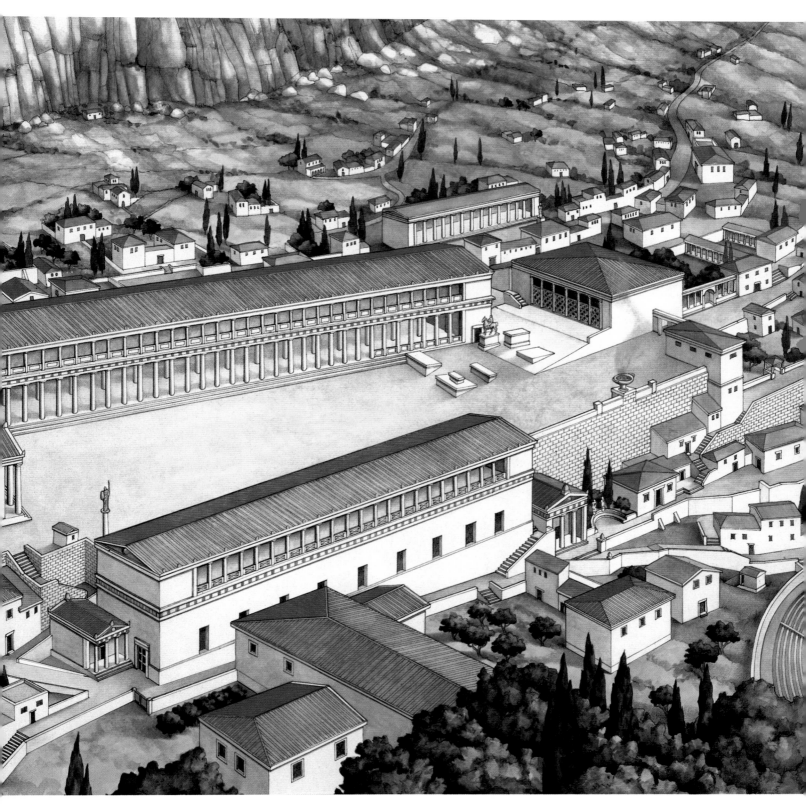

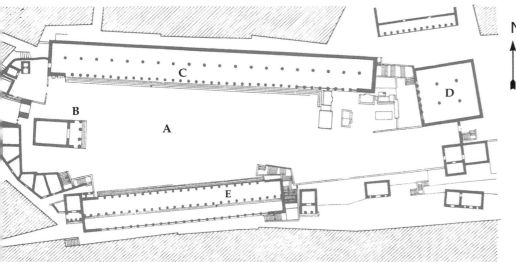

N

A 广场
B 狄俄尼索斯神庙
C 市场建筑
D 市政厅
E 浴场建筑

P150—151

从附近的菲洛帕普斯山（Philo-pappos Hill）上俯瞰雅典卫城的美景，凸显了帕特农神庙的和谐结构。

P150左下

在雅典卫城的废墟中，菲迪亚斯的神明和英雄似乎无处不在。

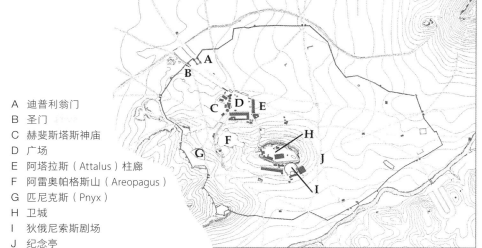

A 迪普利翁门
B 圣门
C 赫斐斯塔斯神庙
D 广场
E 阿塔拉斯（Attalus）柱廊
F 阿雷奥帕格斯山（Areopagus）
G 匹尼克斯（Pnyx）
H 卫城
I 狄俄尼索斯剧场
J 纪念亭

雅典，女神之城

　　到达雅典的游客们，都对这座古代世界文化之都怀有强烈的兴趣，但他们往往很难对旅游胜地做出选择。雅典卫城当之无愧是每一个参观者的旅游胜地，每一个旅行团无一例外都会从帕特农神庙出发，这座神庙象征着希腊建筑艺术的发展，而其结构和装饰代表着希腊文化的精髓。

　　帕特农神庙于公元前448—前438年由菲迪亚斯、伊克蒂诺、卡里克拉提斯建造而成，这座神庙是典型的多立克柱式结构，前面是一个独立的八柱式柱廊。神庙所有的结构元素和装饰元素都根据复杂的数学公式设计而成，是对展现建筑完美比例的一次成功的尝试，这种完美比例已经被波里克里托斯运用在其建筑中，并被编成了典籍。

　　潜藏在这项研究之下的基本原理可以在毕达哥拉斯和阿纳哈格拉斯关于普遍和谐的哲学论证中找到。（在神庙被建成之后的半个世纪，这种原理在柏拉图的《提摩亚斯》和《泰阿泰德》中得以进一步回应，并给出了数学对应关系的显著证据）。由8×17根柱子组成的列柱廊仍旧保存完整，耸立在巨大的长70米、宽31米的基座上。

　　在神庙中，门廊的和后室的深度似乎缩减到了极致，以利于东侧的内殿和西侧更小的采用了帕特农神庙结构的"处女宫"的建造。在内殿中，耸立着双排的多立克柱，呈"π"状排列，将菲迪亚斯的巨型（12米高）金象牙杰作雅典娜·帕提诺斯雕像框定在一起。在另一个房间里，巨大的木制女神像被保存在四个爱奥尼亚立柱之间。这是第一次将多立克柱式和爱奥尼亚柱式用在同一座建筑中。在此之后，这种建筑形式被频繁使用。

　　神庙的所有部分统一使用10个阿提卡格测量单位（19.24厘米），不断重复相乘，应用在平面和立面的几何比例上——像是建立在毕达哥拉斯规则上的棋盘，其理想比例据说是用一个无理数 j（1.618033……）表达出来的。廊柱通常建在内殿墙

P150右下

伊克蒂诺和卡里克拉提斯对帕特农神庙的列柱廊的布局和高度做出了几处有效改进，使其看上去流畅优美，结构紧凑。帕特农神庙遗迹南侧的景象印证了1687年威尼斯炮弹袭击对这处建筑造成的损毁。

P151中下

所谓的沉思的雅典娜石碑传说是一尊与体育竞技有关的祈愿雕像。女神似乎正在终点线等待着她的门徒。这尊石像可追溯到公元前460年左右并被认为是相当完美的严苛风格的艺术作品。

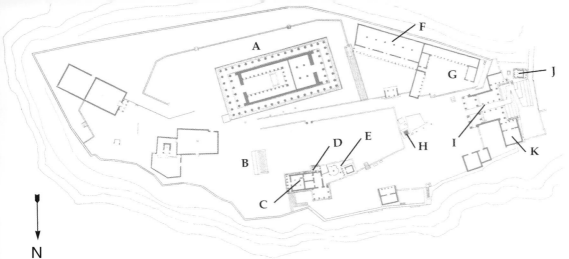

A 帕特农神庙
B 雅典娜·波利亚斯（Athena Polias）祭坛
C 伊瑞克提翁神庙
D 女像柱门廊
E 雅典娜橄榄树区域
F 武器库
G 阿尔忒弥斯圣所
H 雅典娜女神像
I 山门
J 雅典娜胜利女神庙
K 画廊

N

P152—153

从雅典东北面看去，帕特农神
庙在卡里克拉提斯的带领下于
公元前460年左右设计完毕并
得以开工。但是，由于波斯战
争和卡里阿和平条约（Peace
of Callia）的签订，受到国内
政治形势的影响，建筑工程被
迫中断。随后，伯里克利开启
了一项新工程，建筑成果就是
伟大的建筑天才伊克蒂诺、卡
里克拉提斯和菲迪亚斯合作完
成的雅典卫城。

P152下

帕特农神庙的多立克式雕带可能是菲迪亚斯最先完成的装饰工程。一些人认为这位建筑大师可能只是给他的学生们提供了指导，然而其他人在其艺术作品中看到了更加冷静持重的艺术表现力。

P153右

这尊小型的罗马雕像是菲迪亚斯用黄金和象牙制成的，展现了金碧辉煌的雅典娜·帕提诺斯。这尊雕像是复制品，建造时间可追溯到哈德良帝国（Emperor Hadrian）时期（公元2世纪）。

P154—155

这幅公元前5世纪晚期的卫城复原图展现了古代游客从泛雅典娜大道启程，穿过宏伟的墨涅西克勒斯山门，到达景色优美的女神庙以及菲迪亚斯和他的追随者们设计建造的气势恢宏的建筑物和艺术古迹时，所体验到的震撼效果。

壁附近（柱子之间彼此靠近）。柱子底部直径和柱子轴间距离的比例是4：9，和台基与内殿的尺寸比例相同。

伊克蒂诺发明了一系列建筑改良措施，以确保帕特农神庙的整体造型看上去和谐完美。神庙位于右侧稍高的位置，每个进入卫城山门的人都会注意到这一点。由于受到视角、光线、光影效果、维度和虚实之间的关系等的影响，人类的眼睛往往会感知到现实中轻微变形的图像。由此，伊克蒂诺做出了一些令人震惊的"视觉矫正"。比如，台基向上弯曲了大概6厘米，并在柱子上增加了不易察觉的凸面，轻微弯向内殿。

在今天的参观者眼中，多立克柱式的传统厚重感因其朴素优雅的形式，以及比例的和谐而改变，而白色大理石增强了神庙高耸结构上的光影交错效果。

帕特农神庙竣工于公元前432年，其装饰特征体现了它的政治、文化和宗教意义。菲迪亚斯担任神庙雕塑的整体设计师，阿提卡最优秀的艺术天才们协助他完成了这一杰出艺术创作。在几个世纪的蹂躏中幸存下来的作品——在狄奥多西一世（Theodosius Ⅰ）敕令（395年）后的基督教原教旨主义者、1456年被土耳其征服后的穆斯林反圣像主义者，以及1687年威尼斯的炮火，人们可以在卫城博物馆、伦敦大英博物馆和巴黎卢浮宫看到。山墙浮雕群（超过4米高）在东边展示了雅典娜诞生于宙斯王颅骨中的场景，在西边则展示了雅典娜和波塞冬为争夺阿提卡的统治权，进行的充满神秘色彩的比赛，刻克洛普斯（Cecrops）见证了这场比赛。

多立克雕带的92处墙面曾经具有生动的色彩，现在却只剩下微弱的痕迹。它们代表了正义与邪恶、公平与偏见、文明与野蛮之间的战争的四个版本，运用了承载着希腊人情感的神话和史诗意象。东面是诸神和巨人之战，南面是希腊人和半人半马之战，西面是希腊人和亚马逊人的战争，北面是希腊人和特洛伊人的战争（这暗喻了当时希腊人战胜了波斯人）。

沿着内殿墙壁的爱奥尼亚雕带展示的是运动比赛，以及希腊每四年举行一次的祭奠女神的游行活动，这些是表现雅典人的信仰和对女神忠诚信奉的节日活动的一部分。这是当代时事第一次在形象、宗教、伦理和政治信息方面与神话和史诗文学结合在一起。文学中描述的除了神明和英雄，还有普通人和他们的城市，

P156上

这块来自帕特农神庙的爱奥尼亚雕带的石板，展现了几位行进中的雅典年轻人。在四年一次的庆祝活动中，他们抬着装满水的罐子作为祭品献给女神。这件艺术杰作无疑出自菲迪亚斯之手，因为展现出了他独一无二的叙事技巧和整体风格。

P156下

这块来自帕特农神庙的爱奥尼亚雕带的石板，镌刻着骑士即将离开的场景。菲迪亚斯展现了其高超的创作技巧：艺术品所述故事的不确定性和迷惑性通过艺术大师之手进行了再创作，人物身体和面部表现出来的自然主义达到了巅峰状态。

颂扬着他们的道德品质，被美化为永恒的神明，以及不朽英雄价值的凡间化身：荷马史诗中的形容词isotheos（意为"神一般的"）用于形容这种特定的人类形象，再贴切不过了。

公元前437年，建筑家墨涅西克勒斯开启了他的卫城山门工程，这是通向卫城的宏伟的新大门，其原址是庇西特拉图时期建造的一个简陋的大门。刚刚建成帕特农神庙不久的同一批工匠被委以重任，5年之后，卫城山门完美竣工，成为神圣之路蜿蜒坡道的完美终点。它同样也是通往大理石建成的"宝库"的理想入口。

为气势恢宏的帕特农神庙建造比例合适、优雅神圣的大门不是一件容易的事。建筑空间是不协调且有限的，地面崎岖不平，还要考虑现存的巨型建筑和神圣辖区。墨涅西克勒斯非常智慧地在陡峭上升台阶的顶部设计了一个大理石建筑结构，

P157

几位年轻的信徒牵着一头充满恐惧的母牛，这是献给女神的祭品。该作品极好地展现了菲迪亚斯对自然主义的表达技艺超群。动物的焦躁不安与身着斗篷的年轻人的安静从容形成了强烈对比。

横跨岩石山脊，以此适应并隐藏了崎岖的地势走向。建筑中每一种元素的比例和维度都得以精心计算，充分利用了建筑得天独厚的地理位置。

建有六根廊柱的多立克式前殿构成了通往雅典娜圣殿的宏伟大门。前厅被双排三根雄伟的爱奥尼亚立柱分成三处中堂。周围的墙壁上有五扇门，位于五级台阶的顶部，中间有一条供马车和动物穿行的通道。

台阶沿着山脉的走势而建——巧妙地解决了坡度问题。在门的另一边，另一座多立克山门（与第一座相同）俯瞰着神圣的场地，为菲迪亚斯巨大的雅典娜女神像和帕特农神庙提供了一个华丽的框架。卫城山门的两侧建有两处翼状列柱。山门北侧建有矩形房屋，它作为画廊用来收藏著名的绘画作品。

雅典娜胜利女神的爱奥尼亚四柱神庙矗立在卫城山门西南侧的塔楼旁，在过去的几十年里，它一直用大理石装饰着表面。这座神庙建于公元前430—前410年，尽管建造过程因战争而频繁中断，但最后依然按照卡里克拉提斯30年前的设计建造而成。随后这个设计图纸被用于建造了伊利索斯河畔的得墨忒尔神庙和珀耳塞福涅神庙（只有一些18世纪的草图得以留存下来）。

这座建筑真正具有创新性的特点是最初的双排柱式风格，其比例和谐美观。大理石建成的神庙，前后方分别建有气势恢宏的爱奥尼亚式立柱，立柱上部环绕着雕带，上面展示了希腊和特洛伊之间的战争的场景。

在神庙四周，为了保护簇拥在卫城山坡上的朝圣者，建造了精美的大理石栏杆，以浅浮雕装饰，描绘了一队象征胜利的人物。此处技艺精湛的建造过程清晰地证明了菲迪亚斯当时在建筑界的影响力。但是，艺术品也展示了一种更精细地传达光影交互在帷幔上的相互作用，以及人物的动态姿势的能力。与此同时，有人认为这位雅典大师极具才华的学生之一卡利马丘斯承担了该雕塑的制作工作。

一个有趣的现象是建筑的政治信息和宣传信息发生了改变：这座神庙最初设计于公元前460—前450年，是为了庆祝雅典人对波斯人取得的决定性胜利，但事实上其建造时间要更晚一些，当伯罗奔尼撒战争正如火如荼地进行时，这座神庙成为了对雅典人战胜他的新敌人——斯巴达人的一种致敬。

公元前5世纪末期之前，雅典卫城中最后一座新建筑是雅典娜·波利亚斯的新神庙，历史上称之为伊瑞克提翁神庙（"动摇者"），名字来源是阿提卡人对波塞冬的称呼。它建于公元前421—前405年，位于帕特农神庙的北部地区，出自菲洛克里斯之手，也有人说神庙的建造者是卡里克拉提斯或墨涅西克勒斯。其不寻常的建筑布局是出于对宗教传统和该神庙遗址古老神圣性的尊重，以及将几种不同的古老崇拜仪式置于同一屋檐下的需求。

神庙东部的爱奥尼亚式六廊柱门廊通往内殿，在这里供奉着雅典娜·波利亚斯的古老木制祭仪神像。在神庙西面，不同的楼层分别供奉着波塞冬·伊瑞克提翁、赫斐斯塔斯、英雄布特和蛇童埃里希托尼乌斯（Erichthonius，雅典娜特别喜爱的人）。神庙外部的侧面种植着神圣的橄榄树，传统意义上来说，这些橄榄树是致敬

P158下

这座精美的小型自由女神庙建于伯罗奔尼撒战争期间的一个有利时机。小神庙引人注目地建在卫城西南部的塔楼上，全部覆盖着白色希腊大理石。

P158—159

墨涅西克勒斯建造的山门（公元前437—前433年）是分隔城市和圣所的建筑边界，是通往卫城的豪华入口。该建筑相当于画廊，当时大师笔下的画作都保存在这里。

P159下

圣所内部，山门的东部得以完好保存。它展现了多立克式艺术风格向着更加精致的方向发展，而其典型的传统特点也得以保存——简约而庄重。

P160左上

伊瑞克提翁神庙东侧是前殿，它位于内殿的前方。前殿是一处高大的六柱廊爱奥尼亚式建筑，在那里供奉着保护城邦的雅典娜·波利亚斯的古代木制神像。北部拱廊处被一种庄严的气氛渲染着，这里保留着波塞冬与雅典娜争夺阿提卡时掷出的三叉戟的印记。

P160—161

从西南方向看去，看到的伊瑞克提翁神庙是公元前5世纪末期之前，在雅典卫城上建造的最后一处建筑。它取代了古风时期的雅典娜·波利亚斯神庙，这座庙宇最初位于现在的建筑和卫城广场之间，即帕特农神庙在波斯战争中被摧毁之前的位置。现在的建筑建于公元前421—前405年，是由菲洛克利斯或卡里克拉提斯设计建造的。

P161右中

著名的女神像门廊象征着传说中的刻克洛普斯之墓。六尊身着爱奥尼亚传统服饰的美丽年轻的女子塑像，是菲利亚斯极为看重的门徒之一阿尔卡梅内斯的作品。

P161右下

伊瑞克提翁神庙的布局无疑是不同寻常的，在这里集合了许多古老的宗教人物，包括波塞冬·厄瑞克透斯（Poseidon Erechtheus）。这张照片展示了传说中的神圣的橄榄树，是雅典娜女神送来的礼物。

雅典娜和波塞冬之争的神秘礼物。

在神庙北面建有高耸的爱奥尼亚式六柱门廊，保护着波塞冬抛出的三叉戟留下的印记，以确保海水不断地从岩石中涌出。整座神庙唯一的装饰是黑岩石雕带，上面是潘泰列克大理石的高浮雕图案，描绘了阿提卡纪念仪式和埃里希托尼乌斯参与其中的场景。

正如建筑师明确的意图，参观者的关注点迅速聚焦到神庙的南侧，气势恢宏的门廊保护着具有神秘色彩的刻克洛普斯国王的墓冢。用来支撑门廊的是著名的女像柱，六尊身着爱奥尼亚裙饰的光彩夺目的年轻女子雕像成功地将精致的爱奥尼亚式的优雅和菲迪亚式的艺术表现力完美地融合在一起。

尽管这些雕像纹丝不动，但是却具有一种内在的活力，女像柱的设计者是阿尔卡梅内斯——菲迪亚斯的另一名学生。

除了门廊的极大魅力之外，所有建筑有趣的地方都在于它们的分层结构——按照卫城上升的岩石地形建造在不同的层面上。建筑近乎于偏执的精确性体现了其对于古老神圣领地的敬意，这一点从一些超自然现象的场景中可以看出。建筑设计把优雅的装饰性爱奥尼亚柱式结构同非传统的建筑结构融合在一起，以此实现了建筑概念上的不对称——特别是给古老神像和为祭祀仪式搭建的建筑，这成为希腊文化综合能力显现的又一案例。

北墙附近，靠近伊瑞克提翁神庙的是阿雷弗罗伊（Arreforoi，公元前5世纪）住宅的遗迹，这里建有专门供编织雅典娜长袍的年轻女性休闲的场所。著名的酒神（狄俄尼索斯）剧院建造在雅典卫城的南坡上，在神圣的辖区内供奉着保护戏剧比赛的神明，该比赛在盛大的酒神节期间举行。酒神剧院可见的建筑结构可追溯到公元前330年，自带许多罗马建筑的附加元素。剧院周围保留着作为公共通道的希腊化风格门廊的遗迹、许多合唱纪念碑遗迹、伯里克利大剧院遗址（公元前445年），以及大量罗马时期重建的礼堂遗址。

市集和附近的阿雷奥帕格斯山是雅典的另外一处考古遗迹。这一地区最杰出的建筑是公元前2世纪帕加马王国的阿塔拉斯二世修建的大型拱廊，这一建筑在近代得以翻修，现在是遗址博物馆，陈列着当地古风时期、古典时期和希腊化时期的考古发现。还有供奉着赫斐斯塔斯的多立克神庙，现今仍旧奇迹般地完好无损。

神庙矗立在科洛诺斯·阿戈莱奥斯山（Kolonos Agoraios，也叫市集岭）上，这是一座位于市集西部的小山，曾经聚集着众多金属器具作坊。这座用潘泰列克大理石建造的神庙与帕特农神庙建于同一历史时期，是雅典下城的地标性建筑。建筑高度大约32米，宽度大约14米，周围是6排廊柱，每排13根柱子。它遵循传统的多立克式神庙的建筑布局，前殿和后殿拥有一定的纵深，但是其内殿与帕特农神庙更为相似。

神庙的结构元素，特别是其各部分的比例很明显受到了帕特农神庙的启发，但是其装饰设计却在前菲迪亚模式和雅典卫城的创新设计模式之间波动。神庙的山墙和雕像

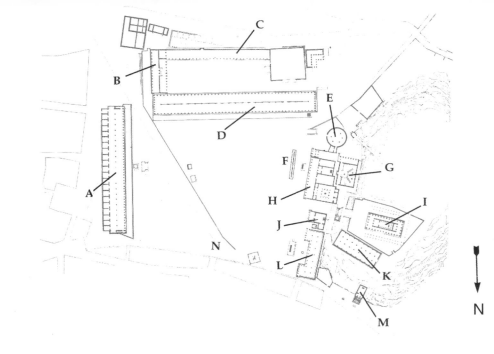

A 阿塔拉斯柱廊
B 东柱廊
C 南柱廊
D 中央柱廊
E 执政团圆形会场
F 英雄墙
G 议事厅
H 母神之庙
I 以弗斯托斯（Ephestos）神庙
J 阿波罗神庙
K 武器库
L 宙斯柱廊
M 阿芙洛狄忒神庙
N 泛雅典娜大道

上被保留下来的残片与阿尔卡梅内斯的作品有很大相似之处。

墙面上的浮雕只有18处——趋于古代风格，然而内殿和后殿的爱奥尼亚雕带展示了帕特农神庙对该建筑特征的影响。

这座建筑的有趣之处在于它与该市一个冶金活动长期集中的区域之间的文化联系。尽管有许多来自行会以及个人的慷慨捐赠，他们渴望为雅典做出贡献并从中获得声望，但实际上人们并不清楚这座神庙的建造是否是在金属工匠的赞助下完成的。可以确定的是，整个神庙之前的设计布局是一座花园，而与宗教并无联系。也许神庙建造者的初衷是把这一古老的"工业"地区——暮气沉沉，充斥着来自铁匠锻造炉的烟雾、嘈杂声和难闻的气味——变成公众娱乐的地方，在视觉上与附近的雅典卫城及其耀眼夺目的大理石联系起来。

其他有趣的地方是附近的凯拉米克斯（Keramikos）遗址，这里可以看到迪普利翁门墓地和几处陶瓦匠作坊的遗迹。最后，通过国家考古博物馆提供的资料，游客可以观赏到整个古希腊雅典都城的全貌。

P162下

赫斐斯塔斯神庙矗立在雅典市集附近，其优雅的比例源自帕特农神庙的建筑结构。

P163上

酒神剧院，在这里举行了悲喜
剧诗歌节，该剧院在罗马时期
得以重建。

P162—163

从这张雅典市集在希腊化时期
的全貌图可以看出来，尽管经
过了极力改进，但是不规则的
地形和先前存在的布局限制了
其向更加合理的方向发展。

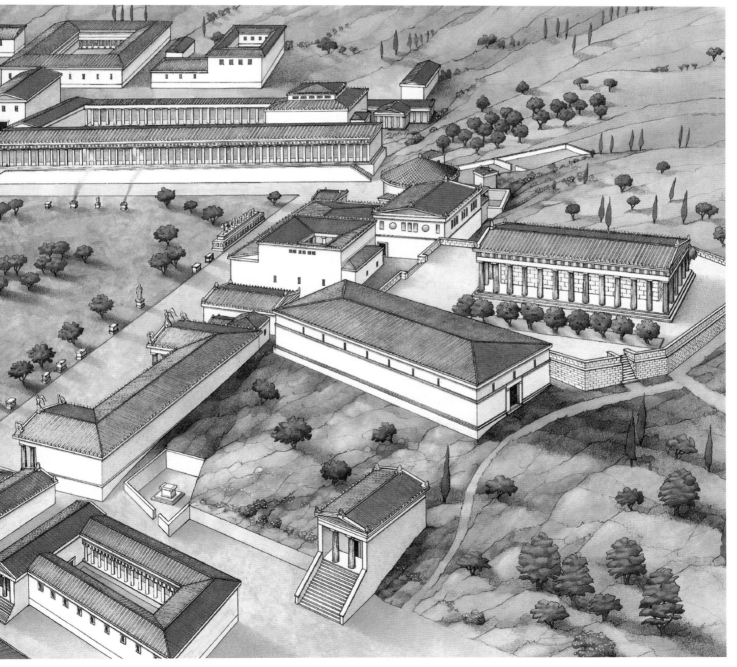

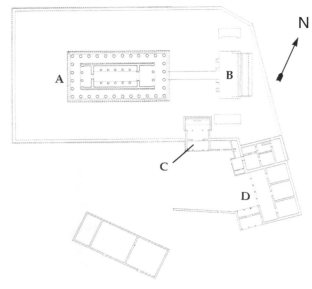

A 阿斐亚神庙
B 祭坛
C 山门
D 祭司住所

P164左

这两座埃伊纳岛上的多立克式雅典娜·阿斐亚神庙，展现了神庙和谐的柱廊和内殿中的双列柱在结构上的创新，还包括内殿的脊状屋顶。

P164—165

这是雅典娜·阿斐亚神庙气势恢宏的全貌。位于神庙顶部的山墙装饰分别由两位艺术家历经数年制作完成。

P165右下

埃伊纳岛神庙的全貌强调了建筑的精致比例，这也是萨罗尼克海湾中最大岛屿的真正的艺术亮点。在今天，这里成为了旅游胜地。

埃伊纳岛上的神庙

　　在整个古风时期，位于萨罗尼克（Saronic）海湾的埃伊纳岛一直在挑战其竞争对手雅典和科林斯的商业霸权。公元前500年左右，为展示其自身的权力与威望，埃伊纳岛建造了一座气势恢宏的神庙用以供奉与雅典娜有相似之处的阿斐亚女神。目前这座多立克式建筑得以完整保留。在建筑结构和比例方面，它代表了向古典主义建筑平衡特征迈进的第一步：神庙气势恢宏的柱子使该建筑具有了之前建筑不具备的通风性能和采光条件。其内殿格局的另外一个原创特点是小中堂被两排多立克式柱分为两部分，柱子支撑着脊状屋顶，顶部还具有其他装饰物。

　　但是，这座神庙在希腊艺术史上占据重要地位要归功于它精美的山墙浮雕，现保存于慕尼黑的古代雕塑展览馆，标志着从古风时期向严苛风格的过渡。

　　一座由不知名的雕塑家创作的具有古风后期风格的真人

尺寸的雕像，展示了希腊人和特洛伊人的战争时期，雅典娜女神的神圣形象——暗喻了希腊人和波斯人之间的战争。在公元前5世纪早期岛屿上的一次地震中，山墙浮雕各部位受到了不同程度的损坏：西面的山墙浮雕仍然保存完整；东面的山墙浮雕由于震颤而四分五裂，公元前490年由另一位雕塑家进行了重修。

　　然而，在短暂的间歇期内，艺术家们开始打破古老的建筑传统。在这两面山形墙上，女神身着裙饰，手持长矛和盾牌，胸甲上装饰着恐怖的蛇发女怪头像。女神突出地站立在一队战士中间，这些战士或是瞄准目标准备射击，或是在决斗中匍匐前进，或是躺在地上身负重伤。

　　许多雕像原本都是彩色的——令人遗憾的是，在19世纪早期，由于丹麦雕塑家巴特尔·托瓦尔森（Bertel Thorvaldsen）对它们进行了过度且不恰当的修复，这些雕像遭到了大面积的

破坏。从雕像上清晰可见的紧固孔可以看出，一些细节（手臂、装饰品等）是用镀金青铜制成的。两座雕像的不同风格体现在整体上和许多特殊的细节上：不仅构图与众不同，而且东山墙的艺术语言清楚地展示了新严苛风格。

比如，我们以雅典娜为例，西山墙上的她依然具有古风后期坚毅的面庞和重要的面部特征，雕塑面部展现的笑容传递出神明与人类和尘世之间不可分离的深意。相比之下，东山墙上的雅典娜的脸上没有笑容。她的脸上带着一种平静的表情，表达了她对周围人间世事的优越感（而不是对它们的超然感）。精美的浮雕作品——有的浅刻，有的深雕——不同的形态展现在宙斯聪慧的女儿的面庞上；展示了对一种新的艺术语言的探究，这种艺术语言更能接受精神的激励，即一种将生命力、理性意识和潜意识融合在一起的心理状态。

迈锡尼，
爱琴海狮子的
庭院

A 狮子门
B 葬礼回廊
C 神庙
D 阿特里达（Atridae）宫殿
E 中央大厅
F 北门
G 圆柱屋
H 南门

P166 左中

迈锡尼A号墓群（公元前16世纪）建造在新砌的围墙中。

P166 左下

这幅图展示了通向狮门的陡峭斜坡。

P166 中

北后门是一扇隐藏在迈锡尼巨大城墙之间的神秘大门，是多边形巨石技术中的"假拱"结构的杰出范例。

阿戈里德占据着伯罗奔尼撒半岛的东北部地区。绵延不绝的石林山脉因侵蚀而变得圆润，这一地区由于数千年的过度放牧和砍伐而变得寸草不生，一直延伸至美丽的沿海地区，那里有着数不清的海湾。该地区供水短缺，但是在允许耕种的土地上，盛产柑橘和其他水果以及谷类。

这一地区拥有丰富的考古资源：人类在半岛上生存的最早期的证据就出自这里（在可追溯到旧石器时代晚期的弗朗希提石窟中），这也是人类从新石器时代至青铜器时代生存在此地的证据，以及希腊黑暗时代后的该地区恢复振兴的早期标志。

迈锡尼是这一地区最著名的考古遗址，与一些著名的希腊史诗和悲剧有着千丝万缕的联系。公元前第二千纪末，迈锡尼迅速衰亡并遭到遗弃，其基本的和最显著的历史特征流传至

P167上

这是装饰狮门的两只石狮，它们把爪子放在两个祭坛上，祭坛上竖立着一根柱子，这种建筑形式与克里特宫殿十分类似。

P166—167

这张迈锡尼遗址的鸟瞰图展示了这座皇宫在其他建筑之上的统领地位，也暴露了城市建筑规划的缺失。

P168—169

迈锡尼在其最富有的时期（公元前14—前13世纪）的外观与这次重建非常相似，这就可以解释迈锡尼建筑去掉了乡土气息的原因，它为许多克里特宫殿建筑风格带来的问题提供了解决方案。

后世。特别重要的是其地理位置。它地处陡峭的山坡，将肥沃的阿尔戈斯平原和纳夫普利亚海湾尽收眼底，后方有两座山和深邃的峡谷，这是一个典型的好战部落的定居点。

环绕其卫城的是两圈城墙，第一圈城墙建于公元前13世纪中期，使用了大型的、坚硬的、不规则的石块；第二圈城墙（更大的环）建于公元前12世纪，使用了更加平滑、更加规则和大小差不多的石块。后来建造的墙壁——包括1876年海因里希·施里曼发掘的著名竖井墓地的围墙，都只有两个入口：第一个入口是雄伟的狮门（上面展示了两头狮子）；第二个入口是"斯开恩"（Scaean）式的北门。

居民可以清楚地看到城墙东北方向通往山的通道，但从外面靠近的人几乎察觉不到它们。

北门不远处是迈锡尼最令人赞叹的工程壮举：一条长度超过90米的走廊，从岩石上凿出台阶，延伸至一个保证持续供水的地下水槽，这样当有敌人围攻时，走廊不会被轻易发现并攻入。

狮门现在实际上是迈锡尼及其历史的象征，但它只是迈锡尼建筑师众多卓越的范例之一。这座气势磅礴的大门在建造过程中使用了三巨石结构技术——两个巨大的门柱支撑着巨型过梁，过梁的中部位置微微凸起。建筑上部的巨石并没有把整个重量压在横梁上，而是在接下来的建造过程中，不断地被定型并改变位置，力图将多余的重量分散在横梁的两端，这种"分散承重力量的三角结构"上布满了浮雕装饰。迈锡尼雕塑家在狮门的建造中使用了高超的造型技巧，克里特艺术品中明艳的色彩和柔和的明暗对比效果被一种更具象征性和意识形态价值的表现主义所代替。

来到古迹的参观者攀爬上通向墓地的斜坡，在这里巨大的土丘掩埋着圆顶墓（许多圆顶墓是可见的），参观者凭借着丰富的想象力，在荷马史诗中寻找墓地的主人［阿特柔斯（Atreus）、克吕泰涅斯特拉、埃癸斯托斯］。迎接参观者的是令人惊讶的狮门和与其毗邻的堡垒，这些建筑都是根据斯开恩模型建造的。庞大的单体横梁上的浮雕装饰证实了近东地区艺术体系对其产生的影响。

围墙内最著名的名胜古迹是A墓园，它建有坚固的围墙，海因里希·施里曼令这个阴气沉沉的墓园重见了光明。这个神秘的圆形有顶回廊，外面是三棱柱结构的围墙，形成了奇妙的内置连锁石板结构。人们依稀可见阿特里达宫殿的整个中央主体和至少两层楼已被确定。圆柱屋是典型的贵族居住房屋。所谓的阿特柔斯宝库具有宏伟的迈锡尼圆顶墓所有的优良特征。墓冢始于一段36米长、6米宽的通道，墓道是露天的，两侧是由规则排列的巨大石块组成的斜墙。

圆顶墓壮观的正面打开了一扇门，超过5米高，大约3米宽。它有可能是受米诺斯的影响建造的原始的装饰性大门，整个大门已经被修复重建。门梁的周围是缓解承重压力的三角形结构。

这座大型的圆环状墓葬塔高度超过13米，直径14.5米。同心方向的悬吊砌块，经过塑型和泥灰处理，使假穹顶完美平滑。然后把砌块轻轻地、有规律地提升至密封结构的终端板。砌块通过一套连锁装置系统，实现位置的移动，并保证其重量能够在整个有曲卷弧度的建筑结构中分散开。侧面的小墓室是从岩石中凿出来的。从外部只能看到它的圆顶，圆顶上覆盖着泥土，在墓道两侧逐渐向下倾斜。著名的埃癸斯托斯（Aegisthus）墓冢，墓道是从岩石上凿出来的，作为环形墓冢的一部分，而不是用巨石建造而成的。

从建筑技术的角度而言，圆顶墓在迈锡尼建筑的发展中极为重要。从建筑形式和意识形态的角度而言，它处于具有悠久历史的欧洲（和印欧）巨石建筑结构和近东地区及埃及巨型建筑的模糊的交叉点上。公元前16世纪，人们首次在克里特岛对圆顶墓开启了具有当地特色的尝试。后来在迈锡尼人征服了米诺斯岛之后，它们被传到了伯罗奔尼撒半岛。

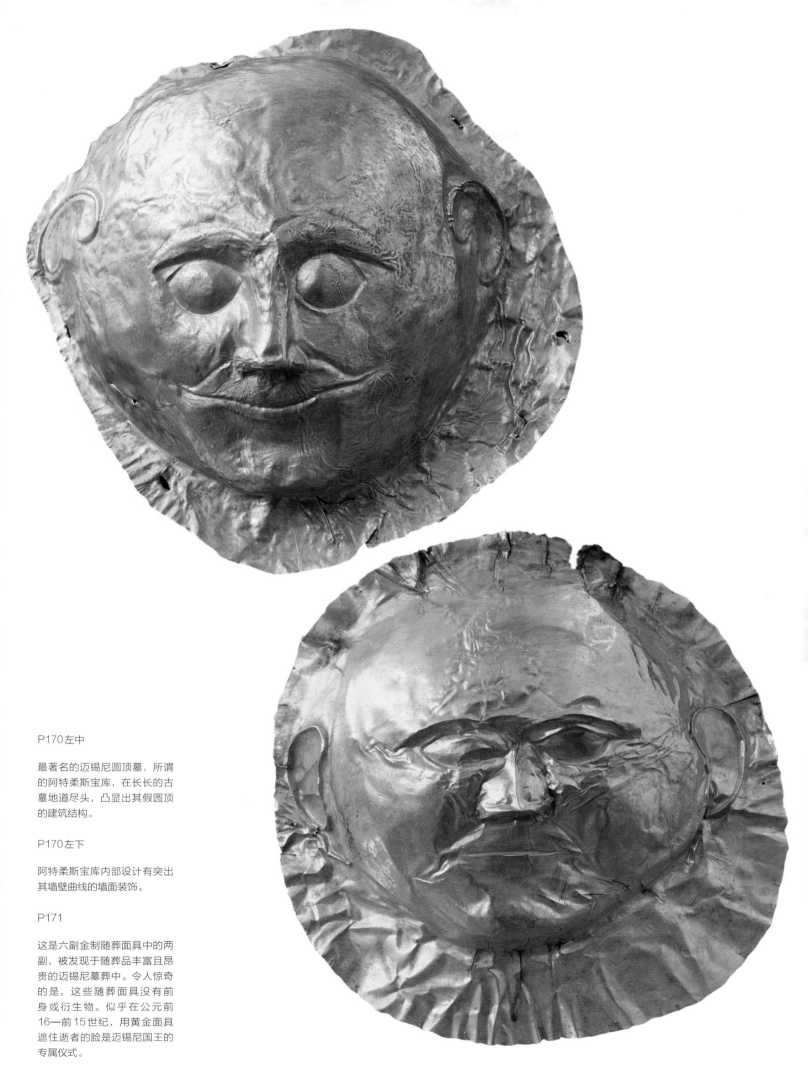

P170左中

最著名的迈锡尼圆顶墓，所谓的阿特柔斯宝库，在长长的古墓地道尽头，凸显出其假圆顶的建筑结构。

P170左下

阿特柔斯宝库内部设计有突出其墙壁曲线的墙面装饰。

P171

这是六副金制随葬面具中的两副，被发现于随葬品丰富且昂贵的迈锡尼墓葬中。令人惊奇的是，这些随葬面具没有前身或衍生物。似乎在公元前16—前15世纪，用黄金面具遮住逝者的脸是迈锡尼国王的专属仪式。

埃皮达鲁斯，
以阿斯克勒庇俄斯为荣

阿戈里德的另一个停靠港是埃皮达鲁斯，这里是阿斯克勒庇俄斯圣殿的所在地，从公元前5世纪末期至罗马时期末期一直繁荣昌盛。城镇中雄伟的露天剧场几乎完好无损，坐落在距离考古博物馆不远的树木葱郁的山脉低洼处。在它旁边是面积巨大的建筑遗址，这是一座有两层楼、有不少于160间客房的旅舍，建于公元前4世纪，用于招待圣殿的参观者。

四座庭院中建有列柱廊和喷泉。附近的浴室和体育馆建于希腊化时期。它们在功能上与露天体育场相关。体育场坐落在土地的天然低洼处，以便于建造长长的观众席。

考古发现的最有趣的区域是神明的掌控地，那里是一片神圣的树林，在那里生与死都是被禁止的。有一个舒缓的斜坡通向阿斯克勒庇俄斯神庙。神庙由狄奥多图斯建造而成（公元前380年），它在一定程度上相当于传统的多立克式神庙。神庙的山墙和檐壁雕塑出自伟大的提摩太之手。（神庙的少量残存遗迹现存于雅典。）一系列质量上乘的建筑材料——大理石、象牙、黄金、珍稀木材和彩色石头等被用于建筑过程中。它取代了之前的一座神庙，那座神庙被改建成了门廊——大量在此地发现的铭文证实了这里是供朝圣者休息和等待神圣祭祀的地方。

继续向南是阿尔忒弥斯神庙的少量遗迹（公元前330年），这是一个小型的多立克建筑结构，内部是爱奥尼亚式柱廊。但是，埃皮达鲁斯最无可争议的建筑杰作是圆形神庙，证明了小波里克里托斯的才华（他唯一的早期作品是德尔菲的雅典娜·潘诺尼亚圣殿）。埃皮达鲁斯的圆形神庙见证了公元前4世纪希腊艺术最重要的过渡时期：向着丰富优雅的装饰和优良的承重结构迈进，旨在创造一种奢华之美，就像雕刻表面稍纵即逝的明暗对比一样令人难以捉摸。仿佛想要通过艺术的形式说明人类被剥夺了物质生活条件，深陷现实的阴影与困顿中，以此暗示在这个充满仇恨的动荡时代，真理似乎正在逐步挣脱人类的掌控。

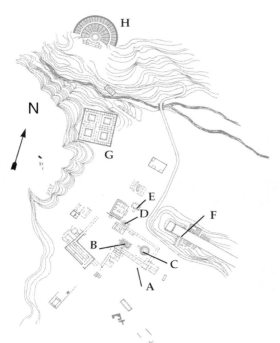

P172中上

这尊装饰阿斯克勒庇俄斯神庙山墙顶部的飞翔的胜利女神像展现了公元前4世纪希腊艺术的所有魅力，这也许是提摩太的作品。

A 柱廊
B 阿斯克勒庇俄斯神庙
C 圆形神庙
D 阿尔忒弥斯神庙
E 山门
F 体育场
G 旅馆
H 露天剧场

P172—173

从空中俯瞰阿斯克勒庇俄斯圣所，清晰可见它身处松树林茂密覆盖的区域，这里距离爱琴海沿岸的阿戈利斯不远。几公里外，完好保存着一座古老的迈锡尼桥梁。埃皮达鲁斯考古遗址吸引着数量众多的游客，特别是埃皮达鲁斯露天剧场和至今仍在那里演出的古典剧作，显得尤为引人注目。

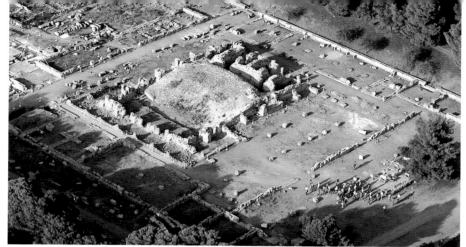

P173上

这张鸟瞰图展示了体育馆（公元前2世纪）以及建在其庭院中的罗马剧院（公元前1世纪）的废墟。不远处是供体育馆内运动员使用的浴室的遗址。

麦塞尼，
一座戒备森严的城市

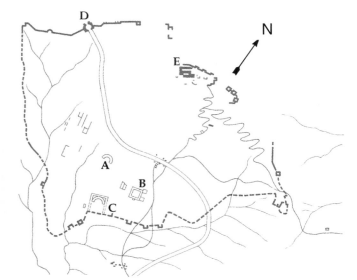

P174和P175

麦塞尼对于许多到希腊旅游的人而言，新奇又有趣。在伊索米山坡上依稀可见古代气势恢宏的围墙。考古人员对阿斯克勒庇俄斯圣所进行了大范围的深入研究，其中包括一座巨大的露天剧场（左中）。参观时不要错过伟大的阿卡迪亚门（右中），在其内部塔楼和外部塔楼之间是钳形建筑结构，也不要错过沿着公元前4世纪修筑的城墙顶部散步，那里林立着方形塔楼（下一页）。阿尔西诺的泉水可以用来解渴（左下）。

A 剧场
B 阿斯克勒庇俄斯神庙
C 英雄祠
D 阿卡迪亚门
E 卫城

麦塞尼地区的海岸线呈锯齿状，山脉曲折，只有南部狭窄的帕米索斯平原短暂地打断了陡峭的悬崖峭壁，最终崛起了传奇的塔伊格托斯（Taygetos）山脉的尖峰，与拉科尼亚接壤。在这一地区的中心地带，麦塞尼古城坐落在伊索米山的山坡上，邻近现在的马夫罗马蒂（Mavromati）村庄。麦塞尼由埃帕米农达斯（Epaminondas）建于公元前370年，他是底比斯短暂的霸权统治的策划者，几个世纪以来，底比斯一直是斯巴达运气不佳的对手。

这座城市一直繁荣兴盛至395年，后来被哥特人摧毁。它那规模巨大的城墙环是一处引人注目的景观：由规则的石块建成，其9千米长的环形路线（2.5米厚、4.5米高）整体上仍旧依稀可见，城墙北面的大部分地区，包括阿卡迪亚门

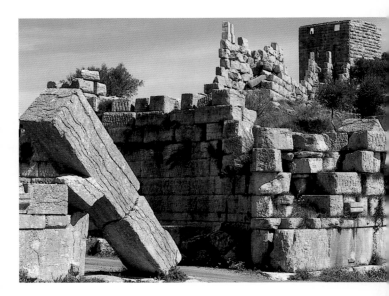

依旧可以供人行走。这座城门是希腊建筑中固若金汤的强化门最好的例证，两侧有两座超过6米宽的塔楼，其内外大门通往一个直径近20米的完美的圆形庭院！沿着城墙每隔一段距离就建有一个半圆形或方形的塔楼，道路曾经一度修筑到城墙上。在面积巨大的城市区域（在那里的考古工作正在进行中），有保存良好的古代铺筑道路，上面有马车车轮行驶过的印迹。

靠近市集的是阿斯克勒庇俄斯圣殿。建有廊柱的长方形庭院遗迹依稀可见。庭院通向古典时期后期、希腊化时期和罗马时期建造的大量放置许愿财宝的房屋。位于城市中心地带的多立克式神庙用于祭祀治愈之神以及其他与之有关的神明（海吉亚、马卡内、波达利里奥），神庙正前方是巨大的露天祭坛。在伊索米山顶和马夫罗马蒂东部地区仍旧保留着大量神庙遗迹，然而剧院的废墟更加靠近阿斯克勒庇俄斯圣地。

奥林匹亚，
和平和体育的古都

P176左下

从空中俯瞰，奥林匹亚圣殿位于克罗尼翁山脚下的古代阿尔蒂斯森林遗址深处。

P176右

这是奥林匹亚体育馆内的起跑线。公元前776—前395年，古代奥运会在此举行以纪念宙斯。据神话传说，该起跑线是由赫拉克勒斯在从世界最北端返回时建造的。

P177

眼前这幅壮观的奥林匹亚俯视图中，最前面的是气势恢宏的里奥内达翁（Leonidaion）酒店，其内部建有带着喷泉的庭院，专为运动员和贵宾设计（公元前4世纪）。它建在圣地的边界上，有训练设施（体育馆、运动场）和休闲设施（热力系统和相当完善的卫生服务设施）。

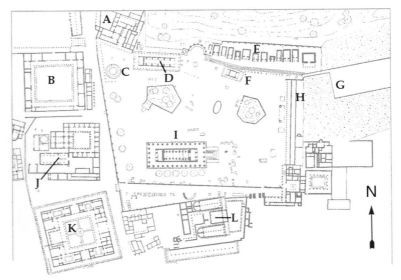

A 市政厅
B 角力学校
C 腓力神庙
D 赫拉神庙
E 金库
F 母神庙
G 体育场
H 回声柱廊
I 宙斯神庙
J 菲迪亚斯工作室
K 里奥内达翁酒店
L 议事厅

奥林匹亚的巨大考古遗址位于伊利斯深处，处在阿尔菲斯河和克拉迪奥斯河（Kladhios）汇合处的一个富饶的峡谷地带。面积巨大的考古遗迹延伸至一个长满了松树和灌木丛的小山坡上。在炎热的夏季，空气中弥漫着树脂的芳香。古老的宙斯神庙，是所有古希腊人心中的圣地。在这里，他们忘记了国家城邦间的政治竞争，聚在一起祭奠他们信奉的神明，并且颂扬他们共同的种族和文化根基。

每四年，希腊人从世界各地赶来，聚集在这个非神谕的圣地，和平地参加奥林匹克运动会。比赛期间，各城邦会执行神圣的停战协议，并试图在宙斯的理智灵感的召唤下，解决城邦间的战争和纠纷，而不是求助于德尔菲的皮提亚女祭司所传达的阿波罗那神秘且模棱两可的神谕。

奥林匹亚作为宗教中心的起源可追溯到公元前第二千纪末期，尽管克洛诺斯山（Kronos）和阿尔蒂斯圣林（Altis）是最早的宗教祭祀区（自公元前2800年以来一直有人居住）。由于其具有古老的渊源，奥林匹亚成为了关于宙斯的宗教和神话传说的汇集地，同时也包括其他神明和英雄的神话传说。据说，赫拉克勒斯从神秘的极寒地区带来了神圣的橄榄树，并且创立了奥林匹克运动会以纪念宙斯。

他们也纪念佩罗普斯的伟大壮举，据说他在一次战争中打败了残暴的奥诺玛默斯国王，重新找回了正义的价值。河神阿尔菲斯在锡拉丘兹与仙女阿雷图萨（Arethusa）的爱情故事中扮演的角色证明了他与西方希腊人的理想关系。佩罗普斯来自东方这一事实强调了圣殿与遥远土地的紧密联系，甚至这些土地成为希腊殖民地的时间比意大利和西西里岛海岸更早。

最后是祭祀宙斯的妻子赫拉的神庙，但现在已经没有任何遗迹了。该遗址本身拥有神圣的建筑和周围复杂的结构设施，设计初衷不仅仅是为了迎接运动员，还有参观者、朝圣者，以及奥林匹克运动会休会期间到访圣殿的团体，这里没有一丝德尔菲的阿波罗圣殿的光辉场景。奥林匹亚的声望不仅来自于其广阔的地域，还体现在主要建筑物和艺术品的纪念性特征中。

公元前7—前4世纪，狄奥多西一世禁止宗教崇拜并暂停了奥运会，把奥林匹亚带入了暗无天日的历史阶段。整个地区建造了数不清的规模宏大的宝库和其他建筑。从最近改造的考古博物馆展出的浮雕模型中，可以立即感受到它们的宏伟之处。博物馆附近是体育馆的废墟，这是一个面积巨大的矩形场地，四周建有四个带

P178左中

这几乎是宙斯神庙的全貌，同时也展示了其巨大的占地规模。通往前殿和内殿的通道建在宽阔的斜坡上，其遗迹依旧可以辨认。内殿中供奉着巨大的由黄金和象牙制成的神像，可能是伟大的菲迪亚斯最后的杰作。

P178左下

另一幅鸟瞰图显示的是奥林匹亚公民大会场，由两座半圆形建筑组成。从宗教仪式的角度而言，它们属于古代传统建筑。第三座建筑（可能是一处庭院）曾经是宙斯祭坛所在地，运动会开始之前，运动员在这里宣誓。

门廊的侧厅，参赛者在这里进行赛前训练。

最重要的是，参观奥林匹亚是一次按照历史顺序品味精彩绝伦的艺术和建筑的机会。历史遗迹的宝藏从古风时期的东方化阶段延伸至整个古典时期，这里有宙斯神庙的建筑师利本（Libon）的宏伟作品；菲迪亚斯的奥林匹亚宙斯雕像，矗立在神庙内殿；普拉克西特莱斯和帕奥尼斯也是奥林匹亚希腊化时期和罗马时期杰出的雕刻家。今天看来，整个建筑群最显著的特征是宙斯神庙（尽管其结构已残破）。这座多立克式神庙建于公元前470—前460年，采用灰泥粉饰过的贝壳灰岩建造。神庙内有两座在从严苛建筑风格到古典建筑风格的过渡时期创作的杰出的希腊雕塑。

前殿和后殿的墙面上展示着赫拉克勒斯的12项劳作，出自伟大的奥林匹斯无名大师之手。自公元前5世纪早期，圣殿被遗弃的几个世纪以来，该地区发生了数不清次数的地震，两条河流发起的洪水也对神庙造成了毁灭性的影响。神庙坚固的梁柱已经倒塌，柱筒和柱顶散落在台基脚下。

台基雕带上的装饰现在被保存在博物馆的主厅内，在伦理/宗教内容的强烈程度和丰富的意义方面，它可能是希腊世界任何其他神庙都无法比拟的，雕带装饰因充满活力的色彩而显得栩栩如生。在东边的山墙上，佩罗普斯的传说被描绘在一个转瞬即逝的瞬间，所有在场的人物都表现出命运即将被揭晓的紧张感，现在命运掌握在宙斯的手中，他主宰着这一切。（佩罗普斯在伊利斯击败比萨国王奥诺玛默斯，娶了他的女儿希波达米亚，剥夺了国王残酷统治的权力。）只有奥诺玛默斯被傲慢蒙蔽了双眼，不知道正在上演的一切。其他所有人物的姿势乍一看似乎是静止的，但他们实际上暴露了一种肉眼可见的不安感（例如，老占卜师在凝视奥诺玛默斯时扭了扭胡子，他已经"看到"了他的结局）、一种由神赋予的预感（希波达米亚以一种典型的婚礼仪式的姿势站着），以及一种朦胧的骚动（年轻的马夫目不转睛地玩弄着他的手指）。

相比之下，西山墙体现了一种动态感。在阿波罗的注视下，拉皮斯（Lapiths）和半马人正在进行战斗：一种宏大的象征主义展现了善与恶、公平与偏见、理智与天性之间的永恒的冲突。

公元前7世纪中期，在宙斯神庙以北，多立克风格的赫拉神庙按照一个略显狭长的平面布局建造，并用彩绘的陶土雕塑进行了丰富的装饰。这座神庙最初用于盛放珍贵的祭品，但在更大的神庙落成后，它变成了圣殿范围内的一个规模宏大、藏品丰富的露天博物馆。

越来越多的雕像矗立在神庙中，不计其数的不同历史时期的雕塑石基遗迹更加证明了这一点。英雄、获胜的运动员、神明和政治人物的雕像分布在神庙的空地上，雕像创作运用了美化赞誉的描述手法，徘徊在展示意图和崇敬情感之间。在雕塑中，人们发现了一组著名雕像描绘了赫尔墨斯和狄俄尼索斯小时候的样子（现在被保存在博物馆中），一些人认为这是普拉克西特莱斯的作品，是古典主义后期的杰作。

阿尔蒂斯还有其他杰出的建筑物。克洛诺斯山脚下广袤的土地上，排列着由著名城市建造的国家宝库，包括西锡安、锡巴里斯（Sybaris）、昔兰尼、塞利努斯、墨伽拉、盖拉、拜占庭、麦塔庞顿、锡拉丘兹、埃皮达姆努斯（Epidamnus）等著名城市，以及其他一些不知名的城市。几个世纪以来，这些城市储藏在这里的献给宙斯的祭品是其宏伟博大的持久证据。露台脚下的"宙斯像群"具有耐人寻味的特征：

16尊宙斯像排成一排，用于奥林匹亚法官惩罚那些为了获得胜利或是其他目的而行贿的运动员，这是一种直接的警告。他们站在隧道的两侧，参赛者和观众可以通过隧道到达体育场（这片斜坡包围的低洼地带可容纳45000人）。

　　另外一处有趣的建筑是腓力神庙，这是腓力二世在喀罗尼亚战争（公元前338年）之后修建的小型精致的圆形神庙，并由亚历山大大帝建造完成。它的外部是爱奥尼亚式柱廊，内部是科林斯式圆柱。这座建筑曾经供奉着迈锡尼征服者和他的父母及祖先的五尊黄金雕像——这是莱奥哈雷斯创作后又遗失的雕塑作品。通过从维吉吉纳腓力二世墓中发现的这五个象牙雕刻的微型人头可以让我们对这些艺术作品有一个模糊的认识。

　　奥林匹亚其他建筑中值得一提的是它们的功能属性和优雅精致的外形。里奥内达翁是圣殿中心地带的一座奢华酒店，内设花园和喷泉，有众多的体育设施，还包括菲迪亚斯在奥林匹亚工作时宽敞的工作室。

P178—179

这是宙斯的奥林匹斯圣所在希腊化时期的建筑形式。圣所四周是气势恢宏的宗教建筑和几个世纪以来进献给神明的数百件艺术品，这是一座名副其实的露天博物馆。它以巨大的宙斯神庙为主体，背景中是精致的拱廊和宝库露台。奥林匹亚是旅游者到访希腊不该错过的旅游胜地之一。沿着其充满魅力的遗迹，重建的考古博物馆保存着许多重要且精致的艺术品。尤其是宙斯神庙的浮雕山墙，以及美丽的赫尔墨斯和狄俄尼索斯雕像（普拉克西特莱斯的作品）。

P180

门德创作的美丽的自由女神像原本矗立在高柱上，但不幸遭到了严重损毁。创作该作品是为了纪念公元前425年伯罗奔尼撒战争期间，梅塞尼亚人和纳帕克蒂斯人战胜斯巴达人。

P181

这尊拥有精美细节的阿波罗头像，被发现于宙斯神庙的西侧山墙处，由白色的希腊大理石制成。原作损毁于一次地震，公元前1世纪得以重建。

佩拉，马其顿统治者的华丽宫廷

佩拉及周围
区域平面图

N

佩拉是公元前410—前400年之后马其顿王国的首都，到访这里的每一位游客都对该地区的考古宝藏感兴趣，亚历山大大帝的第一个帝国就是在这里诞生的。人们对佩拉成为首都之前的历史知之甚少，它的宫殿就是欧里庇德斯的悲剧《酒神的女祭司们》第一次上演的地方。然而在被罗马征服（公元前168年）和佩拉仅仅沦为一个地区的主要城镇后，它的重要地位逐渐被塞萨洛尼克（Thessalonike）取代，即今天的萨洛尼卡。

佩拉是网格化城市规划的一个很好的例子，它建有完善的给排水系统。佩拉城建有许多设备齐全的列柱走廊式房屋，也许是大型的马赛克铺筑的复式住宅。宫殿是那里最好的建筑，考古学家在那里发现了黑白几何图形和彩色图案的鹅卵石马赛克（约公元前300年），其中一些以设计师的名字命名。尤其值得注意的是亚历山大和赫菲斯提翁（Hephaestion）猎狮猎鹿的故事。

游客的行程中肯定会包括位于维吉纳的马其顿国王墓和埃迦伊的宫殿，马其顿君主在那里掀起了不朽宫殿建筑的复兴。这座建筑的遗迹规模令人印象深刻（约105米×89米），它矗立在一座矮山上，俯瞰着阿里阿克蒙（Aliakmon）河宽阔的山谷，似乎将宫殿和城市的主体连接起来。方形的拱廊庭院每一边都有16根多立克柱，庭院被外部的高墙包围，宽阔的门道可能是唯一的入口。根据建筑功能的不同将空间划分成不同的房间。城门正面是建筑值得赞美之处，这也是马其顿第一个壮观建筑范例，这种建筑已经在卡索佩和普里埃内出现，最终成为希腊建筑的典型代表。

　　建造宫殿使用了优质的材料，从彩色的铺路石子到精美的鹅卵石马赛克，铺就了真正的"石制地毯"，再到西侧用硬木做出的大胆设计，展现了宫殿设计者对奢华的偏好，以及对空间感、色彩和光线的独特兴趣。埃迦伊宫殿的平面图能够体现出对空间的合理利用。从公元前4世纪开始，这种城市布局既用于规划城市中的奢华的或标准的私人住宅，又用于复杂的大型公共建筑，比如体育馆、角力学校和封闭的集市等。

P182—183

这幅由鹅卵石制成的马赛克版画（公元前4世纪晚期）出土于佩拉，描述了亚历山大和国王的朋友——马其顿将军赫菲斯提翁。画面展现了他们捕猎狮子的有趣景象（官方历史学家讲述了这个故事）。两个人蓄势待发，像荷马笔下的英雄一样赤膊上阵。黑色的背景加强了整幅画作的气氛和环境效果。他们中间有一头狮子，正张开咆哮的嘴，不知要扑向他们之中的哪一个。

P183右

许多华丽的佩拉房屋都装饰有马赛克画作。事实上，这些马赛克作品是当时最伟大画家的著名画作的"译本"，这些石制地毯使他们的艺术声誉得以传扬。

P184—185

赫菲斯提翁头像在这幅鹅卵石铺就的马赛克画作中被栩栩如生地勾勒出来，作品展示了围捕狮子的场景。

P186—187
剧院富有魅力的全貌展现了多多纳及其广袤领地的美丽风光，不可企及的伊庇鲁斯山延伸至绿色的平原地区，那里曾是宙斯的圣地。今天剧院依旧上演着古典悲喜剧。

P186中下

多多纳剧院气势恢宏的外墙可以视作城堡的一部分。这座建筑的粗工石面营造出的建筑效果，与石块布局的规律和谐产生了令人愉悦的对比。

P187右中

多多纳的宙斯圣地中栽种着神圣的橡树，它沙沙作响的树枝被用来预言上帝的旨意。

P187右下

多多纳剧院的舞台明显带有希腊化建筑的特点。目前还不确定这家剧院是否配备了可以更换舞台布景的系统。

A　剧院
B　议事厅（市政厅）
C　卫城
D　宙斯圣地
E　神庙
F　卫城山门

多多纳，
橡树可以跟凡人耳语的地方

伊庇鲁斯拥有多种地貌，从平杜斯（Pindus）山脉的山峰到起伏的丘陵，一直延伸到爱奥尼亚海的海岸和阳光普照的阿姆弗拉基科斯湾（Amvrakikos）。有时景色被覆盖在郁郁葱葱的绿色植被下。其他地区土地贫瘠且多石，数千年以来，羊群过度啃食了少得可怜的草场，树木遭到了大量砍伐。游览伊庇鲁斯全境理应从多多纳的小山丘出发，在那里矗立着迷人的宙斯神谕的遗迹。

这座历史悠久的古老圣所在公元前4—前3世纪盛极一时，而且很长一段时间，它都是希腊这个边远地区最重要的宗教中心。种植在圣所前厅的古老神圣的橡树，树叶沙沙作响，传达着神明的圣谕。神庙的祭司们解释了神谕，这些潜修者来自少数古老神秘的家族，他们遵循祖先的仪式规则，比如他们在圣所的空地上睡觉，而且不讲卫生——他们从不洗脚！神谕上

书写着神明对凡人所提问题的答复，这些答复往往具有占卜色彩：通过神圣的鸽子在飞翔时发出的叽叽喳喳的鸣叫声、泉水的潺潺声、投掷骰子的结果，以及铜锣的敲击声来预测。

公元前7世纪到罗马时代，神庙被毁坏多次，并且按照相同的形式、尺寸和朝向得以重建。神庙由规则排列的大型石块建造而成，公元前219年的重建结构清晰可见。穿过爱奥尼亚式卫城山门，人们可以到达贵族领地，对面是一座被建在台子上的小型神庙，神庙侧面是爱奥尼亚式柱廊。

多多纳旅行中特别值得参观的地方是气势恢宏的剧院。它现存的宏伟建筑结构由皮拉斯国王建于公元前3世纪，并且由腓力五世在公元前3世纪末期进一步兴建。剧院建有大量的半圆形观众席，是从城市要塞下方的山坡上凿出来的，比埃皮达鲁斯露天剧场面积还大。水平方向上，被3条走廊分割；垂直方向上，被10条楼梯分割，可以容纳18000位观众。

巨大的护墙由当地产的石灰石建成，高度超过20米，由规则石块严丝合缝地搭砌而成。在剧场石制舞台台口遗址旁边是体育场遗址，毗邻剧院西侧墙壁，周围环绕着20层座位，这进一步证明了古代体育竞赛的宗教意义。剧院对面是议事厅或市政厅的破碎遗迹，可以看出它是一个带有爱奥尼亚式圆柱和多立克式门廊的大厅。

P188右上

位于德尔菲的阿波罗神庙（建于公元前373年）内部建有高大的多立克式柱，它们由厚重的圆柱块堆叠而成。在阿波罗神庙的密室中，皮提亚传达了神明的旨意。

P188—189

公元前380年建造的真正的建筑瑰宝是位于德尔菲的著名的圆形神庙，这是福西亚（Phocian）建筑师赛奥佐罗斯（Theodoros）的杰出艺术品，建在雅典娜·潘诺尼亚圣地，它的亮眼之处在于其精美的比例、建筑材料和谐的色彩对比，以及建筑装饰品的优雅精致——这些都是多立克式雕带建筑的特点。

P189右中

P189右下

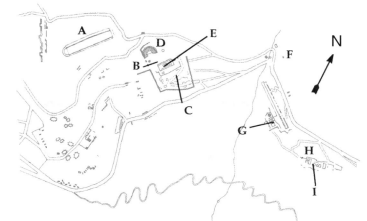

这个公元前5世纪的被包裹在神圣的羊毛网中的"脐石"的复制品，提醒着我们，根据神话传说，德尔菲是世界的肚脐。这块石头是盖亚之子的葬礼的标志，他被阿波罗谋杀，后者继承了他宝贵的神谕。

通过位于德尔菲的雅典宝库不同寻常的视角，展示了圣所处在一个山坡上。这里曾经是迈锡尼宗教圣地，不仅壮观迷人，而且附近还有拜占庭皇室的圣路加（Osios Loukas）修道院。

A 体育场
B 圣域
C 神圣大道
D 剧院
E 阿波罗神庙
F 卡斯塔利亚喷泉
G 体育馆
H 玛玛雅（雅典娜神庙）
I 圆形神庙

德尔菲，
世界的肚脐

德尔菲高耸（海拔570米）在帕纳索斯山坡上，位于福基斯（Phocis）的中心地带，是古代贸易要道重要的十字路口。此地似乎悬浮于气势恢宏的斐德利亚斯悬崖和规模庞大的橄榄树林之间，令下面的山谷如银缎一般熠熠生辉，散发着巨大的魅力。著名的皮提亚·阿波罗圣殿建于几何时期（公元前10—前9世纪），后来又在一个人工平台上增建了较小的雅典娜·潘诺尼亚神庙。

迈锡尼人之前把神庙用于他们对亡灵的祭祀活动。同许多其他前希腊宗教中心一样，对奥林匹亚神明的新偏好成为了大批印欧人移民到希腊的标志。但是，德尔菲的神话传说比其他地区的神话具有更深一层的意义。根据神话记载，阿波罗打败了皮同（Python），他是大地之母盖亚（Gaea）的蛇形儿子，他守护着一条岩石裂缝，裂缝中冒出的蒸汽醺醉了人们，并且让他们发出预言。阿波罗的胜利源于一种针对皮同象征的原始性和凶残性的"必要的"暴力行为。阿波罗的行为中隐含着

一种驱除黑暗时代的野蛮行为的决心，取而代之的是推行文明行为和法律秩序，同时把理性、平衡、知识和创造力作为神明的特权和天赋。阿波罗是神明指定的守护者，保护峡谷释放的神秘的和原始的自然力量；同时，他也被赋予了权力。皮提亚女祭司的任务是传递神明的预言，这些预言最终由随行的祭司们进行解读。

因此，德尔菲在宗教事务和政治事务中扮演着重要角色，特别是在公元前7—前6世纪，其原因不难想象。在这里，世界的腹地，希腊人从建立殖民地到发动战争的所有倡议都通过先知的预言和回复得到了神明的批准或否决。

证明德尔菲重要的证据在于令人印象深刻的阿波罗和雅典娜神庙的遗址，以及用于庆祝皮提亚节或为纪念神明而举行艺术和体育比赛的壮观的建筑（体育场、剧院、体育馆、旅馆）。但更重要的是大量纯粹的装饰结构、艺术品和祭坛，特别是艺术宝库。希腊世界的许多城市都建造了艺术宝库，从亚洲的爱奥尼亚地区到基克拉迪群岛，从各个殖民地到阿提卡和伯罗奔尼撒半岛，这些宝库被当成了供奉祭品的寺庙，并且成为了展示和宣传当地财富和声望的地方。

圣所是希腊建筑艺术历史上，在水平地面上保存得最完好的考古遗迹。公元前6—前4世纪，由于政

府和专制政权的煽动，以及后来君主和地方长官的鼓动，在德尔菲广阔的圣地上，上百座建筑拔地而起，位于蜿蜒上山的圣道两侧。城市建设像是没有经过规划一样，不同时间段的建筑，有时甚至是时间间隔遥远的建筑，占据着相邻的区域，而不考虑现有的朝向。同德尔菲其他圣殿一样，新的建筑不断兴建，旧的建筑却不被拆除——那些因自然灾害或朝代更迭而被摧毁的圣殿，得以重新修复或按照原貌重建。

圣区建于公元前6世纪和公元前5世纪，由巨大的石块建成了九个大门。规模最大的门在区域的东南边，那里有一个古罗马的集市，两侧是门廊，现在那里分布着售卖祭品和纪念品的商店。神圣大道起始于此。这里到处都是希腊城市在公元前5世纪和公元前4世纪建造的雕像的基座，用来纪念历史上的重要事件。今天，我们只能对那些曾经惊世骇俗的祭品有一个模糊的印象，这些祭品通常是青铜色的，装饰着沿斜坡而下的圣区。这种令人敬畏的景象并不是源于天才建筑师和城市规划者的不懈努力，而是为了衬托希腊各城邦的艺术杰作之间的互相对比。

沿着这条路再往前走就是西锡安、底比斯、墨伽拉、锡拉丘兹、尼多斯、科林斯以及希腊其他城市为了祭奠阿波罗而建立的一系列宝库。保留下来的遗迹并不多，只是一些塑像和建筑装饰物的残垣片瓦。斯菲尼亚宝库和雅典宝库是古风时期和严苛风格下的建筑雕塑的杰出代表。

只有斯菲尼亚宝库的基座仍旧可见（建筑遗迹被安置在附近的考古博物馆中），这是一座爱奥尼亚式神庙，矗立着的两尊优雅的女像柱代替了前殿侧墙之间的柱子。神庙建于公元前530—前525年，至今仍旧是古风晚期艺术的有力代表。特别值得注意的是，神庙雕带的北面和东面展示了诸神和巨人之间的战斗，以及诸神在奥林匹斯山上举行会议的场景，生动的画面具有很强的可塑性，并且大胆创新地运用了空间。

雅典宝库建于马拉松战役（公元前490年）之后，用来展示从波斯人手中夺来的一些战利品。经过出色的修复后，它几乎完好无损地矗立在原来的位置上。雅典宝库比斯菲尼亚宝库略大一些，但是它是按照多立克柱式的模式建造的。其最显著的特征是比例简单和谐，在其壁画雕带上绘制着希腊人和亚马逊人的战争、忒修斯的英雄事迹，以及赫拉克勒斯的功绩。建筑设计采用了充满古风后期元素的严苛风格。

P191左上

宽阔的体育馆位于雅典娜·潘诺尼亚圣所东侧的露台上，为纪念阿波罗而举办的皮提亚竞技会在这里举行。

P191右上

从起跑线上看去，皮提亚体育场是一座宏伟的建筑，建筑的四周是一排排的阶梯座位。

P190左下

浪漫的卡斯塔利亚喷泉地处从雅典娜圣所到阿波罗圣所的途经之处。

P190—191

保存完好的德尔菲剧场矗立在圣所所在的山峦上，与其他希腊圣殿一样，离体育场不远。

P192

法萨卢斯（Pharsalus）的阿吉亚斯（Agias）雕像被完好地保存了下来，这是利西普斯的杰出作品，由粉色的帕罗斯大理石建造而成。运动员顾长的腿部符合这位艺术家典型的对比规律。他的目光投向远方，俊美的脸庞线条流畅，像古代神话中的英雄。

P193左上

斯菲尼亚宝库的古风晚期的爱奥尼亚式雕带细节展示了神明和巨人之间的戏剧性冲突。它在神圣大道的北面，大道上来来往往的朝圣者希望从智慧和艺术之神那里得到启示。

　　遗憾的是，宝库所占区域的整体视觉效果如今只能靠想象了。这些建筑曾经传递出强烈的政治意义。例如，锡拉丘兹在伯罗奔尼撒战争中打败雅典人之后，将德尔菲宝库建在了雅典纪念碑的正对面，该纪念碑已经成为了希腊独立的象征。

　　圣殿中最重要的建筑是阿波罗神庙。今天依稀可见的遗迹可追溯到建造过程的第六个阶段（公元前373年），这一阶段的建筑在建造时充分尊重了之前古庙的规模尺寸。这是一处典型的多立克式结构（大约60米×23米），由石灰石和凝灰岩建造而成，带有灰泥凝灰岩柱；建在坚固地基上的是带有三层阶梯的网式台基。内殿、列柱廊、前殿、后殿存放的是具有文化和历史意义的艺术品和其他物品。因此，跟许多主要希腊圣殿一样，神庙及其周围建筑的次功能是被当作神圣的艺术博物馆。周围建筑物在气势恢宏的神庙的对比下，显得矮小了一些，这也吸引了人们对这所"神的房子"的关注。神庙位于两口泉眼的中间位置，与传统上所说的皮提亚神谕的裂缝之间距离的一半处。

　　神庙平台上方建有剧院，剧院得以完好保存（只有舞台建筑不翼而飞）。剧院按照希腊传统被建于山坡上，为圣殿建筑群的全貌增添了一抹风采。人们进入剧院需要穿过优雅的半圆形壁画拱廊，拱廊上装饰有铜铸的塑像和祭品。神庙外面建有体育馆，在这里举行常规体育赛事以及皮提亚人的赛马运动，可容纳70000观众观看比赛。体育馆建在山坡的一侧，大约180米长，高台上建有被围栏保护的多层座位。

　　通往雅典娜·潘诺尼亚圣殿的道路两旁风景如画，几乎认不出神圣的卡斯塔利亚圣泉遗址，祭司和朝圣者在拜见阿波罗之前，用泉水清洗自己的身体。这座规模更小、地理位置低洼的圣殿构成了两座雅典娜古庙的遗址，较早建设的那座尤其被视为多立克柱头演变的里程碑，同时也证明了灾难性的山体滑坡摧毁了大部分建筑。继续往前走一段小路，参观者一定不会错过马赛宝库（公元前530年），雄伟高耸的柱基按爱奥尼亚风格建造，柱头刻有罕见的埃奥利克字母（现在展览在博物馆中）。

　　圣地中最有名的建筑是圆形神庙（公元前380—前370年），它是福西亚建筑师赛奥佐罗斯的杰作。这种罕见的圆

P193右

这个祭祀柱高13米，由雅典人于公元前335—前325年间供奉，展示了三名富有魅力的跳舞的年轻女子。宽阔的柱顶装饰着毛茛叶。这是公元前4世纪晚期雅典艺术的杰出代表。

形大厅建筑形式可能起源于史前的传统。从建筑结构中可以看见阿提卡建筑对其的影响，体现在建筑的比例上，它符合数学比例，并且在外部庭院中得以充分展示。庭院中的20根多立克式柱，根据帕特农神庙建筑师伊克蒂诺的古典建筑风格而建。

但是圆形神庙也具有自身的显著特征，如内部有限空间的创新式结构，以及内殿中的10根科林斯立柱。这些柱子依墙而建，但是实际上与墙壁并不相连，高耸在黑色的伊洛西斯石灰岩基座上，与柱子自身白色的潘泰列克大理石形成了强烈对比。多立克雕带（重复使用在内殿的外墙上）、带有天花板的柱廊和檐槽的运用证明了装饰方式的改进，这种改进方式超越了之前被严格定义的建筑参考框架，引入了一种之后被泛希腊主义所吸收的建筑和艺术的折中思想。

德尔菲考古博物馆收藏的艺术品见证了近3000年的历史变迁，这些艺术品由1892年在此地进行考古发掘的法国考古学家发现。不幸的是，正如希腊博物馆经常出现的情况一样，展品是按艺术品的类型而不是严格按时间顺序进行分组的。比如，人类在此地存在的最早踪迹被发现于13号房间（最后一个房间），同时发现的还有不同历史时期的陶制品、墓葬物品、祭品和一些家庭用品。

一些房间存放了有趣的考古发现。2号房间中存放着精妙绝伦的青铜三足鼎，这是献给阿波罗的祭品，这些祭品具

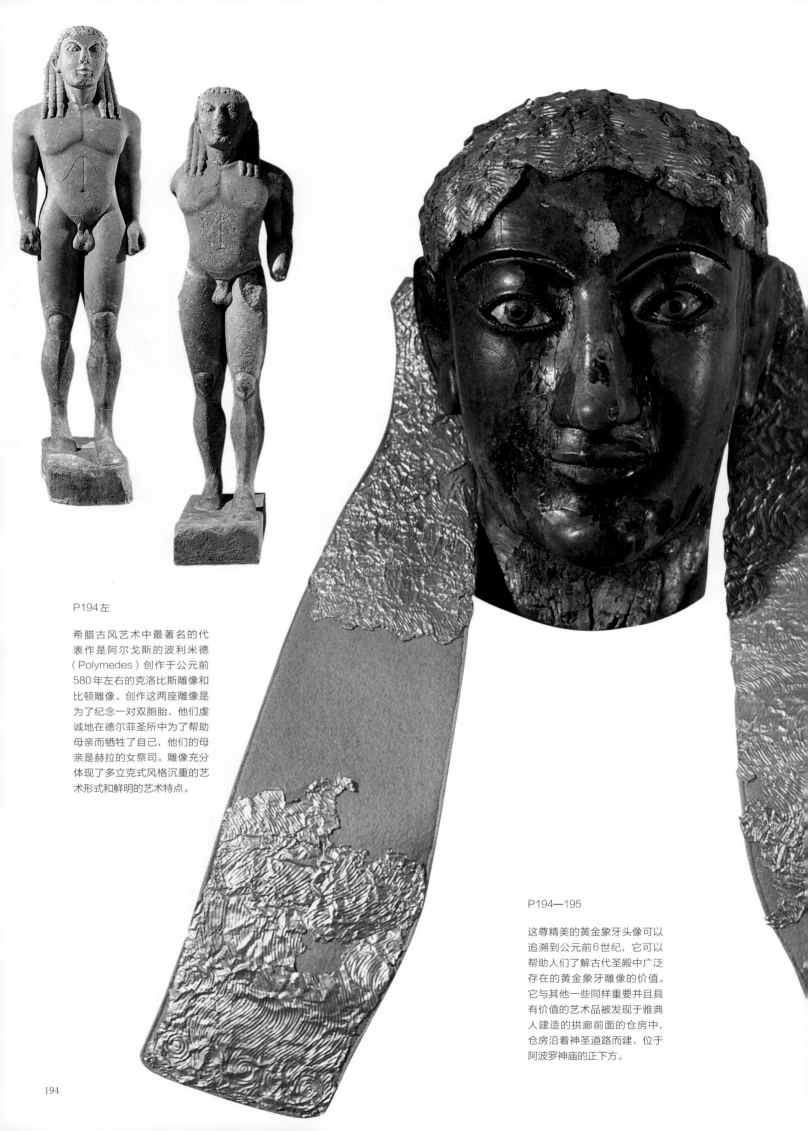

P194左

希腊古风艺术中最著名的代表作是阿尔戈斯的波利米德（Polymedes）创作于公元前580年左右的克洛比斯雕像和比顿雕像。创作这两座雕像是为了纪念一对双胞胎，他们虔诚地在德尔菲圣所中为了帮助母亲而牺牲了自己，他们的母亲是赫拉的女祭司。雕像充分体现了多立克式风格沉重的艺术形式和鲜明的艺术特点。

P194—195

这尊精美的黄金象牙头像可以追溯到公元前6世纪，它可以帮助人们了解古代圣殿中广泛存在的黄金象牙雕像的价值。它与其他一些同样重要并且具有价值的艺术品被发现于雅典人建造的拱廊前面的仓房中，仓房沿着神圣道路而建，位于阿波罗神庙的正下方。

有丰富的几何风格和东方风格的装饰元素。3号房间中摆放着两尊巨大的青年雕像，刻画的人物分别是克洛比斯和比顿（公元前590—前580年）。雕像四周的墙壁上是西锡安宝库精美的古风雕带的残片（公元前560年）。

斯菲尼亚宝库中现存的所有装饰品被发现于5号房间，同时还有纳克索斯人建造的祭奠阿波罗的古代狮身人面像（公元前570—前560年），狮身人面像位于高12米的柱子顶端。6号房间中存放的是雅典宝库中的24块间板浮雕。7号房间存放的是阿波罗神庙（公元前510年）古风晚期的山墙雕像，被认为是安特诺尔的作品，它无疑是伟大的雅典雕塑家的杰出作品之一。在12号房间中存放着杜里斯（Douris）绘制的精美而珍贵的浅酒杯，它的旁边便是著名的《御者像》青铜雕塑。这件严苛风格的艺术品可能出自雷焦的毕达哥拉斯之手，也可能出自雅典的克里提亚斯之手，画面中的年轻人身着束腰外衣，他的眼睛由象牙或琉璃制成，闪烁着志在必得的光芒。

再往前走，是德尔菲宝库中最后的艺术精品：一系列的雕像，可能是公元前360年左右利西普斯创作的青铜原作的当代复制品，这些雕像曾经占据了神庙西北部的主要位置。

P195右

公元前570—前560年左右，基克拉迪群岛中纳克索斯岛上的公民向阿波罗进献了令人恐惧的狮身人面像，它具有古风艺术早期肖像典型的艺术特征。它矗立在12米高的祭祀柱上，面向着神庙。狮身人面像支撑物的顶部是巨大的爱奥尼亚式柱头。纳克索斯岛是公元前7—前6世纪的雕塑中心，纳克索斯艺术家的作品遍布基克拉迪群岛，由此证明了这座岛屿对整个爱琴海中部地区产生的政治和经济的影响。

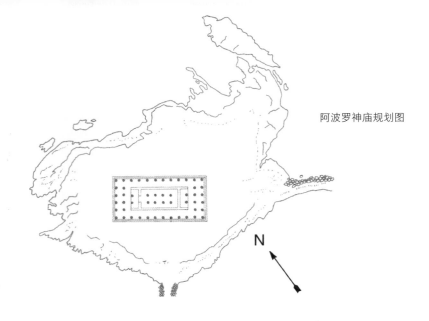
阿波罗神庙规划图

N

纳克索斯岛，
建在岩石上的神庙

P196左下

从纳克索斯岛到阿波罗纳斯（Apollonas）的途中，可以看到一座风景如画的村庄坐落在海边。游客们会惊讶地看到一座10米高的青年雕像，雕像是公元前6世纪没有完成的作品，位于古代使用的大理石采石场中。

P196—197

这座阿波罗的爱奥尼亚式神庙的大理石门廊，是公元前6世纪没有完成的作品，几乎可以称得上是古代纳克索斯的象征。它矗立在一座小型岩石岛屿上，面对着现代纳克索斯村的港口。纳克索斯村是该岛的主要中心。

爱琴海上散布着上百座岛屿，这些岛屿在远古时期就有人类居住，考古发现揭示了从史前时期至古风末期文明的踪迹，这些踪迹有时具有重大意义。有些岛屿建有城镇和宗教中心，其考古重要性让它们成为了每一个心怀敬意的旅行者行程中不可缺少的一部分。

然而，只有少数岛屿的行程可以称得上是荷马史诗中"酒色之海"描述的那种充满想象的旅程，紫色海面反射的光芒开启了希腊充满生机的黎明，直至光辉灿烂的日落，并且充分印证了诗人作品中的描述。很遗憾，我们只得不公平地跳过建有埃雷特里亚城邦的埃维亚岛；奇奥斯岛；萨索斯岛；萨莫色雷斯岛，这里曾经是著名的胜利女神雕像的原址，雕像现保存于卢浮宫（雕像基座仍旧保存在宏伟的圣殿中）；锡罗斯岛，爱琴海上令人惊叹的岛屿；拥有古代费拉科比遗址的米洛斯岛；锡拉岛，拥有阿科罗提利遗址，本书中收录了遗址中一些气势恢宏的壁画。

基克拉迪群岛的中心是纳克索斯岛，这是群岛中面积最大的岛屿，神话中是阿里阿德涅流亡的地方。阿里阿德涅遭到忒修斯的遗弃，却受到了酒神狄俄尼索斯的抚慰。同时，这里是开明君主利格达米斯（Lygdamis）的出生地，并且还诞生了一批天才雕塑家，他们采用当地质量上乘的大理石，开启了自己版本的爱奥尼亚古风艺术的新篇章。

古城遗址距离现代的纳克索斯小镇不远。遗址中发现了大量雄伟的古典雕塑，现展览于考古博物馆中，这里同时展出了精美的基克拉迪"群像"和迈锡尼陶艺品。

该岛最重要的纪念性建筑是未完工的古风时期的爱奥尼亚式阿波罗神庙（公元前540—前530年），它位于公元前第三千纪和公元前第二千纪基克拉迪人的聚居地——斯特朗吉利岛上，通过一条狭窄的堤道与纳克索斯岛相连。该建筑最大的特征在于拥有双排四柱式的内殿、双柱式的前殿和后殿，以及一个位于西侧的房间（在内殿和后殿之间）。

巨大的大理石门廊依然完好无损，其框架上装饰着典型的爱奥尼亚式图案。门廊外是视线可及的爱琴海深蓝色的海岸线。在阿波罗纳斯，人们可以参观废弃的大理石采石场。其中一个采石场中有一座巨大的（10米高）没有完成的青年男子雕像，其年代可追溯到公元前6世纪下半叶。

A 体育场
B 体育馆
C 角力学校
D 圣湖
E 狮子露台
F 意大利人广场
G 安提戈努斯二世柱廊
H 公牛纪念碑
I 阿波罗圣所
J 提洛人广场
K 剧场
L 面具之屋
M 塞拉皮翁（Serapeion）神庙
N 金托斯山（Mount Kynthos）

P198左中

从金托斯山的山顶俯瞰该岛，金托斯山是阿波罗的圣山。阿波罗和他的姐姐阿尔忒弥斯一同出生在提洛岛上。阿波罗神也被称为金托斯神。

P198左下

从位于贝利多（Berito）的海神崇拜者之家看去，是著名的狮子露台（公元前7世纪晚期）。原来的雕像只剩下了五尊。

P198右下

两尊巨大的象征着狄俄尼索斯的雕塑矗立在希腊化祈祷教堂的两侧，在雕塑高高的基座两侧发现了许多狄俄尼索斯的元素。

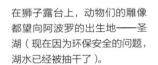

P199

在狮子露台上，动物们的雕像都望向阿波罗的出生地——圣湖（现在因为环保安全的问题，湖水已经被抽干了）。

P200—201

这张壮观的阿波罗岛及其崎岖海岸的鸟瞰图，展示了围绕着神祇的古代圣所建造的城镇错综复杂的布局。这里曾是提洛同盟（公元前478—前456年）的所在地，并在雅典人的领导下，成为了爱奥尼亚联盟的基地。

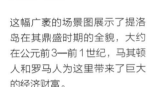

P202—203

这幅广袤的场景图展示了提洛岛在其鼎盛时期的全貌，大约在公元前3—前1世纪，马其顿人和罗马人为这里带来了巨大的经济财富。

提洛岛，神明与商人之岛

基克拉迪群岛的宗教中心和希腊最伟大的圣殿之一是提洛岛。这座小岛距离米科诺斯岛只有几公里，是神话传说中阿波罗的诞生地。几个世纪以来，甚至在罗马时代，岛上的居民都信奉阿波罗神。（公元前168年以后，罗马人把提洛岛变成了繁荣的地中海"自由港"。）考古遗址分成了四个区域：圣殿、带有居民区和商业区的市区、供奉外来神明的神庙所在地、体育中心（体育馆、角力学校、运动场）。人们需要花费几天的时间周游提洛岛，度过一段从容悠然的时光。

在古老港口和晚期希腊化/罗马时代的市场（该市场由商人行会使用）后面就是神圣大路的起点。附近就是阿塔利兹王朝于公元前3世纪中期建造的柱廊遗址和马其顿的腓力五世于公元前210年建造的门廊遗址。几年以后，这些廊柱在朝向大海的地方得以复制建造，在廊柱前面是许多巨型雕像的基座。

附近的另一处广场（所谓的提洛人广场）证明了岛屿上祭祀阿波罗的非宗教活动的有效组织。在气势宏大的卫城山门后面（公元前2世纪），是一座没有建完的祭祀神明的神庙，这是一座小

型的多立克式建筑（提洛岛上唯一一座这种结构的建筑），可追溯到公元前5世纪上半叶，在公元前4世纪，人们给神庙添加上了简陋的装饰物。

神庙周围是几处宝库地基和几座古风时期和古典时期建造的神庙，这些神庙按照适度尺寸建造。这里是纳克索斯人的私人领地，这种罕见的古风时期的神庙（公元前7世纪）内部建有两个内殿和一个四廊柱前殿。廊柱附近引人注目的建筑是宏伟的青年男子雕像的残垣断壁，雕像的人物原型可能是阿波罗，这是公元前6世纪纳克索斯人的祭品。这里还有古风时期的"波里诺斯神庙"——神明所在之处。

阿尔忒弥斯和狄俄尼索斯小型雕塑附近是宏大壮观的门廊（长度124米，拥有48根多立克式柱）的遗迹，该门廊是公元前3世纪由马其顿的安提戈努斯·戈纳塔斯建造的，它体现了希腊化时期对巨型建筑和风景建筑的偏爱。在这些遗迹中，有一些是献给狄俄尼索斯的奇特的石雕，还有更加有趣的名为"公牛"的纪念碑，建筑名字来源于其装饰特征。

这里有一条狭长的走廊，里面有一个水池，可能用来展示战争胜利后，希腊国王带到此处的作为还愿物品的战舰。附近的米诺喷泉是一座宏伟的希腊化喷泉的典范。

沿着海岸，在阿波罗圣殿北面的是另一系列的希腊化建筑。其中最突出的是面积巨大的交易厅，为数不少的多立克式柱和爱奥尼亚式柱支撑着整座建筑，宏伟的柱子直冲天际。波塞冬圣殿的东面是著名的意大利人广场（公元前2世纪），这是一处现代购物中心的规模宏大的前身。在这里可以看到接近椭圆形的圣湖（于1924年干涸），献给阿波罗的天鹅和各种鹅类曾经畅游于此。

湖的西面是岛上极为著名的景点之一：狮子露台。名字来源于五尊幸存的大理石狮子雕像，最初有九尊石狮子雕像陈列于此，它们极具东方特色（公元前7世纪）。

再往前走就是希腊式的住宅区，那里保留着豪华住宅的遗迹，以圆柱环绕的中心庭院、马赛克地板和彩绘墙壁为特色。这里还有著名的房屋，比如著名的海神崇拜者之家，公元前2世纪由来自贝鲁特的叙利亚商人建成。他们出资在此处建造了一组著名的大理石人物塑像，来展示阿芙洛狄忒举起鞋子赶走潘神的场景。

阿波罗圣殿南面是被称作剧院区域的居民区。这座圆形剧场可容纳5500名观众，它被完好地保存了下来。公元前2—前1世纪，这里建造了数十座带有中心庭院的住宅，与居民区北边的住宅类似，住宅按照网格规划建造而成。最后，参观者沿着陡峭的台阶爬上了传说中的金托斯山的顶峰，数量众多的宗教建筑在此处被一览无余，其中最引人注目的是重建的希腊化前期的宙斯和雅典娜神庙。

P204 左上

这是一所富丽堂皇的建有列柱廊的豪宅，是提洛人居住的希腊化风格的房屋——三叉戟之屋。它位于精致的剧院区，富有的商人居住在这里，他们拥有的商店现在仍可看到。

P204 左中

这处壮观的赫尔墨斯宅邸，其列柱廊庭院建有双排柱子，可能是一处经营商业信托的代表性居所，建于公元前3—前1世纪。

P204 左下

三叉戟房屋的拱廊由气势恢宏的多立克式柱支撑起来。罗马人从提洛岛和其他城市的希腊化风格的房屋中汲取经验，以发展他们自己的建筑艺术。

P204 中下

这是一处展示塞壬（Siren）的著名的希腊化风格的马赛克作品，用以装饰美丽的斯卡达纳别墅的一个房间，这里可以俯瞰风景如画的海湾，距离圣湖区域不远。

P205

这是一幅提洛岛考古中心的全景图，充分展示了其无穷的魅力。由于米科诺斯岛和阿波罗岛之间强风和强劲洋流的共同作用，才有了这处引人入胜的图景（仅短短几小时可见）。

P206左

伊西斯神庙，部分得到了修复，坐落在金托斯山脚下，这里是几位东方神明的圣地。雅典人于公元前135年重建了这座神庙。神庙里有一尊女神雕像。

P206—207

提洛岛剧院建于公元前4世纪晚期，坐落在风景如画的海湾旁。舞台建筑四面建有立柱，这是同种类古代建筑的唯一案例。

P207左上

在现代船舶的停靠码头旁边，是提洛岛上赫尔墨斯崇拜者的宽阔广场。一群罗马商人在岛上做生意，并有自己的宗教中心。

P207右上

在富丽堂皇的剧院区，矗立着克利奥帕特拉宅院和狄俄斯库里德宅院主人的雕像，此处是希腊化风格豪宅的又一绝佳例证。

P208—209

这可能是林多斯地区雅典娜圣所的原貌。它坐落在罗德斯岛上最壮观的遗址上，位于一处天然的高地，从那里可以欣赏到希腊最美丽的风景。这处规模宏大的建筑群建于公元前3—前2世纪，是爱奥尼亚岛和多德卡尼斯群岛希腊化时期风景建筑的典范。

P208右下

在林多斯陡峭的悬崖峭壁上，雅典娜·林迪亚神庙俯瞰着下面的城市，四周环绕着15世纪扩建的拜占庭城墙。

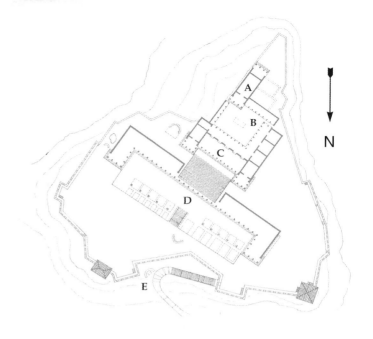

A 雅典娜·林迪亚神庙
B 大柱廊
C 山门
D 爱奥尼亚柱廊
E 哈格桑德罗斯船

N

P209右下

这些来自罗德斯岛上雅典娜·林迪亚神庙的门廊和拱廊的立柱修复于20世纪初。它们矗立在美丽的海港边，附近是静谧的海滩。

林多斯，碧空下的雅典娜圣殿

　　罗德岛是多德卡尼斯群岛中最大的岛屿，这里有许多著名的考古遗迹，其中包括罗德岛古城、伊莱索斯古城和卡梅罗斯古城。但是岛屿上最具吸引力的地方是林多斯，坐落在古老的卫城上，俯瞰着希腊最美的海滩，四周环绕着大量的防御工事和城堡的遗迹，这些城堡是在拜占庭防御工事的基础上建造的。这里是雅典娜·林迪亚（Athena Lindia）的原希腊圣地。

　　这个祭祀场所具有古老的历史渊源。公元前6世纪上半叶，一座多立克式神庙被建造在悬崖峭壁上，神庙上方是一个石窟，在这里举行了第一次宗教仪式。在公元前4世纪晚期至公元前2世纪早期，卫城上的建筑毁于大火，后来整个区域得以重新规划并重建。

　　新的规划方案强调了希腊化风格建筑特有的楼梯和柱廊的景观组合，这种风格在小亚细亚地区特别流行。卫城的露台花费了设计者大量的心血，参观者途经一系列令人惊叹的壮观建筑，直接到达神庙。首先，参观者会来到巨大的"Π"形门廊的正面，然后是直通卫城的宏伟阶梯，最后是位于一侧的建有多立克神庙的拱廊庭院。

　　甚至直至今日，来到门廊遗址的参观者，仍会被设计简约的五个大门所吸引，每个门在视觉上都与正面的10根柱子中的一对相吻合。从下方的露台看去，长长的廊柱增添了整座建筑的恢宏气势。

　　建筑的每一侧都体现出丁墨涅西克勒斯设计的雅典卫城的特点——房间都带有柱廊。随着参观者攀爬上恢宏的阶梯，环绕神庙的拱廊庭院中幸存下来的柱子缓缓映入眼帘，映衬在天空中。在神庙的东面，柱子和护墙之间的狭小空间令俯瞰视角陡然下降，呈现出一幅不同寻常的建筑景观。仿佛这个带有铰接式建筑框架的庭院是建筑群的关键元素，而庭院中心的祭坛则是整个复杂建筑群的视觉焦点。

　　公元前3世纪晚期至公元前2世纪早期的改进工程，使下面的露台更有效地成为了整个风景区的一部分。总体规划的准则显然是为了令人们的活动能够更加适应景观，将自然和建筑融为一体，不断地给人们带来惊喜。圣地中装饰着许多艺术品。在柱廊之间、在广阔的空地上、在陡峭的圣路两旁，都有向雅典娜·林迪亚献祭的物品。沿路依稀可见的是大型的船形献祭雕塑，它是用岩石雕刻而成的，是海神崇拜者哈格桑德罗斯（Hagesandros）雕像的基座。

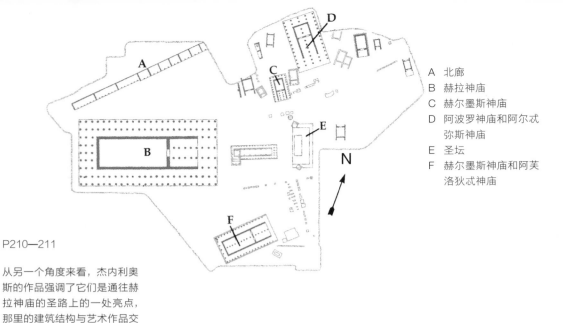

P210左中

这是萨摩斯岛上的赫拉圣所的全景。这座女神的神庙在公元前7—前4世纪被多次重建。在这里以及在以弗所的阿尔忒弥斯圣所，爱奥尼亚式建筑风格经历了决定性的发展。

P210左下

萨摩斯岛的杰内利奥斯（Geneleos）制作的几尊雕像的复制品（接近公元前560年）现在仍然可以看到，它们被用来装饰赫拉神庙。

P210—211

从另一个角度来看，杰内利奥斯的作品强调了它们是通往赫拉神庙的圣路上的一处亮点，那里的建筑结构与艺术作品交替出现。

A　北廊
B　赫拉神庙
C　赫尔墨斯神庙
D　阿波罗神庙和阿尔忒弥斯神庙
E　圣坛
F　赫尔墨斯神庙和阿芙洛狄忒神庙

萨摩斯岛，赫拉的摇篮

　　传说中萨摩斯岛是女神的诞生地并且是女神嫁给宙斯的地方，那是一座郁郁葱葱的绿色岛屿，起源于爱琴海，距离小亚细亚海岸只有两公里。像许多希腊岛屿一样，萨摩斯岛拥有非常古老的历史。第一批居民在公元前3000年定居于此，随后这里很快就变得繁荣起来，在接下来的1000年里，这里变得更加欣欣向荣。

　　在黑暗时期，萨摩斯岛和小亚细亚的所有岛屿及海岸都被爱奥尼亚人占领，并在这里建立了重要城邦。在经历了漫长的贵族寡头统治后，暴君波利克拉特斯（公元前540—前522年）统治了这个繁荣的岛屿。萨摩斯岛以葡萄酒和陶器最为出名，并最终积累了大量财富。在萨摩斯岛上进行的考古活动主要发生在赫拉神庙中，这座神庙建于公元前9—前8世纪，位于一条名为伊姆博阿索斯的小河岸边。

　　最初在这里修建了一座祭坛、一些神龛和一座约40米长的神庙。神庙的出口对着东方，它长长的内殿被分成两部分。附近有一座圣池，用于对女神古老的木制神像进行仪式性的沐浴。神庙建筑在公元前8世纪中期和公元前7世纪中期得到了修缮。

　　这座圣殿在公元前560年左右经历了最繁荣的时期，在这一时期，两位当地的建筑师罗伊科斯（Rhoikos）和赛奥佐罗斯（Theodoros）奉命开始修建一座气势恢宏的新的赫拉神庙。神庙的方向会有调整，以便与雄伟的祭坛位于同一轴线上。在复杂的建筑群中建有长长的柱廊，并且摆放着珍贵的艺术品（比如著名的萨摩斯岛的赫拉雕像，现保存于卢浮宫）用于装饰。

　　在这里，爱奥尼亚柱式展现了一些主要特征，比如形式上接近于巨型的宏伟建筑。这座巨大的神庙（105米×52.50米）的周围是由104根大约18米高的柱子组成的双柱廊。

　　在这个面积巨大的内殿前面是纵深被分成三段的前殿。前殿的柱子并没有柱头，这些柱子由直径超过1.5米的柱墩构成，柱墩上没有凹槽，创造出了一种真实的"石林"的建筑效果。石林紧凑的结构安排遵照的数学公式无疑为整座建筑实现良好的结构比例和平衡感提供了保证。

　　这项在波利克拉特斯暴政时期开始的重建工作，并没有真正完成。神庙建完没有几年，一场可怕的大火便摧毁了罗伊科斯和赛奥佐罗斯的伟大杰作。

　　神庙的废墟中依然矗立着一根孤零零的坚固的柱子。但是，许多柱头和柱基让我们得以想象出在爱奥尼亚式柱体被引入之前，古代建筑中的柱子的原貌。

P211左上

赫拉神庙中仅存的立柱是神庙在公元前525年毁于大火后，罗伊科斯和赛奥佐罗斯组织的重建工程的一部分。工程最后并没有完成。

P211中上

这个爱奥尼亚式赫拉神庙的古风式柱头细节，展示了公元前6世纪中期多种多样的立柱装饰元素。

帕加马王国，风之卫城

P212上

帕加马卫城中建有众多引人入胜的建筑，它们建于阿塔利兹王朝和罗马帝国时期。背景中的白色柱廊属于图拉真（Trajan）神庙。

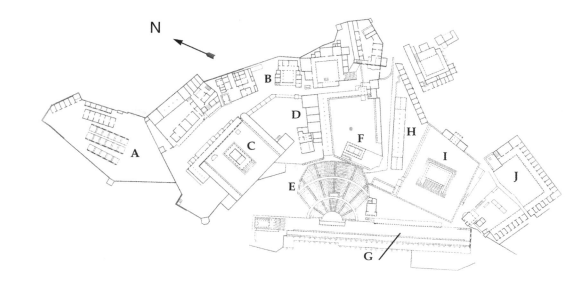

A 武器库
B 宫殿
C 图拉真神庙
D 图书馆
E 剧场
F 雅典娜神庙
G 大露台
H 柱廊
I 宙斯大祭坛
J 上广场

许多古希腊城市都坐落在现在的土耳其境内。列清这些城市的名字并逐一对其进行描述将是一项艰巨的任务。从萨迪斯到哈利卡纳苏斯，这些城市虽然以亚洲文明为主，但是同时也吸收了希腊文明的特征，要全部包括在内就更难了。因此，我们只描述小亚细亚最重要的两个古城：帕加马和普里埃内。

我们在此还是要敦促读者不要忘记米利都、士麦那、阿索斯、福西亚、提奥斯、克尼杜斯（Cnidus）、迪迪玛、以弗所、西梅（Cyme）、克拉佐梅纳（Clazomenae）、科洛芬（Colophon）、克拉罗斯（Claros）——事实上，所有这些古城都在爱琴海沿岸或附近。帕加马是阿塔利兹人统治下的繁荣的希腊化王国的伟大都城，是追溯小亚细亚地区希腊文明根源的完美起点。它的整个城市环境的塑造源于统治王朝建立的气势宏大的城市规划，初衷是建造典型的希腊化城市。它的布局是将城市划分为卫城、下层城市和一座阿斯克勒庇俄斯圣殿，这种设计旨在创造一个壮观而充满情感的整体，这也与具象艺术（被称为"帕加马巴洛克"）中表达的丰富的情感主义相一致。

上城四周是不同历史时期建造的多塔城墙，包括按照贵族传统建造的皇宫、带有柱廊的豪华住宅，以及用于供奉被神化的已故国王的神庙。

从周围较高的地区向卫城供水的系统，拥有令人惊叹的先进技术，它们在罗马时代得以完善。几处圆柱形蓄水池和长长的管道被完好保存。在卫城上依稀可见的是气势恢宏、风景如画的阿斯克勒庇俄斯圣殿遗迹，圣殿周围"神奇的"泉水、有顶的通道、容纳病人的门廊，以及剧场和旅馆，这些建筑在罗马时代得以广泛兴建。下游平原最显著的建筑是图拉真宏伟的大理石神庙，目前正在进行修复。

P213右

帕加马卫城的蓄水池，为阿塔利兹王朝皇宫供水，而为整个城市供水的是一个规模庞大的水利工程系统。

P212—213

从帕加马卫城远眺，可以看到开凿在陡峭山崖上的剧场座位，它面对着下面广场的非凡景观。

但是，在希腊建筑和城市规划的历史进程中，最重要的建筑是曾经气势恢宏的古典晚期的雅典娜神庙遗迹。圣殿矗立在一个露台上，露台下是陡峭的坡路，气势恢宏的大剧场就是从这里开凿出来的。圣殿建筑群呈梯形。双排柱结构的拱廊共有3座，柱子属于多立克式柱和爱奥尼亚式柱，其中一座拱廊用作门廊，围成的开放区域中矗立着典型的多立克式神殿。

剧场脚下是气势恢宏的由柱廊组成的建筑群。其中一侧尤为显眼，那里是爱奥尼亚风格的狄俄尼索斯圣殿，通过异常陡峭的阶梯才能到达。伟大的宙斯祭坛留下的遗迹所剩无几，它曾经矗立在超过70米长的平台上，装饰的雕带上描述了巨人之战和忒勒福斯神话传说。祭坛遗迹成为了柏林国家博物馆的主要展品之一。附近的卫城广场遗迹依稀可见，而气势恢宏的得墨忒尔圣殿遗迹则位于地势较低处。

P214

帕加马的宙斯祭坛描述了巨人之战的细节，展现了帕加马艺术的表现力，其强烈而深刻的情感表达被称为"巴洛克风格"。

P215

在柏林国家博物馆的整个大厅内展出了重建的宙斯祭坛庞大雕带的正面，将诸神与巨人之间的战斗这一古老主题进行了最高层次的艺术表达。在这两

页图片中展示的图景来自雕带东北侧保存较为完好的部分之一。学者们通常将这些神话人物从左到右依次识别为：克吕提俄斯、赫卡忒、俄托斯、埃伽昂和阿尔忒弥斯。

P216—217

这是帕加马卫城在罗马时期的样子，显然在经历了几个世纪的改进之后，卫城变得更加宏伟壮观。

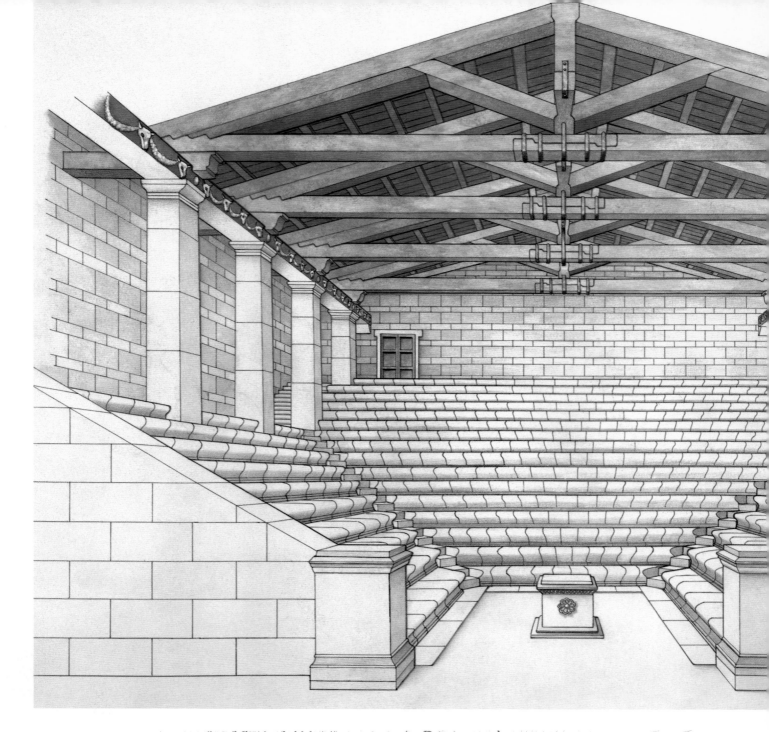

A 得墨忒尔神庙

B 剧场

C 雅典娜神庙

D 上体育场

E 柱廊

F 广场

G 阿斯克勒庇俄斯神庙

H 下神庙

I 体育场

N

普里埃内，杰出的城市规划

普里埃内是小型的古老城邦，位于卡利亚地区，于4世纪中期被其5000多名居民重建，初衷是为了躲避曲流河引发的洪水灾害。他们选择的地点在米卡尔山的斜坡上（大约400米高），四个平行的阶梯状平台被建造在海拔300米处的悬崖上，正下方是河谷。

19世纪末期的考古发现揭示了希波达米亚建筑传统中直线型的城市规划布局。街道宽度在4～7米之间，街道间分布的矩形公寓尺寸为（120×160）希腊英尺（35.40米×47.20米），采用了和谐的3：4的比例。

与奥林修斯和卡索佩一样，居民区环绕着城市中心，城市广场两侧建造了巨型柱廊、商店和宙斯圣所。四个露台由一系列南北走向的平行道路连接，只能步行或依靠驮畜通行，这一点与东西走向的街道不同。广场通过一条长长的宏伟阶梯与上方的雅典娜神庙相连，凸显了神庙的崇高地位。

整个布局的主导建筑是剧场，它是希腊保存较好的剧场之一。剧场的楼梯从最后一个露台延伸而上，而那里的山脊也越发陡峭。不可忽视的是体育场和其他体育设施，它们被巧妙地建造在第一个人工露台的边缘。像剧场一样，它们也被建在城镇中偏僻的地方，以便成千上万的观众进出时不会拥挤。

然而，这座城市最有趣的地方在于其整个城市建筑群，整座城市大量运用石块建造大型公共建筑物和私人住宅。普里埃内比小亚细亚地区的其他希腊化城市早出现了半个多世纪，那些城市以大胆地将街区和纪念性建筑物"堆叠"起来而闻名。

P219中

这是普里埃内议事厅现在的样子，其布局在小亚细亚的其他希腊城镇中也可见到。

P219中下

普里埃内宏伟的雅典娜神庙中的几根立柱仍然存在，这些柱子建有精致的爱奥尼亚式柱头。这座神庙建造于公元前4世纪。

P220—221

普里埃内看上去跟小亚细亚的其他希腊城市一样，这些城市得以改建、重建或者新建。城市具有规则的布局，引人注目的位置上坐落着规模庞大的建筑群，与自然环境融为一体。

P218—219

这幅普里埃内议事厅的重建原貌图展示了宽阔的会议厅内景，大厅长长的座位被对角线上的楼梯分隔开来。会议演讲者坐在祭坛旁边。屋顶可能是由坚固的木梁支撑的。

N

A 剧场
B 北门
C 多柱式大厅
D 储藏室
E 觐见室
F 中庭
G 大阶梯
H 中央大厅
I 南门
J 高级祭司之家
K 西南房屋

P222右上

这幅克诺索斯皇家宫殿图展示了按照原貌重建的彩绘木制立柱，这是克里特建筑的典型元素。

P223

克诺索斯宫殿遗址的北门是整个米诺斯复杂建筑群中极为有趣的地点之一，但其实所有的克里特建筑都值得考古学家进行一次彻底的考古游览。

克诺索斯，没有牛头怪的迷宫

克里特考古学的瑰宝毫无疑问是克诺索斯，这里拥有该岛最大、最重要的宫殿遗址。在阿瑟·J.埃文斯（Arthur J.Evans）的监督下，人们在克诺索斯进行了长达近30年（1903—1931年）的挖掘工作，宫殿遗址经历了灾难性的"修复"。其结果可能是为了迎合那些寻求"如画风景"的游客的喜好，但却不得不向毫无辨别力的"遗迹爱好者"做出荒谬且不合时宜的妥协——把复杂建筑物的几个局部，用画笔"重建"为一个整体，绘制在明信片的背景中。尽管如此，通过与伊斯托斯宫殿遗址的对比（雅典的意大利考古学院采用了截然不同的科学标准对伊斯托斯宫殿遗址进行了挖掘），可以确定这里采用了克里特建筑师的基础建设方案和技术解决方法。

伟大的克诺索斯宫殿被保留下来的部分（宫殿的大部分结构重建于公元前17世纪）表明它在建筑设计和布局方面运用了超群的技艺。宫殿中建有1000多个房间，大多数房间为两层或三层楼高，建筑设施包括楼梯、走廊、门廊、用于放置交通工具的坡道，这些设施被安排在巨大的长方形中心庭院周围。

这些建筑最显著的特征就是缺少防御工事，在建筑承重结构中使用了木头和石块，尽管房间众多且看似杂乱无章，但是这些设施被有条理地分布在了宫殿的各

P222左中（两幅）

位于克里特岛上的克诺索斯皇宫遗址世界闻名。每个来到这里的游客都会被传说中的米诺斯皇家宫殿所吸引，在其住宅区的柱廊（上图）中游览，或是沿着气势恢宏的铺筑楼梯（下图）漫步。

P222左下

"修复"工作重现了房间、庭院和入口大厅复杂的建筑布局，这使得克诺索斯皇宫居住区域光线充足，通风良好。

个角落。这种规划的合理性体现在储藏室的布局以及米诺斯宫廷工匠作坊的分组上。特别引人注目的是门廊、起居室、觐见殿和接待室这些优雅的建筑和这些建筑内精美的图案装饰，使用的鲜艳色彩验证了克里特人热爱享乐的生活方式，他们没空去追求神秘主义。华丽铺就的皇家大道通往剧场，人们可以看见其保存完好的座位阶梯和"皇家包厢"，另一条道路通向剧场的西入口，即所谓的游行走廊的起点，这里展示了出土的壁画的复制品。在这里，参观者第一次感受到了这座多层宫殿的宏大（它的楼层从两层到四层不等），宫殿被建在距离大海不远的低矮山脉中崎岖的地面上。宫殿的主体结构通向一处面积巨大的中央庭院。

人们穿过由彩绘的木制柱子支撑的雄伟的山门，沿着巨大的楼梯向上攀爬可以进入庭院。像其他宫殿一样，祭坛正对着奢华的皇家住所，这些皇家住所被设计成几个楼层，配备着优良的设施并装饰以壁画。

从这里，人们很容易就能到达拥有令人惊叹的壁画装饰的觐见室，这里米诺斯国王的雪花石膏王座仍然完好无损。令人惊叹的建筑技术给室内和楼道带来了充足的自然光和新鲜空气，在这个区域尤为明显。建筑的西侧是储藏室，在这里有储藏食材的巨大的陶罐，对面是陶工和金匠的作坊。

P224

大型的陶罐用来储藏数量巨大的粮食。这些罐子被放在宫殿的西翼。

P225左

一队年轻人手里拿着各种各样的祭品，被刻画在南部门廊的墙壁上。这里运用了典型的米诺斯绘画中明艳的色彩和优雅的形式。

P225右中

大型风格化的公牛角造型在克诺索斯皇宫中随处可见，反映了公牛在米诺斯宗教中的重要性，也许它也是王权的一种象征。

P225右下

米诺斯壁画也很重要，因为可以将壁画中展示的物品（在这幅壁画中，是年轻人手中拿着的罐子）和考古遗址中发现的物品进行比较。

P226左上

一个"采光井"照亮了克诺索斯宫殿的警卫室,警卫室位于中央庭院旁边的皇家住所的地下三层。

P226左下

皇后住所的壁画中栩栩如生地展示了在海浪中跳跃的海豚。住所的过梁和门楣上装饰有色彩鲜艳的花朵图案。

P226—227

风景如画的觐见室内设有保存完整的雪花石膏王座,四周的壁画上绘制着狮鹫和异域花朵的图案。

P227 上

皇宫的外部视图展示了建筑由石制阶梯连接而成的不同层级。

P228—229

这可能就是克诺索斯皇宫在公元前1700年左右被摧毁后重建时的样子。

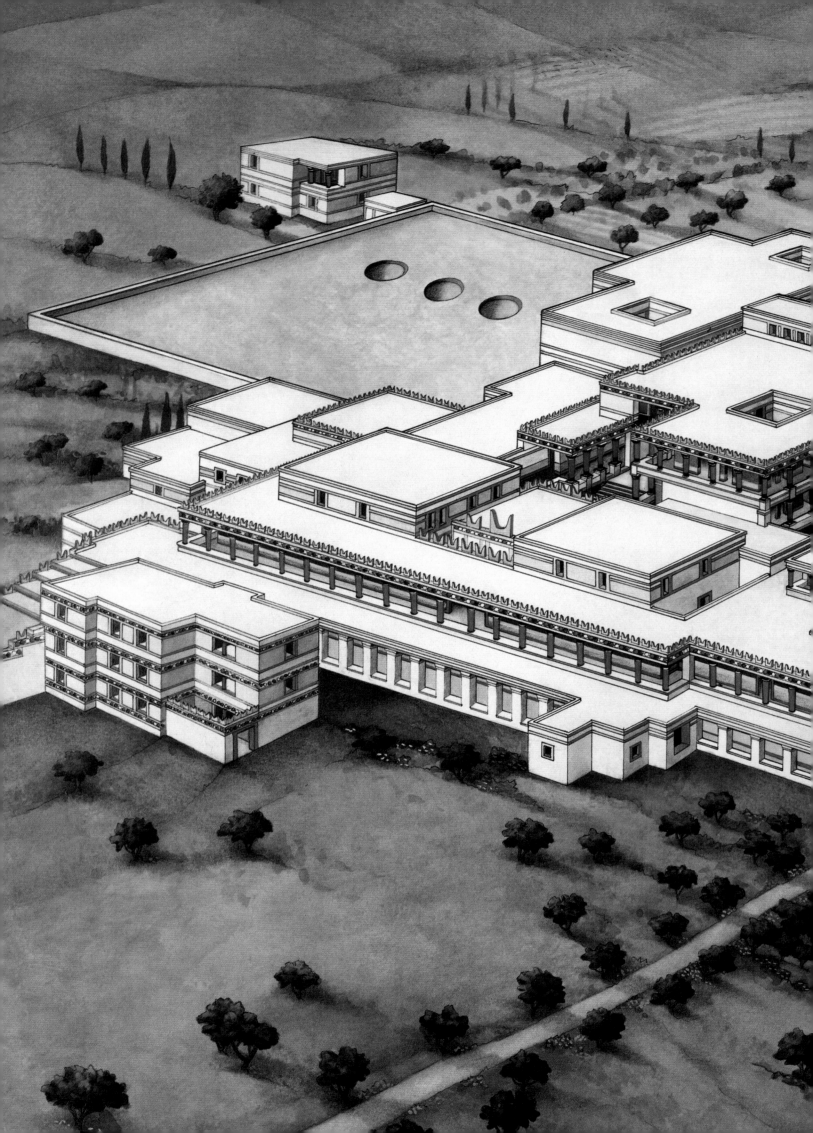

P230—231

这幅画作来自于鲁沃迪普利亚（Ruvo di Puglia）的一处墓穴，墓穴的年代要追溯到公元前5世纪下半叶，展示了正在唱歌跳舞的年轻女子。她们表情生动的脸庞，显示出了创作中运用的自信而轻快的笔触，与当地原产以及从阿提卡进口的陶器上描绘的人物非常相似。

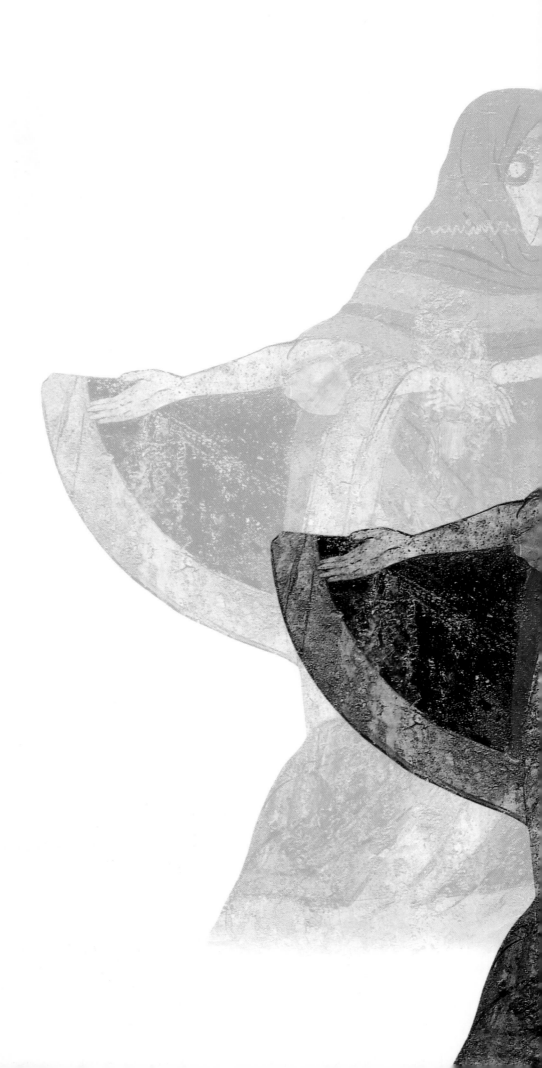

大希腊的考古之旅

希腊文化对意大利的影响 / 232

波塞多尼亚（帕埃斯图姆），献给波塞冬的圣地 / 240

阿格里根图姆，在众神的山谷之中 / 248

塞杰斯塔，星空下的神明 / 257

塞利努斯，一部璀璨却短命的历史 / 259

1　伊斯基亚岛
2　帕埃斯图姆
3　麦塔庞顿
4　塔林顿
5　锡巴里
6　克罗敦
7　洛克里
8　希米拉
9　塞杰斯塔
10　塞利努斯
11　阿格里根图姆
12　盖拉
13　锡拉丘兹
14　墨伽拉希布莱阿

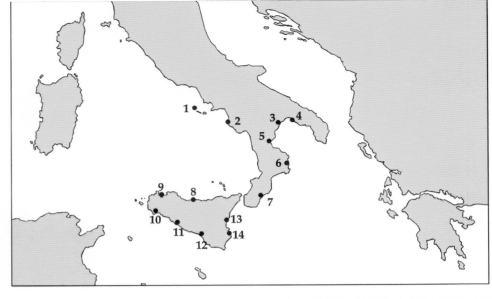

希腊文化对意大利的影响

意大利南部和西西里岛的任何一个角落——从库迈到莫西拿（Messina）海峡，从塞利努斯到锡拉丘兹，从麦塔庞顿到塔林顿，都直接或间接地留下了古希腊人的踪迹以及他们长达几个世纪文明的历史记录。从荒凉多风的达乌尼亚到卢卡尼亚山谷，从富饶的希拉到伊利米人（Elymians）的肥沃土地，多亏了殖民者，人们通过贸易、经济和政治交流等多种方式使得希腊文化根植于意大利的古老中心地带。穿

P232左下

这是公元前6世纪晚期的赫拉神庙残存下来的立柱，在卢卡尼亚明亮的蓝天下显得格外醒目。

P232—233

被保存下来的15根立柱在历经2500年之后依然耸立。浮雕、略微膨胀的轮廓，以及庞大的柱头是古风时期多立克式建筑的经典元素。大希腊殖民地是土木工程和城市规划的试验场。这些殖民地取得的进步甚至超过了希腊本土的城市。麦塔庞顿是繁荣的农业城邦，同样也是爱奥尼亚海域卢卡尼亚沿岸的贸易中心。

越在亚平宁山脉寂静且葱郁的山峰间，在羊群沿着白色的破败不堪的道路被赶往新牧场的路途中，希腊文化的影子忽隐忽现。

现在，希腊人静静地看着从莱乌卡到波河三角洲的亚得里亚海岸——这条海岸线几乎没有安全的锚地，有大量的礁石和不可预料的沙洲。在那里，迈锡尼商人已经满载着陶器、织物和彩色珠子（通常是给当地人的祭品）来到了伊特鲁利亚人、威尼斯人和凯尔特人来来往往的亚得里亚、斯皮纳和曼图亚的商店进行交易。

其他人则穿越第勒尼安海域，他们的航线上穿梭着腓尼基人和伊特鲁利亚人的商船。希腊人经历了与信誉不佳的利古里亚人的危险遭遇。据说利古里亚人为这些岬角和海湾命名，他们甚至与撒丁岛人做生意。希腊人在地中海遥远的西部海域建立了昔兰尼、马赛（Massilia）、安普利亚斯（Ampurias）以及上百座商业中心，他们有极强的冒险精神，把领域越拓越宽。

神话和哲学、事实与传说，其最崇高的抽象理论和最具体的实践效率：西方，特别是意大利，所有一切都归功于希腊人。比如，我们感激仙女阿雷图萨和阿尔菲斯在锡拉丘兹海底至死不渝的爱情故事；感激毕达哥拉斯，这位数学家和导师，他把意大利作为自己的家，让我们感受到了数字的乐趣以及神庙和乐谱中神秘的和谐；感激埃利亚学派的巴门尼

P233右下

所谓的海神神庙，实际上是献给赫拉的，在波塞多尼亚地区保存完好（波塞多尼亚今称帕埃斯图姆）。当地用于建造房屋的石灰石被涂上了一层温暖的金色，大大提升了多立克式建筑的优雅特质，很好地平衡了柱廊之间饱满与空白的关系。

P234—235

锡拉丘兹以及整个西西里岛上极其著名的考古遗迹之一就是尤里亚洛（Eurialo）城堡的防御工事，这是在阿加托克利君主的统治下，于公元前4世纪为保卫城市而建造的杰出建筑。阿加托克利的军事工程师们完成了如此构思巧妙且复杂的建筑工程，使其几乎坚不可摧，并能满足不同的防御和反击需求。

P234下

尤里亚洛城堡的走廊令敌人看不到防御者的行动，这是建造者在设计建筑时采用的多种防御措施之一。

德和泽诺，他们肯定了存在是独一无二的，并提倡悖论以防范人类拥有过度的智慧，仇视暴君甚至不惜以死亡作为代价。感谢西西里岛的君主们，让我们摆脱东方化。我们对希腊人普遍心怀感激，他们给了我们字母表、无数的词汇、梦想、技术和市场、阅读的欲望、冒险和写作的勇气，以及始终要面对狂风暴雨的决心——无论是思想上的，还是生活上的，我们对不可避免的怀疑和勇敢创新的意志力心怀感激。

这就是我们在大希腊西部的行程，虽然简单，却包罗万象。但是在我们启程开始参观帕埃斯图姆、塞杰斯塔（Segesta）、锡拉丘兹、塞利努斯和阿格里根图姆（Agrigentum）的神庙和其他建筑时，我们必须向大希腊的其他杰出遗址致敬：伊斯基亚岛上的彼德库塞；库迈卫城；波佐利，曾被称为迪卡奇亚，位于那不勒斯，拥有美妙的国家博物馆；维利亚（埃利亚），有哲学家巴门尼德和泽诺，还有华丽的粉红门；卡拉布里亚和巴斯利卡塔殖民地——麦塔庞顿和洛克里·伊壁犀斐里（Locri Epizephyrii）；雷焦拥有里亚斯铜像；以富裕的生活而出名的锡巴里斯；沿海和内陆地区气势恢宏却孤单的圣地；从萨兰托延伸至加尔加诺，阿普利亚的希腊风情与意大利根源融为一体；最后是西西里岛上已经被人遗忘的殖民地和最近重新被发现的一些殖民地遗址——强势君主统治下的建有巨大防御工事的盖拉、墨伽拉希布利亚和萨普索斯、莱昂蒂尼和卡塔尼亚、希米拉和内陆的希腊化城镇。西方精神和文化的根系深埋在气势恢宏的考古遗迹之下，这些考古遗迹不应该被我们遗忘，否则意味着我们将失去重新发现自我的最后机会。

P235右上

从公元前5世纪上半叶开始，塞利努斯的E神庙通常被认为是一座献给赫拉的神庙，在大希腊城邦中广受崇拜。神庙的一个结构特征是密室的地板相对高于主体建筑的地面。

P235右中

在锡拉丘兹剧场中，节日期间仍旧上演着经典的戏剧。宽阔的梯形座位比希腊世界其他地方剧场的座位都要平坦。座位被开凿在白色的石灰岩上，这种石灰岩是锡拉丘兹的土壤所特有的。

P235右下

塞利努斯的E神庙对于第一次来到位于西西里岛西部的强大的希腊殖民地的参观者而言，是一处非常引人注目的考古遗迹。

P236左下

大希腊陶制品的影响力可以在这个被发现于洛克里·伊壁犀斐里的陶土浮雕作品中体现出来。这是一个公元前5世纪早期手工艺者雕刻的浅浮雕石碑。浮雕主题依旧与古风后期紧密相关，描绘了哈迪斯和珀耳塞福涅坐在宝座上。这可能是出于客户的需求，也可能是出于仪式传统。

P236—237

大希腊地区产生了丰富的艺术和手工艺品。这块带有美杜莎可怕面孔的陶土片来自公元前6世纪的塔林顿，它反映了当时陶器在这个地区已经有了较大的发展。此类产品所基于的模型（由模具铸造而成）表明了殖民地与其发源地社区之间有密切联系。在这种情况下，多立克风格所有的表现力和韧性都被保留了下来。塔林顿位于爱奥尼亚海，建于公元前702年，是强大的斯巴达的殖民地，它很快就变成了一个繁荣的希腊文化传播中心。

这个陶土的狮子头是建筑物屋顶边缘的滴水嘴。这样的设计可以令雨水沿建筑结构滴落，同时产生了出色的美学效果。

这尊陶土雕像展现了狄俄斯库里兄弟之一正骑着马，他们整体骑在一尊具有人类特征的狮身人面像上。它是一座建于公元前470—前450年的神庙的山墙装饰物或檐口装饰物，被发现于洛克里·伊壁犀斐里，其笨拙而僵硬的艺术形式，说明了美丽的狄俄斯库里雕像属于公元前5世纪下半叶的一座神庙。这尊雕像由大理石制成，其被发现的地方仍旧隶属于强大殖民地的广阔疆域。

P238上

这件色彩艳丽的意大利陶器的创作灵感来自于阿提卡陶器，甚至在公元前4世纪之后在质量上有所超越。阿普利亚、坎帕尼亚、卢卡尼亚和古希腊西西里岛的几个中心的陶制技艺都达到了很高的水平，这个拥有狄俄尼索斯主题、色彩华丽且绘制着红色图案的精美的阿普利亚细颈瓶充分展示了这一点。

P238左下

狄俄尼索斯主题的神话故事和宗教故事经常被用在希腊陶器的装饰中，就像这个色彩丰富的蜗壳状把手的双耳喷口杯（公元前350—前325年）。

P238右下

大约从公元前340年开始，这个大腹便便的细颈长瓶展示了阿普利亚小镇典型的艺术风格。瓶子可能是用于盛放油膏的，正如上面绘制的女性人物性感的姿势所暗示的那样。

P239

这尊被发现于塔林顿的公元前1世纪的精美头像可能是古典或希腊化时期的原作的复制品，由帕罗斯岛的白色大理石制成。

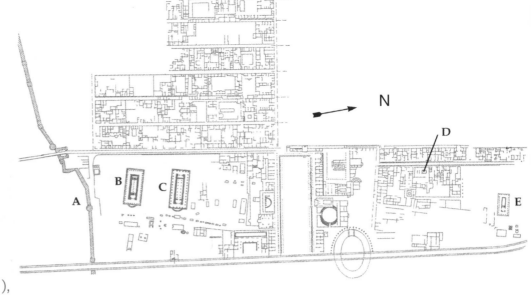

A　城墙
B　赫拉神庙 I（大教堂）
C　赫拉神庙 II（海神神庙）
D　英雄祠
E　雅典娜神庙（谷神神庙）

波塞多尼亚（帕埃斯图姆），
献给波塞冬的圣地

　　波塞多尼亚是整个希腊和罗马考古遗迹中最具吸引力的地方之一。公元前7世纪，来自锡巴里斯的殖民者在塞莱河谷建立了这座城市，它在落入卢卡尼亚人手中之前，已经繁荣兴盛了两百多年。公元前273年，波塞多尼亚变为罗马殖民地时，被另取名为帕埃斯图姆。在卢卡尼亚和罗马的统治下，它的城市结构仍然被希腊城墙环绕，这展示了该城市最初的希腊殖民布局，其特点是网格式，后来采用了罗马规划方案。

　　这座献给波塞冬的古城，同时也有赫拉和雅典娜的重要神殿，第一眼景象便令人难忘。赫拉的两座神庙沿着东西方向建造，彼此相距不远，通常被称为大教堂和海神神庙，它们原本属于同一圣区，现在仍然被保存得完好。

　　大教堂是帕埃斯图姆最古老的宗教建筑（大约公元前550年）。建筑采用了大量褐色的当地产的石灰岩，这些石灰岩曾被粉刷过，巨大的柱状结构（54米×24米）拔地而起。教堂建有9排柱子，每排18根组成了围廊——这

P241左上

这两座多立克式神庙，"大教堂"（左）和"海神神庙"（右）拥有不同的布局和结构。前者建有9根前柱，可追溯到公元前550年；后者比前者早1个世纪。

P241右上

在圣地的北部是雅典娜神庙（也被称为"谷神神庙"），建于公元前510年左右，拥有良好的通风条件以及和谐的建筑结构。前殿的爱奥尼亚式立柱非常新颖独特。

P240左下

这尊小型女神陶土塑像，大概要追溯到公元前6世纪下半叶，它被发现于南部的神庙，被保存于帕埃斯图姆国家博物馆。

P240—241

这张帕埃斯图姆考古遗址的鸟瞰图展示了这片神圣的区域，赫拉的第一圣殿（"大教堂"）和第二圣殿（"海神神庙"），仍旧保存完好。

P242左下

列柱廊中流畅的韵律体现出了建筑结构的和谐性，这种和谐性体现在柱头和柱体的轮廓中，以及体现在拥有纵深结构框架的浮雕的光影交错中。

P242—243

赫拉的第二圣殿拥有和谐的石灰石主体结构，原本是被粉刷并绘有图案的，它是严苛风格建筑的代表。

P243右上

在赫拉的第二圣殿中，双排柱把内殿分成三条走廊，这跟埃伊纳岛的雅典娜·阿斐亚神庙的内殿模式相似。

是一座罕见的多立克式神庙。传统的古风建筑元素，比如把内殿分成两个中堂，规模巨大的承重结构以及建筑沉重的整体，似乎与对爱奥尼亚/亚洲起源的巨大建筑偏好融合在了一起。

所谓的海神神庙是帕埃斯图姆规模最大、保存最完整的建筑，大约建于公元前540年，取材于当地的石灰石。随着时间的推移，石灰岩呈现出强烈的暗金色色调。神庙和谐的比例展示了其与阿尔忒弥斯神庙的相似之处。与此同时，与西西里岛东部（锡拉丘兹）的几座同时期建造的神庙也异曲同工。海神神庙只比大教堂的面积稍大一点，是典型的多立克式结构，正面有6根柱子。由柱身产生的明暗对比效果弱化了柱槽边缘的硬朗感，同时也减弱了柱轴的笨重感。它加强了突然迸发的整体感觉，并且似乎减轻了整体的堆积感，减小了尺寸维度，弱化了透视效果。顶楼的经典装饰和柱廊的经典布局，使得这座神庙成为了殖民地世界自主解释和精细阐述的例证。

沿着古老的神圣之路，经过广场和共和时期及帝国时期帕埃斯图姆的著名遗迹，展现在人们眼前的是气势恢宏的"谷神神庙"（实际上是献给雅典娜的）。这座神庙采用经典的古风时期的测量方式建造于公元前500年左右，但其多立克式柱（在列柱廊中）已经与爱奥尼亚式柱（在前殿中）互相融合。

帕埃斯图姆的考古博物馆藏品丰富且重要，它是意大利最好的博物馆之一。它展出的藏品确实令人印象深刻：来自塞莱河畔伟大的赫拉圣殿的文物，以一系列雕刻壁画而闻名于世。在这里，人们可以充分欣赏西方殖民地的古风艺术品，包括巨大的装饰性陶器、雕塑和精致的手工青铜花瓶。

但是，博物馆的亮点是一组彩绘石灰石板，出土于公元前5—前4世纪的众多墓冢中。它们是希腊伟大壁画艺术的珍稀杰作，其中大部分已经遗失。最重要的作品无疑是1968年在南部墓地发现的人物画，这座墓被称为潜水员之墓。这尊传统的石棺有石灰岩墙和石制"天花板"，上面装饰着至今仍保存完好的绘画图案。

通过随葬物品可以推断出墓冢大约的年代为公元前480年，这一推断也通过对整体壁画风格的分析得到了证实。壁画是在建筑石膏上完成的，艺术家首先在石膏上使用干刻技术绘制草图，描绘了一个充满节日

P242中下

"海神神庙"内部建有双排柱的前殿和后殿。双排倾斜的多立克式立柱支撑起了陡峭的屋顶，这跟埃伊纳岛的雅典娜·阿斐亚神庙很相似。

P244 左上

潜水员之墓（约公元前480年）中的两块短石板中的一块，描绘的场景令人想起了伊特鲁利亚艺术风格。两位嘉宾在一位女长笛手的带领下，正要出发去参加宴会，抑或是正在离开——象征着逝者告别生命。

P244 左中

在另一块短石板上，一位仆人正在从巨大的酒坛中倒葡萄酒，酒坛位于装饰着花环的桌子上。

P244—245（下）

这两张图显示了潜水员之墓石板原来的位置。长边上的每一块石板上都有5名男子，面朝低矮的桌子躺着。他们中的一些人正在演奏乐器，另一些人似乎在聆听演奏，还有一些人在相互敬酒。

P244—245（背景）

巴比顿（一种琵琶类的弦乐器）
音乐刚刚停止：乐器被放置一
边，然而音乐演奏者手中仍
然拿着琴拨。年轻的男人留
着胡须，头戴花冠似乎正在
转向他左侧的两个男人，手
里拿着宽喇叭口酒杯（或称为
基里克斯杯）。

P245右上

这是一处令人费解的图景，潜
水场景展示了裸体的年轻男子
从板子上跳入汹涌的水域中，
自然的背景采用了极其简约的
描绘方式。这是向着另一个世
界的神圣跳跃还是转世？或者
只是一次体育运动？

气氛的贵族聚会的场景，而"天花板"则呈现了一个不寻常的主题，即一个裸体青
年从一块木板上跳入池水中。

聚会的场景中，在两侧长边上，有10个半裸的男性形象，他们戴着树叶头冠，
斜靠在躺椅上。在两侧短边上是一位手持酒杯的男子从大酒壶中倒酒，以及一位演
奏长笛的女子，身边是两位翩翩起舞的男子。在北侧长边上描绘的是两位男子斜靠
在一张床上，他们的表情和动作，以及看似耳语的姿势，给人一种优雅之感。画面
中心还有另外两个人。右边的人望向这对耳语的男子，似乎要对他们说什么。

这位匿名艺术家运用生动的技法和现实主义的表达手法，捕捉到了宴会上最后
祝酒的时刻。在葬礼的背景下，这不仅仅是传统的贵族酒会，在那里，客人们的友
谊被一种精致而昂贵的物品——葡萄酒仪式化了，这显然也是对地球上生命的隐
喻，是一种无情地被死亡吞噬的忧郁的挽歌。"天花板"展示的主题对于深刻理解
这些绘画中蕴含的深刻的哲学思想，以及了解其复杂的文化内涵具有重要意义。潜
水员被逼真地描绘成在跳板和水域之间"飞翔"的场景，由两棵风格化的树作为自
然背景。

这幅画中的形象代表着死者的观点已经被否定。取而代之，跳水象征着灵魂前
往下一个世界的旅程：潜入未知世界，满足了毕达哥拉斯教义中与追求灵魂净化相
关联的神圣并充满宗教色彩的部分，回应了其教义中关于灵魂永恒轮回的观点。

海神神庙气势恢宏的西立面展现出了这座建筑和谐的比例。从其大量的古风特征可以看出，它应该属于严苛风格的建筑。比如柱子上本应有20处沟槽，而事实上却有24处。这样的设计很快就成为了建筑规范，并且建筑较长的一面建有14根立柱，而不是之前的13根或12根。

P247

这两件精美的青铜艺术品和一个著名的描绘赫拉克勒斯封神的黑绘阿提卡双耳罐，被发现于帕埃斯图姆广场的一个地下圣所，该地方建于公元前510—前500年。它们是祭品的一部分。双耳罐的局部在古风时期遭到了破坏，后来用铜别针进行了固定。

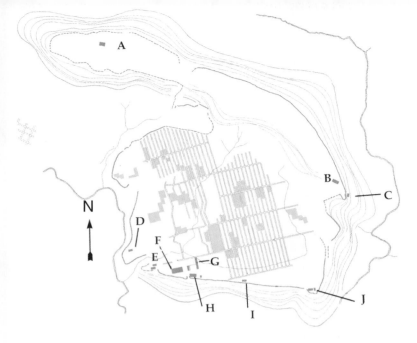

A 神庙
　（希腊圣玛丽教堂）
B 得墨忒尔神庙
　（圣比亚乔教堂）
C 得墨忒尔圣所

D 赫斐斯塔斯神庙
E 冥界众神圣所
F 奥林匹亚宙斯神庙
G 广场
H 赫拉克勒斯神庙

I 协和神庙
J 赫拉神庙

阿格里根图姆，在众神的山谷之中

　　阿格里根图姆被平德尔（Pindar）称为"西西里之眼""世界上最美丽的城市"。它建于公元前581—前580年，由来自盖拉的殖民者（以及其他来自罗德岛和克里特岛的殖民者）在海普萨斯河和阿克拉加斯河之间的一个宽阔的山谷中建造（城市以其命名），该山谷向大海倾斜。城市北面由雅典娜巨石守护，在那里建造了卫城；南侧有一个山脊，那里成为了最伟大的古代圣地遗址之———神庙之谷。在作为城市防御工程一部分的城墙之内，城市空间得以规划，尽管进程缓慢，但在笔直的中轴线上，合理地分布着街区道路。

　　这座城市主要发展农业经济，农田被严格划分且人们会合理利用每一块种植区域（以至于神明"被限制"在了位于肥沃程度较低的石山上的神庙中）。在几十年的时间里，在暴君法拉里斯（Phalaris）的统治下获得的财富和政治声望使阿格里根图姆成为古希腊西西里岛的主要强国之一。公元前5世纪末期，这一地区发生了剧烈动荡，城市毁于迦太基人之手。在古典时期和希腊化晚期，城市得以重建，并且在罗马的统治下度过了一段繁荣兴盛的时期，直至古风后期走向衰落。

　　令人惊奇的是，这座古城保存得最完好的一个区域建于希腊化/罗马时代。在那里，城市空间被合理利用，不同种类的希腊建筑和意大利建筑随处可见。穿过这片区域就到达

P248左下

赫拉神庙雄伟的遗迹矗立在伸入山谷的高脊上。这处建筑采用了古典时期的多立克式风格（公元前450—前430年），以帕特农神庙比例为参考。正对入口的巨大的祭坛遗迹清晰可见。

P248右上

这个古风式的青年男子造型的小型镜柄，是古希腊西西里岛小型青铜物件的典型范例。

P249

协和神庙（公元前450—前430年）是大希腊建筑的伟大杰作，它可能是供奉卡斯特（Castor）和波卢克斯（Pollux）的庙宇，展示了完美的建筑比例，成为了阿格里根图姆的象征。

P250上

协和神庙被保留下来的列柱廊的一角，按照古典的多立克式风格建造，但是在罗马时期进行了改建。

P250—251

协和神庙是庙宇众多的神殿谷中最美丽的建筑。但不幸的是，它遭到了多年无耻的破坏。这座建筑瑰宝是大希腊的帕特农神庙，每一位到访西西里的游客都会情不自禁地赞叹它。

P251右上

这是奥林匹亚宙斯神庙（公元前480年）的巨大柱头，建筑的宏伟形式反映了阿格里根图姆君主的奢靡。

P251右下

这是唯一保存下来的男像柱，帮助支撑着宏伟的多立克式奥林匹亚宙斯神庙中的承重梁，它现在躺在附近的空地上。

了法拉里斯的小教堂，这是希腊化时期建造的神圣建筑，在教堂下方是由岩石开凿而成的剧院的遗址。

著名的考古之路通往神庙之谷和古城遗址，在那里分布着的杰出建筑证明了人类在阿格里根图姆居住过，考古博物馆中的丰富藏品进一步说明了这一点。得墨忒尔圣殿和珀耳塞福涅圣殿引发了人们对城市最古老的神秘过往的探寻。圣殿为由岩石开凿成的双室结构，由前厅进入，四周环绕着喷泉，周围地形的阶梯式布局增强了它的视觉冲击力。不远处，靠近一号门的地方是建有嵌堡和加固塔的防御堡垒遗址。

游客在神庙之谷首先看到的是气势恢宏的奥林匹亚宙斯神庙遗迹（112米×56米），它是希腊建筑师建造的规模较大的建筑之一，建成时间大约在公元前480年，后来在屡次地震中遭到了彻底的摧毁。

这是一处建有半柱的多立克式神庙，半柱之间分布着规模宏大的8米高的巨大石柱。周围散落着一些小神殿和宝库的遗迹，整个地区都修建了古典时期和希腊化时期的纪念碑，并进行了典型的装饰，如门廊和广场。供奉着神明得墨忒尔和珀耳塞福涅的圣殿（其宗教性显然与殖民地的农业活动有着千丝万缕的联系），即所谓的卡斯特和波卢克斯神庙内建有4根精美的柱子，其兴建于公元前5世纪，然而在罗马时代该神庙得以重新修建。

部分重建恢复了赫拉克勒斯神庙（约公元前510年）往日的庄严，有助于人们了解这座多立克式古典建筑的尺寸和比例，神庙可能建有露天的内殿。阿格里根图姆最辉煌的瑰宝就是著名的协和神庙，事实上这座神庙是为卡斯特和波卢克斯建的，至今得以完好保存。这座建筑经过精心设计，比例和谐，成为了神庙建筑的标准之一。这种建筑标准似乎在公元前450年左右得以发展，它无疑受到卡里克拉提斯风格试验的影响。在帕特农神庙的建造过程中，这种建筑标准得以充分体现。从时间和风格上看，实际上协和神庙的复制品是赫拉·拉西尼亚（Hera Lacinia）神庙，以其现存柱廊中优雅的立柱而闻名，但是神庙整体保存得不太完好。

P252下

赫拉·拉西尼亚神庙地处重要位置，几乎可以预见到希腊化时期建筑的宏伟图景。

P252—253

这是协和神庙的另一幅视图，以现代阿格里根图姆作为背景，展示出神明在毫无疑问地守护着这片美丽多山的土地。

P254—255

西西里岛的蓝天和暖色调的石头，这完美的结合使雄伟优雅的协和神庙显得更加美丽了。

P253 右上

在赫拉·拉西尼亚神庙现存的结构中，不知名的设计者找到了创造明显光影效果的方法。

P253 右下

赫拉克勒斯神庙是一座建于古风时期的多立克式六柱建筑，它的柱子具有当时典型的膨胀笨拙的特征。

P256下

直到不久前，塞杰斯塔的希腊剧院的遗迹一直是这座城市唯一真正意义上的重要的考古圣地。但目前正在进行的挖掘工作为人们了解塞杰斯塔的历史、城市结构和建筑提供了新的线索。

P256—257

塞杰斯塔的多立克神庙独自矗立在山上，虽然尚未完工，但仍很美丽。神庙被绿色的山峦环绕着，使得整个建筑沉浸在一种神秘感中。过去这里曾经居住着古老的伊利米人。

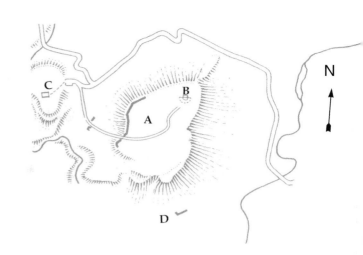

A 卫城
B 剧院
C 神庙
D 圣所

N

塞杰斯塔，星空下的神明

塞杰斯塔是古西西里岛极其著名的考古遗址之一，但同时也是整个希腊世界探索和研究得较少的遗址之一。塞杰斯塔是伊利米人的首都，是塞利努斯的对手，也是罗马的忠实盟友。这座城市从广义上而言并不隶属于希腊世界，但是却吸纳了不同形式的希腊文明。

两座建筑最有效地体现了这种综合属性：位于孔特拉达·曼戈的神庙和剧院。这座神庙供奉着不知名的神明，在公元前5世纪最后的30年，以经典的多立克式结构建造而成。神庙的列柱廊体形庞大，（6×14）根光滑的轴柱和上楣仍然保存完好。内殿毫无踪迹，可能是因为公元前5世纪最后几十年城市动荡而引发的建筑突然停工造成的。但这也可能是希腊建筑中一个独特的例子，可能源于伊利米人特定的宗教要求，因此内殿不知所踪。这就是说，这座神庙可能是一个露天的祭祀庭院，用来在可移动的祭坛上举行神圣的仪式，就像荷马所说的一样，总好过在烟雾缭绕的阴霾中举行。

神庙中凝灰岩块的比例和尺寸是阿提卡文明的延伸，并且反映了公元前5世纪末期两座城市间的政治关系，塞杰斯塔不断增长的野心充分体现在此。尽管宏伟的建筑具有明显的宣传和政治重要性，但它的设计并不指向古风晚期的严苛风格的巨大化，而是代表了公元前5世纪下半叶的主流建筑标准。然而，柱身及柱头的形式和装饰元素的细节却暴露了建造者逐渐衰退的创造力。塞杰斯塔的剧院可追溯到公元前3世纪，剧院的下部得以完好保留。其带有伸出的羽翼部分的舞台是西西里剧院的典型特征。

P257右下（两幅）

著名的塞杰斯塔多立克神庙，供奉着不知名的神明。建筑依照古典风格模式而建，整座神庙拥有标准的建筑比例，但它也显示出了建筑师和雕塑家们在公元前5世纪最后30年里创作力正逐渐减弱。在这一历史时期，塞杰斯塔是雅典的盟友，甚至为了保护雅典而参与了一场针对锡拉丘兹的灾难性的军事行动（伯罗奔尼撒战争）。

P258左上

位于塞利努斯的C神庙是卫城唯一的神圣建筑，列柱廊的几根廊柱依旧存在。神庙采用了多立克式的建筑风格，它的间板雕刻装饰展现了古风晚期的艺术特征。

P258右上

塞利努斯的E神庙建于城墙之外东部山林的神圣区域。由于经历了重建,其列柱廊得以完整保存。

1 古城遗址	8 A神庙
2 剧场	9 O神庙
3 得墨忒尔圣所	10 G神庙
4 卫城	11 F神庙
5 D神庙	12 E神庙
6 C神庙	13 古代港湾
7 B神庙	

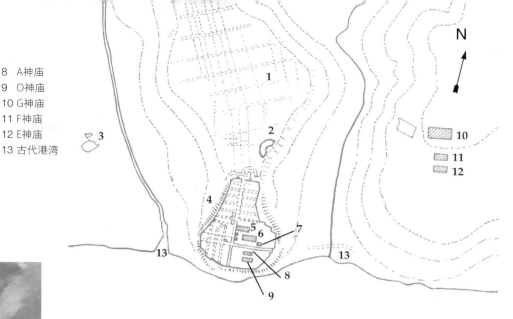

塞利努斯,一部璀璨却短命的历史

　　塞利努斯是一座农业与贸易城市,公元前628年由来自希布利亚的墨伽拉殖民者建于西西里岛的西南部沿岸。最初由寡头政权统治,在公元前5世纪,它像许多其他西西里岛的城市一样开始被暴政统治。公元前409年,迦太基人洗劫了这座城市,标志着它开始了不可逆转的衰落。在经历了一段时间的适度恢复之后,城市进一步瓦解(公元前250年),最终走向消亡。

　　卫城和四周的古老神庙,以及一些居民建筑,被建造在广袤的平原上,位于一处岬角伸入大海的地方,住宅区占据了北边的和缓坡地。

　　公元前6世纪初最完美的网状城市街区布局是城市规划的一部分。其间最有趣的建筑特征是住宅区的合理布局——住宅区与圣地分开;住宅区、卫城、海港和圣殿所在地紧密相连。正如其丰富的古风庙宇建筑遗迹所记载的那样,城市空间和景观中的纪念性建筑显然是根据理性和从景观的角度考虑来配置的。

　　C神庙和D神庙以及卫城的东南部区域(用于祭祀)都位于海边,在这里能够欣赏到美丽的海景,并且与主干道保持着适当的距离。卫城区域内的重要建筑是气势恢宏的C神庙(64米×24米),神庙建于公元前540—前530年,供奉着一位身份不明的神

P258—259

塞利努斯卫城的遗迹主要是C神庙,在经历了公元前409年的围攻和征服之后,这座城市被迦太基人占领。

P259右下

塞利努斯气势恢宏的G神庙现在是一片废墟,在这里,一根破损的立柱依然挺立,成为这座宏大建筑的唯一见证。它于公元前510年左右开始建造,但并未完工。

P260

帕修斯勇敢地把剑插入了蛇发女怪美杜莎的脖颈，她的血给予飞马帕加索斯以生命。这是C神庙的多立克式雕带上著名的墙画之一，可以追溯到公元前575—前550年，它成为了西西里岛古风时期艺术形式较好的例证之一。

P261—264

这可能是塞利努斯公元前5世纪中期的城市风貌，那时城市正处在其鼎盛时期，当时它与塞杰斯塔和迦太基的争端尚未开始，其早期的衰退也尚未到来。值得关注的是，海港位置处在塞利诺河口。

P265

这个残缺的大理石头像代表着一位女神，来自塞利努斯的E神庙（公元前470年）的墙面。

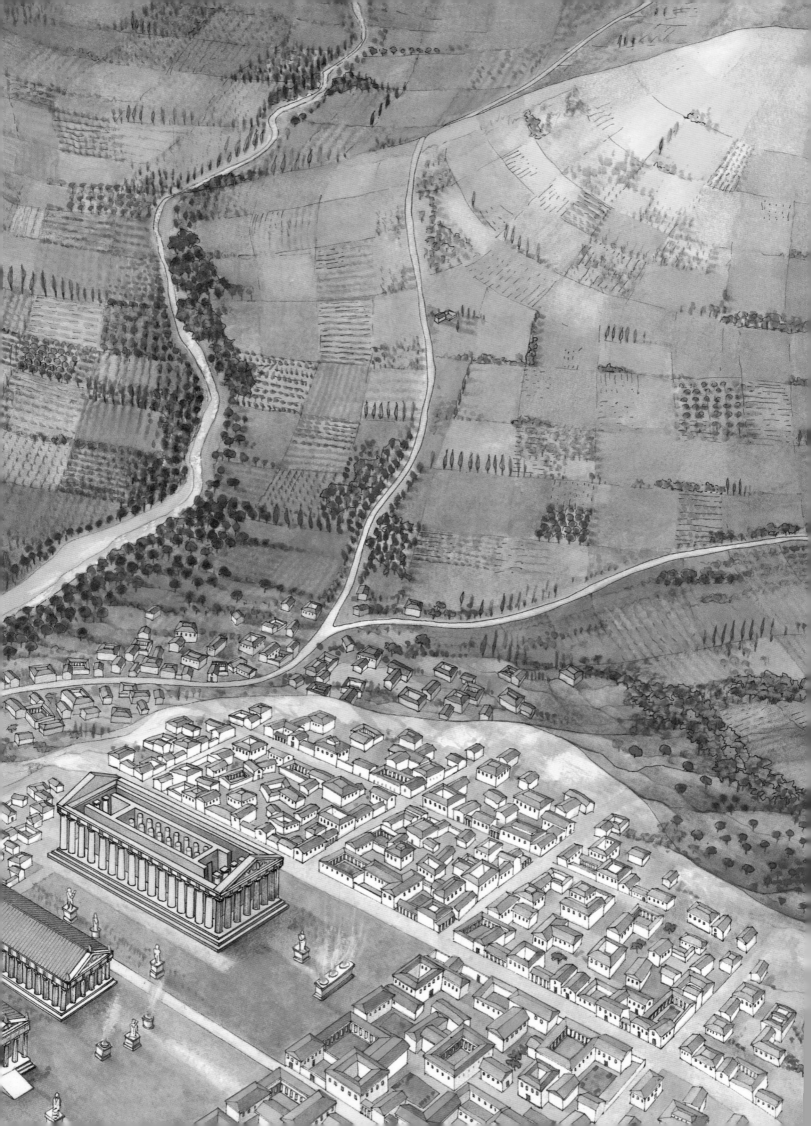

明。这是一处细长的多立克式建筑。神庙的列柱廊［有（6×17）根柱子］与其整体建筑元素相似，具有良好的通风性和采光性。

内殿建有一个前厅和一个密室。所有这些建筑因素都体现了爱奥尼亚风格对它的影响，这充分体现了西方希腊世界的折中主义。这种建筑风格融入了传统的多立克建筑形式，尽管建筑风格并不优雅，但至少体现了其原创特点。

D神庙附近的名胜古迹是公元前4—前3世纪迦太基人居住的遗迹，证明了迦太基人曾经占领过这座城市。气势恢宏的G神庙矗立在东边的山坡上，它可能供奉着阿波罗神，时间要追溯到公元前6世纪晚期。神庙面积较大（110米×50米），这可能是其建筑工程进展缓慢的原因之一（神庙的建筑工期有将近半个世纪）。神庙是多立克式建筑，它的门廊前面有一个带有六根柱子的凸出部分。从这里，有三个门可以通往主殿的三个中殿，这些中殿的柱子将信徒们的目光引向小密室，在那里供奉着神谕。在密室的对面是按照典型的多立克式建筑蓝图建造的后殿。

相比之下，这座爱奥尼亚式建筑的恢宏体型反映了君主们对巨型的偏好，这些君主也在塞利努斯掌权。神圣建筑群（包括G神庙在内）簇拥在城市东边的山脊上（按照其他西方殖民地常见的建筑模式建造而成），有一种说法是G神庙甚至比C神庙更加宏伟壮观。君主们希望祭祀神明和发扬宗教以祈祷城市繁荣兴盛，经过世代承袭，雅典和小亚细亚的当代君主在这里也遵循了同样的做法。这些城市建筑规划体现了一种狭隘的思想同希腊人传统的文化精神价值的混杂。

严苛时期建造的E神庙同样具有强烈的视觉冲击力，神庙中发现的宏伟的雕刻壁画带有未经雕琢的多立克风格。神庙大部分的列柱廊和内殿已得到重建。在到达城外的得墨忒尔·马洛弗罗斯（Demeter Malophoros，基督教"石榴树圣母玛利亚"的宗教原型）圣殿（公元前5世纪）和公墓之前，人们应该驻足欣赏卫城北部坚固的防御工事，包括一条长长的有顶过廊，以及建有塔楼的防御沟渠和防御城墙。

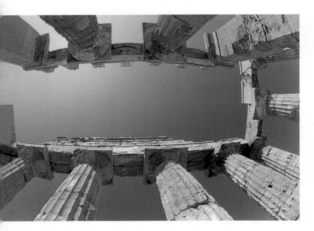

P266 左中

E神庙的多立克式立柱直插天际，这是对希腊人不断寻求建筑与自然之间联系的致敬。

P266 左下

E神庙设计者的巧妙构思还体现在对三角墙和位于同一轴线上的角柱的精确布局上。

P266—267 和 P267 下

建于大约公元前480年的E神庙，其恢宏而细长的列柱廊拥有完美和谐的建筑比例。

P268—269

E神庙被公认为是献给赫拉女神的，她是保护婚姻并确保生育力的女神。

HISTORY AND CIVILIZATION

Albini, U., *Nel nome di Dioniso. Vita teatrale nell'Atene classica*, Milan 1994.

Bérard, J., *La Magna Grecia*, Turin 1963.

Bengtson, H., *Griechische Geschichte* (II ed.), Munich 1960.

Beye, C.R. (edited by), *La tragedia greca. Guida storica e critica*, Rome-Bari 1994.

Bianchi Bandinelli, R. (edited by), *Storia e civiltà dei Greci*, Milan 1979.

Casson L., *Ships and Seamanship in the Ancient World*, Princeton 1986.

Coulton J.J., *Greek Architects at Work*, London 1977.

Glotz, G., *The Greek City and Its Institutions*, New York 1930.

Guthrie, W. K. C., *The Greeks and Their Gods*, Boston 1950.

Maddoli G., *La civiltà micenea. Guida storica e critica*, Rome-Bari 1992.

Musti, D. (edited by), *Le origini dei Greci. Dori e mondo egeo*, Rome-Bari 1990.

Musti, D., *Storia greca*, Rome-Bari 1989.

Snodgrass, A. M., *Un'archeologia della Grecia*, Turin 1994.

Various Authors, *Magna Grecia. Il Mediterraneo, le metropoleis e la fondazione delle colonie*, 1985.

Vernant, J.-P., *L'uomo greco*, Rome-Bari 1991.

ART AND ARCHITECTURE

Adam, J.-P., *L'architecture militaire grecque*, Paris 1982.

Becatti, G., *L'arte dell'età classica*, Florence 1971.

Bianchi Bandinelli, R., *La pittura greca*, Rome 1980.

Bianchi Bandinelli, R., *L'arte classica*, Rome 1984.

Boardman, J., *Athenian Black Figure Vases*, London 1974.

Boardman, J., *Athenian Red Figure Vases. The Archaic Period*, London 1975.

Boardman, J., *Greek Sculpture. The Archaic Period*, London 1978.

Boardman, J., *Athenian Red Figure Vases. The Classical Period*, London 1989.

Boardman, J., *I Greci sui mari. Traffici e colonie*, Florence 1986.

Charbonneaux, J., Martin, R., and Villard, F., *La Grecia arcaica*, Milan 1971.

Charbonneaux, J., Martin R., and Villard, F., *La Grecia classica*, Milan 1971.

Charbonneaux, J., Martin R., and Villard, F., *La Grecia ellenistica*, Milan 1971.

Coldstream, J.N., *Geometric Greece*, London 1977.

De Franciscis, A., *Considerazioni sull'architettura greca arcaica*, Naples 1973.

Demargne, P., *Arte egea*, Milan 1971.

De Polignac, F., *La nascita della città greca*, Milan 1991.

Fuchs, W., *Scultura greca*, Milan 1982.

Immerwahr, S.A., *Aegean Painting in the Bronze Age*, London 1990.

La Rocca, E., *L'esperimento della perfezione. Arte e società nell'Atene di Pericle*, Milan 1988.

Lauter, H., *Die Architektur des Hellenismus*, Darmstadt 1986.

Martin, R., *La Grecia e il mondo greco*, Turin 1984.

Moreno, P., *Pittura greca*, Milan 1987.

Pesando, F., *La casa dei Greci*, Milan 1989.

Various Authors, *Megale Hellas*, Milan 1983.

Various Authors, *Sikanie*, Milan 1985.

Various Authors, *L'oro dei Greci*, Novara 1992.

Various Authors, *I Greci in Occidente*, Milan 1996.

ARCHAEOLOGICAL SITES

Andronikos, M., *Vergina. The Royal Tombs and the Ancient City*, Athens 1987.

De Miro, E., *La Valle dei Templi*, Palermo 1994.

Greco, E., *Magna Grecia*, Rome-Bari 1980.

Greco, E., and Theodorescu, D., *Poseidonia-Paestum I*, Rome 1980.

Greco, E., and Theodorescu, D., *Poseidonia-Paestum II*, Rome 1983.

Mallwitz, A., *Olympia und seine Bauten*, Munich 1972.

Mertens, D., *Der Tempel von Segesta*, Mainz 1984.

Mertens, D., *Der alte Heratempel in Paestum und die archaische baukunst in Unteritalien*, Mainz 1993.

Petrakos, V., *Delfi*, Athens 1977.

Ridgway, D., *L'alba della Magna Grecia*, Milan 1984.

Schede, M., *Die Ruinen von Priene*, Berlin 1964.

Thompson, H.A., and Wycherley, R.E., *The Agora of Athens*, Princeton 1972.

Various Authros, *Guide de Délos*, Athens 1965.

Von Gerkan, A., and Mueller Wiener, W., *Das Theater von Epidauros*, Stuttgart 1961.

Yalouris, A., and Yalouris, N., *Olimpia. Guida del Museo e del Santuario*, Athens 1986.

Zafiropoulou, F., *Delos*, Athens 1983.